古代歷史文化研究輯刊

十七編

王明蓀 主編

第 24 冊

顧炎武的著述體系與學術思想

趙暘 著

國家圖書館出版品預行編目資料

顧炎武的著述體系與學術思想／趙暘 著 — 初版 — 新北市：
花木蘭文化出版社，2017〔民 106〕
　目 4+202 面；19×26 公分
（古代歷史文化研究輯刊 十七編；第 24 冊）
ISBN 978-986-404-964-6（精裝）
1.（明）顧炎武 2. 學術思想 3. 著述考
618　　　　　　　　　　　　　　　　　　106001490

ISBN-978-986-404-964-6

9 789864 049646

古代歷史文化研究輯刊
十七編　第二四冊　　　　　　　ISBN：978-986-404-964-6

顧炎武的著述體系與學術思想

作　　者　趙暘
主　　編　王明蓀
總 編 輯　杜潔祥
副總編輯　楊嘉樂
編　　輯　許郁翎、王筑　美術編輯　陳逸婷
出　　版　花木蘭文化出版社
社　　長　高小娟
聯絡地址　235 新北市中和區中安街七二號十三樓
　　　　　電話：02-2923-1455／傳眞：02-2923-1452
網　　址　http://www.huamulan.tw 信箱 hml 810518@gmail.com
印　　刷　普羅文化出版廣告事業
初　　版　2017 年 3 月
全書字數　184835 字
定　　價　十七編 34 冊（精裝）台幣 68,000 元　　　版權所有‧請勿翻印

顧炎武的著述體系與學術思想

趙　暘　著

作者簡介

趙暘，男，1980 年生於天津，回族，畢業於北京師範大學歷史學院，歷史學博士，研究方向爲中國史學史，現爲天津師範大學歷史文化學院講師。天津市青聯委員。代表性論文有《顧炎武對明代空疏學風痼疾的深層認識》，發表於《史學集刊》2009 年第 6 期；《論日知錄的史論性質》，發表於《河北學刊》2014 年第 2 期；《顧炎武關於「人盡其才」的史論》發表於《史學理論與史學史學刊》2013 年卷。

提　要

　　顧炎武是明末清初著名的思想家。他一生著述頗豐，其中《日知錄》代表了顧炎武學術成就的最高峰。他以非常嚴謹的態度、以科學實證的方法來撰寫《日知錄》。《日知錄》凝聚了顧炎武畢生的心血。《日知錄》集中表現了顧炎武思想體系。《日知錄》是一部批判封建專制和理學空談的史論著作。它以「下學而上達」作爲基本表述原則，並以儒家思想爲指導思想，對明朝何以會以「天崩地解」的方式滅亡這一歷史命題，展開論述，對明朝封建專制的實質以及空疏學風都進行了深入地分析。《日知錄》各部份之間、各卷之間都存在著一定的聯繫，這又說明《日知錄》是一部具有一定體系的史論著作。《日知錄》明確地表達了顧炎武幾乎貫徹一生的治學方法「下學而上達」。他對問題的認識是從事物感性認識入手，逐步推進而上升到對事物的理性認識。而他對事物的闡釋也是通過最直觀的形式表現出來的。《日知錄》是顧炎武貫徹「下學而上達」治學之法集中的體現。他對問題的深入認識是在大量的閱讀書籍，並在不斷觀察求證中而獲得的。

　　《日知錄》是顧炎武整個著述體系中的高峰。《天下郡國利病書》和《肇域志》中的成就在《日知錄》那裏得到了集中的體現。《日知錄》可以看作是顧炎武晚年對自己一生學術活動的總結。《日知錄》具有一定的著述體系，這回應了有人將顧炎武的著作看成是考據式、札記式的著作，回應了對顧炎武是否可以稱爲思想家的質疑。

　　顧炎武對具體問題的論述正是通過「下學而上達」的著述形式表現出來的。顧炎武對重大歷史問題以及主要社會問題都作了闡釋，而重點是揭示明朝滅亡的原因。他從行政體制、財政貨幣政策、以及科舉教育制度等等方面，論述了這些制度的危害，揭示了封建專制剝削人民、與民爭利的實質。他又對當時出現的種種社會問題進行了分析，指出君主對於社會風俗所產生的影響。他通過敘述歷史，批評了明朝封建專制體制。他批評了明代空疏學風，強調了士人應該履行社會責任。他寄希望於通過學術活動改造士人腐朽墮落的習氣，使學術活動回到經世致用這個根本目的中去。

　　顧炎武是中國學術史上承前啓後的關鍵人物。他批判了宋明理學，爲新學術的建立，掃清了榛杌，同時他建立了新的學術體系，強調了真理來源於現實生活，來源於科學嚴謹的實證，這爲清代樸學的興起奠定了堅實的基礎；同時他強調了學術應該經世致用，應該能爲社會生活服務，這又爲嘉道時期的「經世學風」的興起指明了方向。他的學術思想值得後人不斷發掘探討。

目次

緒　論

一、選題意義

　　明末清初是中國歷史上社會急劇變革的時代，反映在學術領域上，湧現出一批起著承前啓後作用的優秀思想家和史學家。這些優秀學者在批判繼承前人研究成果的基礎上，為後代的學術開闢了新的道路。顧炎武正是這一歷史變革時期學術界的傑出代表。他與當時出現的黃宗羲、王夫之並稱為明末清初三大思想家。顧炎武對清代學術影響巨大。他的重視考據、實證的學風開創了有清一代樸學之風的先河。但是他的學術精華並不在於此。清代學者朱一新認為如果把顧炎武學術僅僅看作是考據之學，那是「葉公好龍」、「買櫝還珠」〔註1〕。顧炎武最為突出的成就在於「講求實學和學以致用兩個方面」。他的學術的出發點在於「博學於文，行己有恥」，「要以自己負責的態度，做講求廉恥，力避虛妄的有本之人，治經世致用務實之學」〔註2〕。顧炎武為了使自己的學術思想成果對現實有借鑒意義，他自年輕時就開始著述《天下郡國利病書》，從民眾的角度論述了當時有關國計民生政策的弊端。《天下郡國利病書》成為後人研究當時政治經濟情況的重要書籍，這是他的經世致用學風的特點所在。自三十八歲到他即將去世的前夕，他把絕大部份生活精力都投入到《日知錄》的撰述當中。《日知錄》全書貫穿著他關於如何才能有利

〔註1〕朱一新：《答朱永觀問亭林張氏二陸為學》，《無邪堂答問》中華書局 2000 年版。

〔註2〕白壽彝主編：《中國史學史》第五卷（向燕南、張越、羅炳良著），上海人民出版社 2006 年版，第 167、168 頁。

於「治道」的思考。顧炎武堪稱是能夠將學術與政治社會生活有機結合的典範。他的很多觀點和思想都切中了當時政治社會生活的嚴重積弊。因此，他也成為清代以至近代以來為學術界廣泛關注的人物。正如已故著名史學家楊向奎先生曾明確地指出的那樣：「清初學術思想是對中國傳統學術思想的反思和總結，在學術史上，這是一個光輝的時代」〔註3〕。而顧炎武正是這一學術光輝時代的開創者。因此對顧炎武這個人物及其思想的研究是具有很高學術價值的。

要研究顧炎武是如何將學術成果為政治社會生活服務的，那麼就需要先正確地認識顧炎武的學術思想，揭示顧炎武的學術思想本來面目也是當前學術界主要研究課題。既然是思想，那麼它就不僅僅是一個個孤立觀點的集合，而一個具有一定邏輯脈絡的思維過程。因此本課題的主要任務就是要釐清顧炎武的思維脈絡，通過對思維脈絡的釐清，發掘其中具有深刻內涵的學術觀點，並認識顧炎武學術的主要貢獻。本課題力圖從學術史的角度，應用學術史和史學史的基本方法來揭示一個全面、有一定邏輯體系、且有一定深度，同時具有極其寶貴時代價值的顧炎武思想。

本課題研究的意義主要有四項：

（一）顧炎武是中國思想史上為數不多的具有崇高歷史地位的思想家，必須對他的著作體系和思想內涵作出深刻地分析，並回答顧炎武的學術思想與他所處的時代大變革是什麼關係。他的思想與時代相結合，這是顧炎武思想精華之所在。顧炎武結合了他對時代的感受和體會，回答了那個時代的重大問題。他的思想對當時以及以後的學術研究和社會發展都產生了巨大的影響。因此我們需要對顧炎武著作的歷史觀、政治觀、學術發展的道路和他產生的巨大影響做出進一步實事求是地分析和現代審視，在前人的研究基礎上，對顧炎武思想作出科學的定位。

（二）當前總結傳統文化，弘揚民族精神是我們史學工作的重大任務。顧炎武作為清初思想家，是一位具有很高歷史地位的人物。他將中國的傳統文化與明末社會危機的時代特點相結合，尋求解決明末社會危機的道路。通過對顧炎武思想內涵和時代價值分析，我們可以推進理解中華文化在明清之際是如何發展的，時代精神是如何提升了中國的傳統文化，有助於我們理解明末思想活

〔註3〕楊向奎：《清初學術思辨錄·序言》，見陳祖武：《清初學術思辨錄》，中國社會科學出版社1992年版。

動急劇變動的時代在傳統學術發展中所具有的重大意義。顧炎武回答了什麼問題？這對我們把握這一時代思想價值的核心具有十分關鍵的意義。

（三）回應顧炎武研究問題，從而思維出正確的研究方法和治學方法，既承認顧炎武思想成就，又不過份拔高，對他的思想有正確的認識，以更好地樹立實事求是分析問題的優良學風。通過關注學術前沿問題，對他的學術成就作深入的發掘。眞正發揚實事求是的優良學風，這體現了唯物史觀對學術的指導作用。

（四）在肯定前人的研究成果，特別是在白壽彝先生、趙儷生先生、侯外廬先生、張舜徽先生、陳祖武先生有關顧炎武研究方面的學術成果的指導之下，進一步闡釋顧炎武的思想觀點之間的聯繫，進一步發掘顧炎武思想的具體內容。當前學界在顧炎武思想研究中，存在的如注重對其知識點的積纍，而忽視對其邏輯體系的把握，忽視其觀點之間的內在聯繫等等問題；這些存在矛盾的觀點主要集中在：什麼是顧炎武思想體系的核心？什麼是造成顧炎武思想產生的原因？顧炎武的本意與顧炎武思想客觀價值是怎樣的關係等問題。如果不能將這些問題講清楚，就會產生出不同邏輯脈絡的顧炎武思想體系，那麼是否有眞實的顧炎武思想就要值得懷疑，那麼歷史是否有歷史眞相也值得懷疑。本文通過系統梳理顧炎武學術著作的著述體系，對顧炎武的思想體系和思維脈絡作整體地把握，可以避免因爲佔有史料和認識上的局限，得出不符合顧炎武本意的思想體系；可以回應和糾正當前學術界在顧炎武思想體系問題上的邏輯矛盾，區分顧炎武的思想本意和客觀價值，揭示眞實的顧炎武思想和他對於現實生活具有意義的思想。

總之，對顧炎武著述體系和學術思想作專題的深入探討，無論是從學術價值，還是現實價值上講，都是具有重要意義的。

二、學術史回顧

顧炎武生前就是一個有著很高名望的學者，而他去世後，他的學術思想和方法便成爲清代學人研究和關注的對象。清代著名學者對顧炎武思想成就有著比較深刻的認識，給予了顧炎武學術以很高的評價。到了近現代，顧炎武作爲中國學術史和史學史上具有里程碑式重要學者，學術界對之進行了廣泛和深入地研究，出現了許多關於顧炎武專題的研究成果，並被許多思想史、學術史著作作爲重點論述對象。

　　清代學者繼承和發展了顧炎武的學術特點。顧炎武的學術特點在於：糾正了晚明的不重視經典，言之無據的空疏學風。通過注重考證和歷史敘事來闡發自己的觀點。歷史考證是顧炎武實現經世致用的手段。而清代的乾嘉考據學繼承了顧炎武重視考據的特點，將顧炎武視為「清學開山」。洪亮吉、淩廷堪、《四庫全書總目》的作者、江藩等學者均持這種看法，如淩廷堪說：「學術自亭林、潛邱以來，士漸以通經復古為事」〔註4〕。江藩以為顧炎武兼備宋學重視思辨和漢學重視考證之長，「深入宋儒之室，但以漢學為不可廢耳」〔註5〕。另一部份學者肯定了顧炎武的考據學的功力，但同時更注重於揭示顧炎武考據學背後所隱含的經世致用的精神。顧炎武的學生潘耒點出了顧炎武學術的精髓在於「其術足以匡時，其言足以救世，是謂通儒之學」〔註6〕。而在考據學盛行時期，浙東學派代表人物全祖望和考據三大家之一的錢大昕等人均認為，顧炎武學術的核心價值在於經世致用的精神，「非僅以該博見長」〔註7〕。這些學者都已認識到顧炎武學術的精華所在。而到了晚清，社會危機矛盾日益顯現，顧炎武的經世致用的時代意義更加凸現。在維新變法時期，維新志士譚嗣同認識到顧炎武批判八股科舉考試弊端的意義。他說：「顧亭林悼八股之禍，謂不減於秦之坑儒。愚謂凡不依於實事，即不得為儒術，即為坑儒之坑。」〔註8〕1906年革命黨領袖章太炎發表《革命的道德》一文，指出顧炎武的道德學說是把革命者從道德墮落中拯救出來的唯一良藥。章太炎指出了顧炎武思想的精髓在於道德，「而非政治經濟之云云」。這是「今人以為常談」，而沒有理解之處〔註9〕。章太炎這一對顧炎武思想精髓的看法對於我們把握顧炎武思想的主旨具有一定的啓發意義。

　　梁啓超開創了中國的新史學。顧炎武作為對清代及其此後的學術以及社會發展具有著廣泛影響力的學術思想家，他的思想本身，以及思想形成的原因，思想價值，成為學術史重點的研究對象。梁啓超的《中國近三百年學術

〔註4〕淩廷堪：《覆錢曉徵先生書》，《校禮堂文集》卷24，中華書局1998年版。

〔註5〕江藩：《國朝漢學師承記》上海古籍出版社2006年版，第864頁

〔註6〕《潘耒原序》，《日知錄集釋》上海古籍出版社2006年版。

〔註7〕錢大昕：《〈天下郡國利病書〉題記》，《天下郡國利病書》，上海科學技術文獻出版社2001年版。

〔註8〕譚嗣同：《報貝元徵書》，《譚嗣同全集》中華書局1981年版。

〔註9〕章太炎：《思鄉原》，《太炎文錄初編》卷一，上海書店據古書流通處，1924年第31～32頁。

史》和《清代學術概論》給予顧炎武學術以很大的關注，對顧炎武的學術特點和著述體系、以及思想價值都進行了比較詳盡地論述。解放前，關於顧炎武研究成果還有：何貽焜《顧亭林先生的社會觀》、繆鎭藩《顧亭林的經世思想》、李源澄《亭林學術論》等論文。這些成果在一定程度上揭示了顧炎武思想的本意，如強調了顧炎武思想的儒學特點，但是對顧炎武思想的邏輯體系缺乏比較深入地闡述，論述內容顯得比較寬泛。

　　建國以後，顧炎武研究進入了比較繁榮的歷史階段。很多著名的史學家都對顧炎武個案研究投入了熱情和心血，出現了很多關於顧炎武研究的專著和論文。很多中國史學史和中國學術史著作對顧炎武的著作、學術特點和學術思想，做了比較詳盡地論述。有的學者甚至爲顧炎武研究投入了畢生的精力，如著名的蘭州大學歷史系教授趙儷生自解放前直到他臨去世前，一直在孜孜不倦地著述著關於顧炎武的論文。

　　自近代以來，學術界對顧炎武思想研究主要集中在以下幾個方面：

　　其一，是顧炎武的政治思想。顧炎武提出了著名的「寓封建於郡縣」理論。學界普遍承認這是一個「地方分權」的理論。但是關於是什麼性質的「地方分權論」，學術界的觀點存在著一定的分歧。有的學者認爲，這一理論並不具有新意，其「『重氏族』、『行世官』、『寓封建於郡縣』是復古主義倒退的辦法」〔註 10〕。有的學者認爲這是一個限制中央集權，具有資本主義啓蒙作用的思想，如侯外廬、錢穆、張舜徽等學者均持這樣的看法。侯外廬認爲顧炎武是在進行託古改制，目的是在「反對君主專制」〔註 11〕。錢穆則更進一步稱之爲「地方自治之先步也」〔註 12〕。但有的學者則認爲「寓封建於郡縣」理論並不具有資本主義民主的特點，它不過是對原有封建體制的一種修補〔註 13〕。解放以前，學者繆鎭藩認爲，顧炎武「寓封建於郡縣」是一個提高官員工作責任心的體制，「使一班有官守的人，不得託故卸責，不得推諉它人，非竭盡才力，勉爲好官不可」〔註 14〕。趙儷生持相同的看法。瞿林東先生對「寓封建於郡縣」的性質把握是恰當的，他指出，「『寓封建之意於郡縣之中』的解釋」使得「其專在下」的封建制與「其專在上」郡縣制「達到某種程度的

〔註 10〕任繼愈主編：《中國哲學史》第 4 冊，人民出版社 1979 年版，第 34 頁。
〔註 11〕侯外廬：《中國思想通史》第五卷，人民出版社 1957 年版，第 247 頁。
〔註 12〕錢穆：《中國近三百年學術史》，商務印書館 1997 年版，第 163 頁。
〔註 13〕趙儷生：《顧炎武〈日知錄〉研究》，《蘭州大學學報》1964 年第 1 期。
〔註 14〕繆鎭藩：《顧炎武的經世思想》，《經世》第 1 卷，第 9 期，1937 年 5 月。

調和，確是具有理性主義的天才設想」〔註15〕。此外，李書增等主編《中國明代哲學》一書也認爲「寓封建於郡縣」的實質在於「使地方官吏可以自主地發揮作用」〔註16〕。

關於顧炎武的「亡國」與「亡天下」的理解，學術界也存在著分歧。有的學者認爲這反映了「封建正統意識和民族主義的觀念」〔註17〕。而何貽焜認爲顧炎武的「亡天下」的重點不是在闡釋民族主義，而是「係指社會道德淪亡」。所謂的「天下」不妨說是「道德的宇宙」〔註18〕。何貽焜的觀點是符合顧炎武本意的。

其二，顧炎武的經學思想。顧炎武說：「古之所謂理學，經學也；今之所謂理學，禪學也。」全祖望將這一思想概括爲「經學即理學」的思想。學術界對顧炎武「經學即理學」的理解存在著一定的分歧。

有的學者認爲這句話說明顧炎武是擁護理學的。李源澄指出，顧炎武並非不談心性，「但不能人人語之耳」。顧炎武攻擊的是理學末流，但難免矯枉過正，「初竟在王學流弊，孰知其所尊崇之程朱亦受其累」。顧炎武的朋友都是理學的名儒，「而其立身亦無不合乎理學，則知亭林之所斥者，僞理學也。惟其言直截，不無過激，而其所以影響清代最大者，亦正在此」〔註19〕。牟潤孫也持相同的看法，他認爲顧炎武所說「今之所謂理學」乃是明代理學，顧炎武「非不講理學，特不講離經之理學耳」〔註20〕。黃啓華也持相同的觀點。他指出，顧炎武這句話是在「辯證理學應以何種學術爲內涵的問題」〔註21〕。

另一派觀點則針鋒相對，認爲顧炎武是反對理學的。繆鎭藩認爲，顧炎武「反對程朱等之理學」，「謂『經學即理學』，而二程之理學，實即禪學」〔註22〕。王茂則認爲：「古之所謂理學，經學」的意思是「義理之學」，但是講義理應根據《論語》，而不要「別求於後儒的語錄」，「顧炎武對宋明哲學探

〔註15〕瞿林東：《中國史學史綱》，北京出版社2005年版，第700頁。

〔註16〕李書增：《中國明代哲學》，河南人民出版社2002年版，第1635頁。

〔註17〕陳祖武：《清初學術思辨錄》，中國社會科學出版社1992年版，第58頁。

〔註18〕何貽焜：《顧亭林的社會歷史觀》，《師大月刊》第22期，1935年。

〔註19〕李源澄：《亭林學術論》，《論學》第5期，1937年5月。

〔註20〕牟潤孫：《顧寧人學術之淵源》，《中國哲學思想論集·清代篇》，臺灣水牛出版社1992年版，第46～66頁。

〔註21〕黃啓華：《乾嘉考據學興起的一些線索兼論顧炎武、錢大昕學術思想的發展關係》，《故宮學術季刊》（臺灣）第八卷，第三期，第114頁）。

〔註22〕繆鎭藩：《顧亭林的經世思想》，《經世》第1卷，第9期，1937年5月。

否定態度，而所尊奉的乃是孔子的原始儒學。但是顧炎武對朱熹所定伊洛道統，卻完全加以肯定」〔註23〕。而周予同、湯志鈞則認為顧炎武「所崇尚的經學實是東漢的古文經學」〔註24〕。

　　關於全祖望對顧炎武經學思想的歸納「經學即理學」是否代表了顧炎武的本意，學術界也存在著一定的分歧。余英時與侯外廬二先生從不同的出發點得出了不同的解釋。余英時以為原始儒學包含了理，程朱理學追求的「理」正是原始儒學中所存在的理，所以他認為「經學即理學」是「大體上符合亭林本意」〔註25〕，而侯外廬則先有理學的概念，認為理學本與經學不同，所以理學不同於經學，因而說全祖望講「經學即理學」混淆了兩個概念，他認為顧炎武這段話的意思是「理學為經學的一部份，言理不能離經」〔註26〕，很顯然余英時對全祖望關於顧炎武經學思想的概述是準確的。

　　顧炎武與朱熹之間存在著一定的分歧，但分歧何在，學術界也有不同的觀點。有的學者否定顧炎武所謂「一貫」具有從經驗上升到原則的「上達」意義。顧炎武認為「一貫」，「只不過是『忠恕』」。「顧和朱在『一貫』上的分歧就在朱為『上達』，顧為『下學』。這關乎對孔子乃至全部儒家教義的根本理解，也正是原始儒學與宋代理學的主要分界。」顧炎武反對朱熹向上一層思辨，「然而對朱熹的『下學』塊，他是贊同的」〔註27〕。陳祖武先生則從三個方面論證了顧炎武與朱熹的不同點。①顧炎武拒絕談「性與天道」，而朱熹是要談「性與天道」的；②顧炎武主張「人有私情」，與「存天理、滅人欲」的程朱理學是「背道而馳的」；③顧炎武提倡「格物、窮理」不是為了追求「性與天道」，目的在於找到「國家治亂之源，生民根本之計」，「將視野擴展到廣闊的社會現實中去了」〔註28〕。所以顧炎武是反對朱熹的。有的學者則認為顧炎武與朱熹存在著歧點，卻不是對朱熹的完全否定。如趙儷生、周可真等學者認為，顧炎武與朱熹有歧點，但這個區別只是在於：朱熹的特點在於演

〔註23〕王茂：《清代哲學》，安徽人民出版社1992年版，第243～244頁。
〔註24〕周予同、湯志鈞：《從顧炎武到章炳麟》，《學術月刊》1963年12月號，第47頁。
〔註25〕余英時：《清代思想史一個新解釋》，《中國哲學思想論集·清代篇》臺灣水牛出版社1992年版，第35頁。
〔註26〕侯外廬：《中國早期啟蒙思想史》，人民出版社1956年8月版，第206頁～207頁。
〔註27〕王茂：《清代哲學》，安徽人民出版社1992年版，第243～244頁。
〔註28〕陳祖武：《清初學術思辨錄》，中國社會科學出版社1992年版，第62頁。

繹，而顧炎武是「一條歸納的道路」〔註 29〕，是「基於後天經驗而歸納出來的，這才是其根本區別所在」〔註 30〕。

其三，顧炎武的「風俗」思想。風俗是顧炎武的重要思想和觀念，顧炎武認為「國家的興衰，社會的治亂」，「只是一個人心，風俗的問題」〔註 31〕。風俗是顧炎武思想的核心。前人論述了風俗與顧炎武其它思想的關係，如「重流品、重厚抑浮，貴廉、倡耿介、倡儉約、愛國」等等觀點，都與重風俗有關〔註 32〕。前人不僅論述了顧炎武「風俗」與其它思想的關係，還論述了顧炎武認為風俗形成的原因，有的學者認為明代「知識界有著不可推卸的歷史責任」〔註 33〕。解放前，有的學者就已指出，顧炎武認為社會風俗的主導是領導者。何貽焜則指出了顧炎武對風俗思想的邏輯脈絡，「社會的盛衰是以社會道德、社會風俗為轉移；社會道德、社會風俗，是隨時都可以因人力而變遷，而變遷的主因，大部份由於政府領袖的提倡，其餘一部份則由於社會學者的嚮導；這便是顧先生的風俗觀，也可以說是顧先生歷史的社會觀」〔註 34〕，也就是說專制君主是導致風俗敗壞的主因。

其四，顧炎武學術思想產生的原因。關於顧炎武思想是如何產生的問題，前人已有過一定的探討，有的學者關注了明朝滅亡對顧炎武產生了刺激，這使得顧炎武思考了明朝滅亡的原因。顧炎武創立實學風氣的目的即在於改變明代學術風氣的不良影響〔註 35〕。周可眞則從資本主義萌芽的角度，論述私營觀念對顧炎武思想產生的影響。筆者認為關注於客觀形勢的變化認識是正確的，但是如果僅僅限於此，那麼又是不全面的。一些學者在關注於明末時代變化的客觀形勢對顧炎武產生影響，同時，也注意到對顧炎武實際生活的考察，如趙儷生考察了顧炎武自幼生活經歷，指出，顧炎武的嗣祖父顧紹芾和繼母王氏對顧炎武人生的影響巨大，顧紹芾教育他「讀書不如鈔書」，繼母

〔註 29〕趙儷生：《亭林學派述》，《讀書通訊》第 151 期，1948 年 2 月。

〔註 30〕周可眞：《顧炎武哲學思想研究》，當代中國出版社 1999 年版，第 117 頁。

〔註 31〕陳祖武：《清初學術思辨錄》，中國社會科學出版社 1992 年版，第 58 頁。

〔註 32〕葛兆光：《中國思想史》第二卷《七世紀至十九世紀中國的知識、思想與信仰》，復旦大學出版社 2001 年第 1 版，第 384 頁。

〔註 33〕陳祖武：《清初學術思辨錄》，中國社會科學出版社 1992 年版，第 55 頁。

〔註 34〕何貽焜：《顧亭林的社會觀》，《師大月刊》第 22 期，1935 年。

〔註 35〕魏長寶：《論顧炎武的理學思想》，《河北師範大學學報（哲學社會科學版）》，2000 年第 4 期。

王氏要求他「勿爲異國臣子」〔註36〕。這兩點是顧炎武一生的準則。有的學者則認爲顧炎武的思想體系是明代社會「各種文化思想相互撞擊的結果，是在當時複雜的歷史條件下形成的」〔註37〕。這些觀點對於揭示顧炎武思想的成因具有一定的啓示意義。

其五，顧炎武的史學成就。關於顧炎武的史學方面，一些學者從史書編纂和史學思想上論述顧炎武的史學成就。

在史書編纂方面，鄒賢俊認爲顧炎武在史書編纂上也有很高的成就。他對搜集史料的基本要求有三。第一，要廣集博採；第二，注重原始的直接史料；第三，不盲目迷信資料；周文玖《顧炎武論史書編纂》認爲顧炎武「把史家的主體修養與處理史料統一起來，並著重從史料的角度論述怎樣才能撰寫信史」。在史學思想方面，周文玖《顧炎武的史評及治學》一文指出，顧炎武有「物來而順應」〔註38〕的哲學思想。顧炎武在史學史地位表現在如下兩個方面：一、鑒往訓今的史學價值論；二、重「器識」，求「實學」〔註39〕；許蘇民指出，顧炎武「繼承並具體論證了「六經皆史」的思想〔註40〕。

前人對顧炎武的研究已經非常深入和豐富，涉及到了顧炎武思想的方方面面。但是仍然有很多的不足，主要不足在於缺乏對顧炎武著作如《日知錄》、《天下郡國利病書》著述體系的整體把握。由於缺乏對顧炎武著述體系的整體把握，因而以此得出的一些顧炎武的思想，難免是片面的，甚至有的觀點與顧炎武的本意存在著偏差。

由於集中反映顧炎武哲學思想的著作《日知錄》採用「條目」的形式，因此人們很容易忽視其中內容之間的內在邏輯。故而，學術界對《日知錄》是不是一部著作也產生了分歧。由於對顧炎武著作本身的認識存在分歧，那麼自然會對顧炎武思想的闡釋和理解產生影響。

有的觀點認爲顧炎武的《日知錄》不是一部著作。早在清代，章學誠就

〔註36〕　趙儷生：《顧炎武新傳》，《趙儷生文集》第三冊，蘭州大學出版社 2000 年版，第 15 頁。

〔註37〕　盧興基：《論顧炎武的學術思想》，《社會科學研究》，1989 年 06 期。

〔註38〕　周文玖：《顧炎武的歷史變革思想》，《山西師大學報（社會科學版）》，1994 年第 3 期。

〔註39〕　周文玖：《顧炎武的史評及治學》，《安徽史學》，1997 年第 1 期。

〔註40〕　許蘇民：《顧炎武思想的歷史地位和歷史命運》《雲南大學學報（社會科學版）》，2006 年第 1 期。

提出了這樣的觀點。他評論說：「爲學者計，箚錄之功，必不可少，即顧氏所爲《日知》，義本於子夏氏教，然存爲功力，而不可以爲著作」〔註41〕。這一觀點對以後學者對《日知錄》著述體系的理解產生了巨大的影響。周予同認爲《日知錄》是一部「讀書筆記」〔註42〕，而任繼愈則認爲，顧炎武沒有專門哲學著作，沒有「構成完整的哲學體系」〔註43〕。邱椿認爲顧炎武的主要寫作在「抄而不在著」〔註44〕。筆者認爲正是由於缺乏對顧炎武著述體系的總體把握才會出現「顧炎武的哲學思想是比較貧乏的」，以及「顧炎武不是哲學家」，甚至說，顧炎武「以實學來取代哲學」是「哲學取消論」〔註45〕等等觀點。

而梁啓超則認爲《日知錄》是一部具有完整著述體系的著作。他說：「……例如卷十三周末風俗、秦紀會稽山刻石、兩漢風俗、正始、宋世風俗、清議、名教、廉恥、流品、重厚、耿介、鄉愿之十七條，實前後照應，共明一義，剪裁組織，煞費苦心……亭林精心結撰的《日知錄》確是一種精製品，是籌燈底下纖纖玉手，親織出來的布。」〔註46〕梁啓超揭示了《日知錄》本質，只是他的論述還不夠系統和詳盡。

趙儷生對《日知錄》的著述體系做了比較系統地闡釋。他指出，顧炎武的《日知錄》不是一部瑣節考據之書，而是一部具有完整體系的「通家大著」〔註47〕。《日知錄》著述的主線是「愛國主義和經驗主義」〔註48〕。白壽彝先生、錢穆觀點也與趙儷生基本一致。

《日知錄》分爲經術、治道、博聞三部份。關於三者關係，學術界都肯定了「治道」是顧炎武思想的核心。但有的學者忽視了經術與博聞對於社會治理的重要意義。錢穆認爲顧炎武《日知錄》主要的目的「顯然以講治道救世爲主」〔註49〕，其「經術」與「博聞」相比而言，都不是主要的。白壽彝

〔註41〕 章學誠：《與林秀才書》，《章氏遺書》卷九，吳興劉氏嘉業堂刊本。
〔註42〕 周予同：《中國歷史文選》（下），上海古籍出版社 2002 年版，第 178 頁。
〔註43〕 任繼愈：《中國哲學史》第 4 冊，人民出版社 1979 年版，第 26～34 頁。
〔註44〕 邱椿：《顧炎武論學習》，《北京師範大學學報》，1962 年第 3 期，第 102 頁。
〔註45〕 華山：《論顧炎武思想（下）》，《文史哲》（濟南），1963 年第 3 期。
〔註46〕 梁啓超：《中國近三百年學術史》，天津古籍出版社 2003 年版，第 69 頁。
〔註47〕 趙儷生：《顧炎武〈日知錄〉研究》《趙儷生文集》第三冊，蘭州大學出版社 2002 年版，第 358 頁。
〔註48〕 同上。
〔註49〕 錢穆：《中國近三百年學術史》，商務印書館 1997 年版，第 161 頁。

先生的解釋對我們理解這三者關係有啓示意義，他指出《日知錄》「講治道。
在它講經術和博聞的部份也有不少篇是跟治道有關係的」〔註50〕。「治道」是
顧炎武《日知錄》的核心，但是顧炎武的「經術」中所蘊含的對社會治理的
意義仍然值得進一步發掘。

　　需要指出的是，陳其泰先生關於顧炎武《日知錄》性質的把握值得關注。
陳先生指出顧炎武《日知錄》的主旨在於批判封建專制統治和高揚反理學旗
幟，「書中大部份內容是圍繞兩個中心展開的：一是要求變革政治，大膽抨
擊封建專制的嚴重積弊；二是高揚反理學旗幟，力求挽救明代頹廢的學風」
〔註51〕。它是「融彙了明清之際時代精神的史論」。陳先生不僅從顧炎武自己
的著作中論證了這一觀點，而且還通過黃宗羲與顧炎武之間的書信印證了這
一觀點。陳先生指出，顧炎武讀了黃宗羲批判專制統治的《明夷待訪錄》之
後，「致書黃宗羲，欣喜異常地表示兩人志同道合，並說：『炎武以管見爲《日
知錄》一書，竊自幸其中所論，同於先生者十之六七』，理由正在於此。在批
判封建專制主義上，《日知錄》與《明夷待訪錄》兩部史論交相輝映」。陳先
生對《日知錄》的實質把握是中肯的，關於《日知錄》論述的篇幅不是很長，
但是卻把握了《日知錄》最根本的性質。這確是非常卓越的見識，對《日知
錄》性質的把握很有啓發意義。顧炎武《日知錄》是一部有著嚴密體系且關
注於社會現實的史論著作，這一點至今仍然是顧炎武研究中未引起人們足夠
的重視的。

　　顧炎武的另一部代表著《天下郡國利病書》，前人對這部著作的著述體系
也有論及。梁啓超的《中國近三百年學術史》中涉及到對《天下郡國利病書》
的評介，但是他對該書特點的闡述是比較粗疏的。相比而言，趙儷生對《天
下郡國利病書》的研究更爲系統。趙儷生認爲《天下郡國利病書》是著錄明
朝社會經濟情況的一部重要的資料書，「補足《實錄》自上而下材料的片面
性」，反映了明朝社會最根本的矛盾，其中蘊含著「經世致用」的精神。涉及
到賦役對民眾生活的影響，賦稅改革措施及其後果的反映，以及屯田等等問
題〔註52〕，展現了社會經濟、軍隊組織的張弛、國防力量的強弱、國家與周

〔註50〕白壽彝主編：《中國史學史》第一卷（白壽彝著），上海人民出版社 2006 年版，
　　　　第 53 頁。
〔註51〕陳其泰：《史學與中國文化傳統》，學苑出版社 1999 年版，第 8 頁。
〔註52〕趙儷生：《顧炎武〈天下郡國利病書〉研究》，《趙儷生文集》第三冊，蘭州大
　　　　學出版社 2002 年版，第 391 頁。

邊的關係等等社會現象，並描述了這些變化的過程。

《肇域志》是顧炎武生前沒有定稿的書，且又與《天下郡國利病書》同為歷史地理書。二者之間的關係如何，也是需要予以關注的。白壽彝先生主編《中國史學史》第五卷（向燕南、張越、羅炳良著）論述了《天下郡國利病書》與《肇域志》的關係問題，指出顧炎武的《天下郡國利病書》與《肇域志》雖然都是地理方面的著作，但是二者的側重點並不一致。《天下郡國利病書》側重的是社會經濟風土人情方面的內容，而《肇域志》側重的對象則是地理沿革方面的問題。

綜上所述，清人對顧炎武的學術精髓已經有了比較深刻地瞭解，但是還缺乏對顧炎武學術思想體系的系統論述。近現代學者系統論述了顧炎武的學術思想。很多具有高深學術造詣的學者都為我們學術研究樹立了良好的榜樣，尤其是趙儷生、白壽彝先生從把握顧炎武著述體系入手，進而把握顧炎武的思想體系，為顧炎武研究提供了科學的研究路徑。筆者以為可以在前人對顧炎武思想體系已有的認識基礎上，更為細緻深入地闡釋顧炎武著述體系的內涵，對顧炎武《日知錄》各部份之間的內在聯繫，條目之間順序安排等等問題作進一步深入的討論，通過對顧炎武著述體系的把握，來認識顧炎武的思想體系。

顧炎武的代表著是「條目」形式的著作，但是他的著作如《日知錄》往往是通過一卷，甚至幾卷的內容來表述他的觀點和思想，因此如果僅僅抓住一個或幾個條目，這樣便很難看到顧炎武著述過程中的思路，那麼難免會出現斷章取義，違背顧炎武思想本意的情況。比如關於顧炎武的「寓封建於郡縣」的看法，筆者認為這確是「地方分權論」，但如果說是限制中央集權，「反映新興市民階層的要求」，具有資本主義民主性質的特點，則並不完全符合顧炎武論述的本意。顧炎武「寓封建於郡縣」的理論論述的重心在於提高地方官員管理地方的積極性。再比如當前學界論證了顧炎武反對陸王心學，但對於顧炎武是如何看待陸王心學具體內容存在著偏差，顧炎武並非如梁啓超所認為的那樣認為王陽明應對明朝滅亡負責。白壽彝先生指出：「明初的文化高壓政策和官方提倡的抄襲成書的辦法」〔註53〕，都與這種呈現出「虛偽和萎靡不振的積習」的流行的學風有關。而顧炎武通過《日知錄》的史論確切表

〔註53〕 白壽彝主編：《中國史學史》第一卷（白壽彝著），上海人民出版社2006年版，第50頁。

明明代的文化高壓造成了空疏學風，故而因顧炎武批判心學，而得出顧炎武認爲心學造成了明代空疏學風是欠妥的。此外，前人關於顧炎武與理學的關係問題，仍然有進一步討論的必要。筆者認爲，顧炎武對理學是發展和改造，而不是徹底否定理學的學術體系，徹底否定理學所主張的道德修養。顧炎武的著作體現了很強的思辨色彩，他對於問題的思辨體現在他對歷史的敘述當中，體現在「由器入道」的「器」中，因此有的觀點認爲顧炎武反對追求「道」是欠妥的。關於顧炎武思想的核心問題，筆者認爲，風俗是其思想的核心，是治道救世。只有抓住此點，才能提挈全書，並整合一些有分歧的看法。書中對「風俗」問題甚爲關注，論述甚多，從周末風俗至明代社會風氣等。顧氏所論風俗乃是風俗人心、社會風氣、官場風氣、社會價值等，他爲何這樣關注，其精髓也在於通過總結風俗人心，來探究社會興壞盛衰的原故。

三、論文結構

　　本文共分五章，其中第一章是關於顧炎武思想產生的歷史背景。當前研究顧炎武的論文和著作多以明代中晚期出現的資本主義萌芽的發展狀況作爲顧炎武思想產生的歷史背景和原因，而對於當時對社會生活起著決定影響封建專制統治論述的還不夠充分。顧炎武思想適應了當時資本主義萌芽的發展趨勢，這是事實，但是當時資本主義萌芽還非常微弱，人們思想仍然未能擺脫封建思想的影響。顧炎武批判了封建專制，並非由於他是新興市民階層的代表。他的思想是建立在深刻理解封建專制基礎之上的。馬克思主義認爲社會存在決定社會意識。在當時居於統治地位的封建自然經濟和封建專制體制才是顧炎武思想產生的主要歷史背景。顧炎武與明代很多士人一樣都親身經歷了明代君主對士人的殘酷壓制，他們對明朝專制體制的殘酷有著深刻地體會。從他對封建專制的批判的內容來看，他主要是批評君主對大臣的不信任，這種體會代表了當時士人階層普遍看法，而他又經歷了明末清初的抗清鬥爭。這些活動使他對於明皇朝的腐朽有了更爲深刻地體會。這些客觀情況與顧炎武思想產生有著直接的聯繫，因此，第一章主要論述了明朝的封建專制以及明末抗清形勢，以此作爲顧炎武思想產生的歷史背景。

　　第二章是論述了顧炎武著述體系。顧炎武的著作有很多，包括有《日知錄》、《天下郡國利病書》、《肇域志》、《音學五書》、《左傳杜解補正》、《金石文字記》、《歷代宅京記》、《石經考》、《山東考古錄》等等。在這些著作中，

具有明顯經世致用色彩的是《日知錄》、《天下郡國利病書》、《肇域志》，這三部著作是後人研究顧炎武「經世致用」的思想的主要依據，認識這三部著作是能否正確把握顧炎武思想的關鍵。有的學者認為顧炎武不是思想家，因為顧炎武的著作主要是資料彙編，如章學誠就認為顧炎武最主要的代表著作《日知錄》只可作為展現顧炎武學術功力，而不可稱其為著作。這種認識一直影響至今。如果說《天下郡國利病書》與《肇域志》這兩部著作是資料彙編性質的書尚可，因為顧炎武在為這兩部書作的序中承認了這一點，而如果說《日知錄》是資料彙編的書籍，那麼就值得商榷了。《日知錄》在顧炎武看來是能夠幫助後代明君治理國家的書籍。其弟子潘耒也認為該書思想深刻，非一般尋章摘句的考據學著作可比。那麼它到底是一部怎樣的著作，筆者在陳其泰先生的指導之下，尤其是陳先生指出《日知錄》是一部史論著作的啟發之下，通過仔細閱讀《日知錄》，認識到《日知錄》是一部具有比較完整體系的史論著作。

《天下郡國利病書》和《肇域志》是顧炎武早期開始撰寫的著作，其著述的早期目的是能夠為政治活動搜集資料，「其書僅屬長編性質，未成為有系統的著述」，是為《日知錄》所反映出的成熟、「定型化」的思想所作的鋪墊工作。「《天下郡國利病書》在作者晚年雖也有插入新材料的迹象，但主要是早期的抄輯，從其中看出作者晚年定型的思想在這裡尚未定型（如『地方分權論』尚未形成系統），有時甚至表現出跟晚年很不相同的態度」〔註54〕。因此其思想性顯然不與《日知錄》要成熟，所以本章重點論述《日知錄》的著述體系。

在整體把握顧炎武著述體系的基礎上，第三章主要論述顧炎武對明代行政體制、賦稅制度、少數民族政策、宦官專權、科舉制度等重大歷史問題的認識。顧炎武對這些問題的論述都是圍繞批判封建專制而展開的。本文對顧炎武思想的把握是建立在對顧炎武著述體系總體把握基礎之上的，其中顧炎武對郡縣制的論述主要是圍繞如何提高官員管理地方事務積極性這個問題展開的，其「寓封建於郡縣」賦予地方官管理地方的權力，但不意味著君主的權力就因此而削弱，使君主對地方的控制力得到加強。顧炎武對行政體制的問題思想反映出他對封建專制問題的深刻認識。明朝的行政體制主要是為了

〔註54〕趙儷生：《顧炎武〈天下郡國利病書〉研究》，《趙儷生文集》第三冊，蘭州大學出版社 2002 年版，第 388 頁。

強化權力，對朝廷應履行的社會公共職能沒有足夠的認識，造成明代社會矛盾增加。第四章主要論述了顧炎武對社會風俗、明代空疏學風等明代社會問題的認識。其中的社會風俗雖是當前學界非常關注的問題，但是對於社會風俗的實質內涵還有進一步地把握和闡述的必要。顧炎武對社會風俗的論述實際是針對著明朝的封建專制統治，他認爲明朝君主專制是造成社會風俗和空疏學風產生的根源。

　　第五章是對顧炎武思想實學思想性質的總體把握，其中第一節論述了顧炎武思想的實質以及與程朱理學的關係。顧炎武反對程朱理學與反對陸王心學還有不同，他將陸王心學指斥成禪學。而對程朱理學，他只是反對其中的演繹思辨的治學方式，但他將宋代理學納入經學的範疇。顧炎武與朱熹的分歧和聯繫說明顧炎武並不是僅僅搜集和整理史料，他更關注於通過搜集和整理史料尋找出解決社會危機的辦法。而清代乾嘉考據學只是繼承了他的「用」，而失去了他的「體」。到了嘉道時期的一批思想家又高舉顧炎武經世致用的旗幟，對乾嘉煩瑣考據所造成的空疏學風也予以了嚴厲的批評，他們繼承了「經世致用」這一顧炎武實學思想中的實質。

第一章　時代環境與顧炎武學術思想軌跡

第一節　明代社會危機與天崩地解的歷史巨變

顧炎武生活在明末清初「天崩地解」的時代，當時中國出現了資本主義萌芽，但這個「天崩地解」局面的形成並不是源於資本主義萌芽，而是明朝專制體制產生的必然結果。明朝的君主專制以及由此產生的天崩地解的時代巨變是顧炎武思想產生的時代背景。

一、明代中晚期出現的資本主義萌芽與顧炎武學術思想關係的檢討

馬克思主義認為人的社會存在決定人的意識。顧炎武身處明末清初這一歷史劇變時期。客觀環境會對顧炎武產生了極大的影響，但是這不足以使顧炎武產生具有自身特點學術思維方式和思想。顧炎武思想源於他的生活，源於他的社會實踐。

在明朝中後期，中國社會出現了資本主義的萌芽。在當時已經出現了為商品出售而進行的農業生產，如李衛等修的《浙江通志》卷一〇二《物產》二引《湧幢小品》說：嘉善「地產木棉花甚少，而紡之為紗，織之為布者，家戶習為恒業，不止鄉落，雖城中亦然」〔註1〕。為此，商人們往往從旁郡販來棉花，

〔註 1〕《湧幢小品》卷上《蠶報》。

在此設店出賣。湖州是蠶桑業的中心，當地人都以從事養蠶業，「這裡的蠶桑業，從秒桑和看空頭蠶者來說，所用桑葉靠買進，其最後產品絲則賣出，這說明它也是商品生產」，在當時，在長江下游的江南地區和地處東南沿海的福建，出現了很多的商業中心區，「如聯貫蘇浙閩廣的交通樞紐江西省廣信府鉛山縣就有來自四面八方的各種貨物在此出售」〔註2〕。當時的南京和北京是南北兩個最為繁華的中心城市，北京「畜聚為天下饒」。除南京與北京外，也出現了很多像蘇州、杭州這樣繁榮的城市。在明代中後期各個部門，如絲織業、棉布襪製造業、榨油業、礦冶業、農業，「這些資本主義性質的生產單位，主要出現在江南及東南沿海地區」〔註3〕，因此，在明代中、後期出現了商品經濟的發展和資本主義萌芽，這確是事實，也是顧炎武思想產生的客觀環境。

當前，學者多以明代中晚期在東南沿海出現的資本主義的萌芽作為顧炎武思想產生的主要原因。有的學者指出，「十六世紀以後，我國的社會經濟開始出現了一種深刻而重大的變化，那就是在貧瘠的封建土壤上資本主義的幼芽破土而出。它的出現預示著貨幣權力與土地權力相互爭奪的局面加劇展開」〔註4〕，顧炎武的思想反映了商品經濟發展的要求，「顧炎武通過對社會經濟生活的考察，清醒地意識到，正是每一個人追求其合理的私人利益的欲望，才是社會經濟發展的最直接的動力。在顧炎武的筆下，東南沿海的商人也有如同西歐商人那種明知航海危險也要冒死以往的精神：『海濱之民，惟利是視，走死地如鶩，往往至島外區脫之地曰臺灣者，與紅毛番為市。……官府即知之而不能禁，禁之而不能絕』，『異時海販船十損二三，及循習於常，所往來，舟無恙，若安瀾焉，蓋海濱民射利如此。』」而顧炎武提出的「為天子為百姓之心，必不如其自為」正是「基於對中國社會商品經濟發展狀況的考察」而提出的「近代經濟學命題」〔註5〕。因此，顧炎武的思想是一種適應當時商品經濟要求，反映市民階層訴求的民主思想，是經濟變化在思想領域的反映。

筆者認為，東南沿海地區出現的資本主義萌芽是客觀存在的事實，明朝中晚期出現的資本主義萌芽作為社會存在必然會影響到社會意識。但應注意

〔註2〕南炳文、湯綱：《明史》（上），上海人民出版社2003年版，第494、495頁。
〔註3〕南炳文、湯綱：《明史》（上），上海人民出版社2003年版，第525頁
〔註4〕田澤濱：《顧炎武經濟思想簡論》，《蘇州大學學報（哲學社會科學版）》，1992年第3期。
〔註5〕許蘇民：《論顧炎武經濟思想中的近代性因素》，《湖北大學學報（哲學社會科學版）》，2004年第6期。

的是，明朝出現的資本主義萌芽還沒有從根本上改變中國封建社會的生產形式，「封建的生產關係仍是占主要地位的生產方式。農業上，除了自耕農民的個體經濟之外，其餘的大部份屬於地主役使佃戶或奴僕的封建地主經濟」，「在手工業方面，佔優勢的是農民的副業生產，各種類型的小商品生產和封建政府的官辦工場生產等，即在當時屬於封建經濟範疇的各種生產」〔註6〕。因此，顧炎武的思想，作為整個社會存在所產生的社會意識，仍然要受到當時社會主要經濟形式，自給自足的封建自然經濟的影響。此外，顧炎武對一些問題的看法確與近代經濟觀點有暗合之處，但不可從而認定顧炎武是有意而提出這樣的觀點，如顧炎武所說：「為天子為百姓之心，必不如其自為」，本是針對提高官員責任心而說的，而著名啟蒙思想家嚴復從顧炎武的這一觀點中發揮出「合天下之私以為公」〔註7〕的理念，這與顧炎武所說的以「天下之私」，來實現「天子之公」，即天子利用官員「為其私，所以為天子也」〔註8〕，保護天子的利益這個目的是不同的。因此從馬克思主義所講的社會存在決定社會意識的理論出發，明末清初社會的主要特點仍然是封建自然經濟佔據著統治地位的社會。顧炎武的思想意識主要受到封建自然經濟的影響。

白壽彝先生指出，「明清時期，是中國史學史的第五個時期。它處於中國封建社會的衰老時期。這時，生產力在繼續發展，而生產關係卻阻礙了生產力的發展。同時，新生產力的發展不夠強大，還不能突破封建生產關係的桎梏。這是社會進程的一段微妙時刻，很容易迷惑人，使人對它的估計往往偏高或偏低。我們說它衰老，不說它是解體，就是說它已經失去了旺盛的生命力，但生命力還是有的，甚至還相當頑強」〔註9〕。

顧炎武雖然經歷了資本主義萌芽的影響，但是對顧炎武思想意識產生決定影響的是顧炎武經歷的明朝嚴酷的文化專制、封建生活方式、以及思想意識的教育。顧炎武的思想是「對東南沿海地區出現的資本主義萌芽的曲折反映」〔註10〕。筆者認為當前一些觀點不是顧炎武思想的本意，而是對顧炎武思

〔註6〕南炳文、湯綱：《明史》（下），上海人民出版社2003年版，第535頁。

〔註7〕嚴復：《原強修訂稿》，《嚴復集》，中華書局1986年版，第26頁。

〔註8〕顧炎武：《郡縣論五》，《亭林文集》卷1，《顧亭林詩文集》，中華書局1983年版，第15頁。

〔註9〕白壽彝主編：《中國史學史》第一卷（白壽彝著），上海人民出版社2006年版，第49頁。

〔註10〕陳其泰：《史學與中國文化傳統》，學苑出版社1999年版，第12頁。

想本意的引申認識。有鑒於此，關於顧炎武思想產生的原因問題，本文不再用大量篇幅去論證東南沿海地區資本主義萌芽的發展狀況。顧炎武的思想是由他的生活經歷而產生的。在顧炎武所處的時代，由於全國的生產力水平普遍比較低，「支配物質生產和精神生產的統治階級」在一定條件下是社會上「有用的甚至必要的」的階級，而且還「決定著某一歷史時代的整個面貌」〔註11〕。這說明，在當時自給自足的自然經濟占統治地位的時代，環境以及決定當時「歷史時代的整個面貌」的明代專制體制是顧炎武思想產生的原因。顧炎武屬於脫離社會生產的封建士大夫階層，明朝專制統治的高壓控制與他這個階層有著直接的關係。而他所親身經歷的明朝迅速滅亡的客觀現實直接導致了顧炎武思想的產生。因此，筆者以明代封建專制的歷史作為顧炎武思想產生的背景，以顧炎武自身的生活經歷作為顧炎武思想產生的原因進行考察和論述。

二、明代封建專制統治造成的社會危機

明朝政治的總體特點是重視對文官的控制。明朝皇帝通過控制文官地位和威信來樹立皇帝至高無上的權威。明朝的文官懾於明代專制統治的威嚴，而淪為明朝皇帝的奴隸。

明朝自立國之初就對士人採取了極盡嚴酷的專制，這一專制雖然經歷了仁宗、宣宗朝略有好轉，但終明一朝，並未有太大改變。

明太祖對當時的官僚體制在維護君主權威方面的作用並不滿意。他尤為不滿的是，相權對皇權的掣肘。因此，他在洪武九年下令，在全國，除南京直轄區外，設立十二布政使司，設左右布政使各一人，掌管民政財政。除南京直轄區外，並在各個行省設立與布政使平行的提刑按察使和都指揮使，按察使負責刑法，都指揮使，掌管軍事。他們不相統屬，各自直屬中央，凡遇到重大政事，就要有都、布、按三司會議，上報給中央的部院。在改革地方體制的第二年，朱元璋就著手進行中央機構的改革。洪武十年五月，朱元璋命李善長和李文忠「總中書省、大都督府、御史臺，同議軍國重事」，對當時擁有較大權力的胡惟庸形成掣肘。洪武十一年三月壬午，「命奏事毋關白中書省」〔註12〕，「這就把中書省變成了一個有名無實的空架子」〔註13〕。洪武十

〔註11〕《馬克思恩格斯選集》，第1卷，人民出版社1995年版，第98～99頁。
〔註12〕《明史》卷2，《太祖紀》。
〔註13〕南炳文、湯綱：《明史》（上），上海人民出版社2003年版，第78頁。

三年，明太祖借「左丞相胡惟庸謀反」一事，下詔「罷中書省，廢丞相等官，更定六部官秩，改大都督府爲中、左、右、前、後五軍都督府」〔註14〕，並形成了定制。洪武二十八年春夏六月己丑，明太祖御奉天門，諭群臣曰：「朕罷丞相，設府、部、都察院分理庶政，事權歸於朝廷。嗣君不許復立丞相。臣下敢以請者置重典。皇親惟謀逆不赦。餘罪，宗親會議取上裁。法司只許舉奏，毋得擅逮。勒諸典章，永爲遵守」，並規定，「後世有言更祖制者，以姦臣論」〔註15〕。

　　明太祖控制大臣和士人另一個主要表現在於錦衣衛和廷杖制度的設立。錦衣衛是獨立於三法司以外的特務機構，直接聽命於皇帝，以充當皇帝耳目來監視群臣的行動。這個機構可以隨意逮捕犯人，三法司不得過問，稱爲「詔獄」〔註16〕。朱元璋還在朝堂之上對任何膽敢「蔑視皇權」的大臣施行「廷杖」。這些措施使任何大臣都要屈從於皇帝的威嚴之下。

　　明太祖對功臣進行了殘酷的殺戮。胡惟庸謀反，而牽連被殺達數萬人。丞相李善長也被列入胡黨而被殺。此後，太祖又因藍玉案牽連誅殺群臣，「戮數萬人」〔註17〕。另外，還有朱元璋因所謂「空印案」、「郭桓案」對封建官吏和封建士人進行屠殺的事件。「空印案」發生在洪武十五年。明初的財政制度，每年各布政使司及府、州、縣，都得派計吏到戶部核對錢糧、軍需等事，遇到錢穀數字不合，須重新填寫報銷冊，蓋上原衙門印信，重新審批。由於路途遙遠，各地計吏習慣都帶空印之冊，預備各部駁時即改，以避免往返奔走的麻煩和耽誤時日。太祖發覺後，認爲空印就是彌縫奸貪舞弊，怒曰：「吏敢欺我是如此耶？此無他，部臣肯爲容隱，故藩省逐承之」，下令處死吏部尚書和各地布政使衙門主印長官，佐貳官杖一百戍邊，於是坐空印案死者數百人。「郭桓案」發生在洪武十八年，當時有人告發戶部侍郎郭桓和北平二司官吏李彧、趙金德等通同舞弊，吞盜官糧。太祖下令拷訊「詞連禮部尚書趙涓，刑部尚書王惠迪、兵部侍郎王志、工部侍郎麥志德等，舉部伏誅，誅暴天下官吏，死徙數萬人」。「空印案」、「郭桓案」似乎針對的是貪官污吏，有其合理性，但由於明太祖裁定沒有客觀的依據，完全憑藉自己的主觀判斷，這使

〔註14〕《明史》卷127《李善長傳》、《李文忠傳》。

〔註15〕《明史》卷2，《太祖紀》。

〔註16〕南炳文、湯綱：《明史》（上），上海人民出版社1985年版，第83頁。

〔註17〕《明史》卷132，《藍玉傳》。

得官員和士人缺乏安全感。因此，朱元璋一些懲治貪污舉動卻與懲治謀反活動一樣，使封建官僚與士人產生恐怖氣氛。

在中國古代，士人階層是構成封建統治基礎的重要力量，是封建王朝選拔官吏的主要來源，負有履行社會公共職能的責任，因此，有時不得不與不受制約的皇權形成牴觸。這種牴觸是明太祖所不能容忍的。他加強對士人的控制，大興文字獄，專在文字細節上挑剔，望字生疑，或對文義隨意引申，或對字詞從意義上或形聲上加以曲解，羅織罪名，加害於人，如浙江府學訓導林元亮為人所寫的《謝增俸表》其中有「作則垂憲」四字被誅。福建府學訓導林伯璟為按察使撰《賀東表》，以「儀則天下」被誅，因為「則」與「賊」相近，引起明太祖猜疑，認為這是影射朱元璋曾經是起義軍成員。德安府學訓導吳憲作賀立太孫表，內有「天下有道」句被誅，因「道」被讀作「盜」，常州府學訓導蔣鎮《正旦賀表》，內有「睿性生智」句，「生」被讀作「僧」；尉氏縣教諭許元作《萬壽賀表》，內有「體法乾坤，藻飾太平」句，「法坤」被讀作「髮髡」，「藻飾太平」當作「早失太平」。對於不合作的士人，明太祖也進行了非常殘酷的殺戮。貴溪縣儒士夏伯叔侄拒不入朝為官，並自斷手指。明太祖將其處死，稱「以絕狂夫愚夫仿傚之風」〔註18〕。明太祖雖然鼓勵士人提出自己的意見，但是對於觸犯皇權、威脅明朝集權的人也進行了殺戮，山西訓導葉居升因為提出，「分封太侈，求治太急，用刑太嚴」，上惡其疏間骨肉，逮獄瘐死」〔註19〕。

明太祖推崇儒學，將其作為維護統治的工具。他經常與「群臣論學術」，認同「以仁心行仁政」〔註20〕的觀點，大力倡導儒學，洪武七年二月戊午下詔，「修曲阜孔子廟，設孔、顏、孟三氏學」，洪武十四年春正月癸丑，「命公侯子弟入國學。丙辰，詔求隱逸。辛丑，頒《五經》、《四書》於北方學校」，但也只是將儒學作為維護統治的工具，他本人是不受約束的。洪武二年，下詔「孔廟春秋釋奠，止行於曲阜，天下不必通祀」〔註21〕，他對於儒家思想中不利於其統治的觀點則極為不滿。「上讀《孟子》，怪其對君不遜，怒曰：『使此老在今日，寧得免耶？』時將丁祭，遂命罷配享」〔註22〕。

〔註18〕 朱元璋：《大誥三編・秀才剁指第十》。
〔註19〕 《明通鑒》卷六、紀六、太祖洪武九年。
〔註20〕 《明通鑒》卷一、紀一、太祖洪武元年。
〔註21〕 《明史・錢唐傳》。
〔註22〕 全祖望：《辨錢尚書爭孟子事》，《鮚埼亭集》卷3，《全祖望集彙校集注》，上海古籍出版社2000年版。

　　明太祖加強皇權的措施主要表現出了君主與大臣之間的緊張關係，形成了明朝皇帝不信任大臣的傳統。明太祖不信任大臣，對大臣採取戒備防範的心理，所以他特別倚重高見賢、夏煜、楊憲、淩說四人，他們「專主察聽在京大小官吏不公不法及風聞之事，無不奏聞」。明太祖用此四人的目的是使大臣們感到害怕，他說：「惟此數人，譬如惡犬，則人怕」，「甚至連李善長等人也怕他們，日夜提心弔膽」。朱元璋的特務機構對大臣的一舉一動、一言一行都瞭如指掌，對官員的心理變化都試圖予以把握。「國子祭酒宋訥『危坐有怨色』，第二天朝見時，朱元璋問他昨天爲什麼發怒，宋訥大吃一驚，把發怒的原因如實說了，問『陛下何自知之』〔註23〕，朱元璋把派人偷給他畫的像拿出來給他看」〔註24〕。這種緊張關係或許有助於樹立大臣對君主的畏懼心理，樹立君主至高無上的權威。但是皇朝統治的穩定，不是僅取決於君主與大臣之間的關係，還取決於大臣與普通民眾的關係、君主與其它政治勢力的關係、以及其他各種政治關係的平衡。明太祖雖然關注到宦官專權的問題，明朝的宦官也確是未能對皇位構成實質的威脅，但卻由於明朝君臣之間的相互猜忌，爲宦官博取皇帝信任，進而控制朝政提供了可乘之機。

　　在明建文帝時期，明朝君臣之間的緊張關係出現了緩和的迹象。建文帝即位後一改明太祖嚴酷剛猛的執政理念，對大臣和士人採取了優待政策。但是好景不長，這種文官集團地位上升的情勢由於燕王朱棣在「靖難」之役獲勝、建文朝被推翻而終結。

　　明成祖以藩王的身份發動「靖難」奪取了建文帝的帝位，因而沒有得到士人階層的支持。很多士人寧可爲建文帝殉節，也不肯嚮明成祖投降，其中尤以方孝孺爲代表。成祖命方孝孺爲他起草登極詔，遭到方孝孺嚴辭拒絕，方孝孺說：「『死即死耳，詔不可草。』成祖怒，命磔諸市」〔註25〕，並誅殺方孝孺「十族」。「成祖既殺孝孺，以草詔屬侍讀樓璉。璉，金華人，嘗從宋濂學。承命不敢辭。歸語妻子曰：『我固甘死，正恐累汝輩耳。』其夕，遂自經。」明成祖爲了鞏固皇位，在對士人進行屠殺的同時，還力圖從思想上加強對士人控制，由於「孝孺工文章，醇深雄邁。每一篇出，海內爭相傳誦」，在當時的士人階層有著廣泛的影響力。於是明成祖下令「藏孝孺文者罪至死」

〔註23〕《明史》卷137《宋訥傳》。
〔註24〕南炳文、湯綱：《明史》，上海人民出版社2003年版，第80頁。
〔註25〕《明史》列傳第二十九，《方孝孺傳》。

〔註 26〕。相比文臣，明成祖更信任武將，靖難有功的人都被授予了很高的地位和軍事權力，「論靖難功，封丘福淇國公，硃能成國公，張武等侯者十三人，徐祥等伯者十一人。論欽附功，封駙馬都尉王寧爲侯，茹瑺、陳瑄及都督同知王佐皆爲伯」，並且「定功臣死罪減祿例」。出於維護統治的需要，明成祖將建文朝所修《太祖實錄》加以禁燬，「改纂《太祖實錄》以正其奪位之名」〔註 27〕，由此「開明代人篡改歷史之先例」，明朝人有「實錄難據」〔註 28〕的說法。而明成祖對於程朱理學和宋儒的態度，只是當「他將維護宋儒作爲維護其所代表的君主專制的秩序時，他便必然對攻擊宋儒的著作實行專政了」，所以，他才會對時人朱季友攻擊宋儒的做法進行懲罰〔註 29〕，而幫助明成祖獲得「靖難」之役勝利的姚廣孝著述的《道餘錄》，「摘錄程、朱語錄，一一加以駁斥。這部書雖然招致眾多的儒臣不滿，卻沒有一個人敢於公開指責。《道餘錄》遭到儒臣們的攻擊和禁燬，則是姚廣孝死去以後的事情了」〔註 30〕。由此可見，明代的君主專制與程朱理學之間的關係：明朝君主只是將之作爲維護專制統治的工具，並不用來約束自己。

　　在明仁宗、明宣宗號稱「仁宣之治」的時期，士人的地位雖有了一定的提高，但並不表明仁、宣二帝信任整個士人階層。在朱高熾還是太子的時候，威脅他的地位還有明成祖的次子朱高煦。朱高煦能征善戰，「以慧黠有寵於成祖」，並且「從軍有功」〔註31〕，得到了武將集團的支持。朱高熾只能依靠東宮以「三楊」爲代表文人集團來維護自己的地位。仁宗即位後，「三楊」等對他有功的文臣受到重用，「進楊榮太常寺卿，金幼孜戶部侍郎，兼大學士如故，楊士奇爲禮部左侍郎兼華蓋殿大學士，黃淮爲通政使兼武英殿大學士，俱掌內制，楊溥爲翰林學士」〔註32〕，但仍然沒有改變君主唯我獨尊的局面。仁宗在位八個月後便病逝，朱瞻基即位，在「三楊」等人的支持下，平定了朱高煦的叛亂。但仁宗、宣宗兩朝，君臣之間良好關係是基於仁、宣二帝信任「三楊」的基礎上形成的，並沒有從實質上改變君臣緊張關係。

〔註26〕 《明史》列傳第二十九，《方孝孺傳》。

〔註27〕 商傳：《明代文化史》，東方出版社 2007 年版，第 90 頁。

〔註28〕 《萬曆野獲編》卷二《實錄難據》。

〔註29〕 談遷：《國榷》卷十三。

〔註30〕 商傳：《明代文化史》，東方出版社 2007 年版，第 82 頁。

〔註31〕 《明史》本紀第八《仁宗本紀》。

〔註32〕 《明史》本紀第八《仁宗本紀》。

　　明朝在出現了短暫的「仁宣之治」以後，昏君和暴君成了明朝統治的主導。他們的昏聵和他們掌握的強大皇權，使得黑暗統治成爲明朝中後期政治的主要特點。

　　宣宗去世後，英宗即位，他重用大宦官王振。王振權傾朝野「公卿見振皆拜」〔註33〕。朝中官僚「畏禍者爭附振免死，賄賂輳集」。當時，蒙古瓦剌興起，許多官吏認識到瓦剌的威脅。巡撫宣大僉都御使羅亨信亦上書請求「預於直北要塞，增置城衛土城備之」，但是王振與瓦剌相賄通，對北邊防禦不做任何戰備措施。正統十四年，也先見時機成熟，率軍進犯，「兵鋒甚銳，大同兵失利，塞外城堡，所至陷沒」。

　　王振盲目輕敵，不顧臣僚極力勸阻，蠱惑英宗御駕親征。英國公張輔等扈駕從征，隨征有臣僚數百人，但不使參與軍機事務，一切行動都由王振專斷，既缺乏認眞的戰前準備，又沒有周密的軍事指揮，五十萬臨時拼湊的大軍在倉促之中出發，「未至大同，兵士已乏糧，僵屍滿路。寇亦佯避，誘師深入」〔註34〕。結果明軍全軍覆沒，明英宗被俘，明朝元氣大傷。

　　土木之變後，景宗即位。景泰七年，被也先放回的明英宗通過「奪門之變」，重新奪回了帝位，史稱「南宮復辟」。可是他還是不吸取信任王振的教訓。他讓奪門有功的太監曹吉祥「遷司禮太監，總督三大營。嗣子欽、從子鉉、鐸、睿等皆官都督，欽進封昭武伯」〔註35〕。宦官掌握京師軍隊權力進一步加強，因此爆發了所謂的「曹石之變」。明英宗的皇權又一次遭到了威脅。

　　英宗死後，太子朱見深繼位，是爲憲宗。他「怠於政……大臣希得見」〔註36〕。他重用大宦官汪直，並爲汪直專門設立了一個特務機構：西廠，「以直領之，列官校刺事」〔註37〕，「自京師及天下，旁干偵事，雖王府不免」〔註38〕，「下至民間鬥眼雞狗瑣事，輒置重法」〔註39〕。西廠逮捕朝官，有權「不俟奏請」。汪直借「楊曄之獄」，無辜牽連許多朝官。不久，左通政方賢、

〔註33〕《明史竊三》。
〔註34〕《明史紀事本末》卷三十二，《土木之變》。
〔註35〕《明史》卷三百四，《曹吉祥傳》。
〔註36〕《明通鑒》卷三十三。
〔註37〕《明史》卷三百四，《汪直傳》。
〔註38〕《明史》卷九十五，《刑法志三》。
〔註39〕《明史》卷三百四，《汪直傳》。

太醫院判蔣宗武、禮部郎中樂章、行人張廷綱、刑部郎中武清、浙江布政使劉福、御使黃本亦相繼無故下西廠獄。當時群臣屈服於汪直的淫威，「都憲叩頭如搗蒜，侍郎扯腿似繞蔥」。兵部尚書項忠道遇汪直不避，汪直遂令東廠官校誣奏項忠，「竟勒忠爲民」〔註40〕。在強大皇權的影響下，封建王朝的大臣沒有得到協助皇帝履行社會公共職能的地位，而成爲皇帝「家奴」，受皇帝任意驅使處治。汪直後來因獲罪被黜，梁芳、錢能、韋暮、王敬等一班宦官依然弄權售奸，「莫敢逆者」。

憲宗以後是孝宗，在他統治時期出現了「弘治中興」，但是孝宗去世後，太子朱厚照即位，是爲武宗。武宗荒淫無度。他舉行大婚禮，耗費金八千五百二十餘兩、銀五十三萬三千八百四十餘兩。他修「豹房」，養藏美女，「終日酣酒，顚倒迷亂」〔註41〕。明武宗於正德九年，開始微服出行，「夜至教坊觀樂，每見高屋大房即馳入，或索飲，或搜其婦女，居民苦之」〔註42〕。他還曾自稱「總督軍務威武大將軍總兵官朱壽」，又稱「鎮國公」，連皇帝的身份都不要了。他在巡遊中，「凡車駕所至，近侍先掠良家女，以充御，至數十車，遠近騷動，所經多逃亡」〔註43〕。武宗病死之時，年僅三十一歲。

武宗荒淫無度，引起大權旁落，在他統治時期，出現了劉瑾專權。劉瑾「事無大小，任意刨斷，悉傳旨行之。上多不知也」〔註44〕。朝中曾出現反劉瑾勢力，但遭到了劉瑾的打擊。明孝宗留下的顧命大臣劉健、謝遷等以及尚書韓文、楊守隨、林瀚、都御使張敷華、郎中李夢陽等五十三人，被列爲奸黨，「榜示朝堂」。內閣之權附劉瑾。史載，武宗「以天下章奏伏劉瑾……瑾初亦送內閣擬旨，但秉筆者逆探瑾意爲之，其事大者，會堂侯官至瑾處請明，然後下筆」。此外，劉瑾又「矯詔令內閣撰敕，天下鎮守太監得領預刑名政事」〔註45〕，使得宦官插手地方上的民政事務。大臣上書劉瑾，要自稱「門下小廝某，上恩主老公公」。京城內外都說有兩個皇帝，一個坐皇帝，一個立皇帝；一個朱皇帝，一個劉皇帝。

劉瑾獲罪被殺，江彬、錢寧等宦官繼續掌權，「中外事無大小，悉得問江

〔註40〕 《明史》卷三百四，《汪直傳》。
〔註41〕 《明武宗外紀》。
〔註42〕 《明武宗外紀》。
〔註43〕 《明武宗外紀》。
〔註44〕 《明通鑒》卷四十二。
〔註45〕 《明史紀事本末》卷四十三，《劉瑾用事》。

彬乃奏」〔註46〕。群臣已經失去了對明武宗的腐朽的扭轉能力。

　　武宗死後，明世宗繼位。他信任大臣，擯斥宦官，給宦官以沉重的打擊。但是他依然不能算是一個開明的君主。在他統治的時間，朝廷腐朽之氣依然佔據上風。

　　世宗喜歡道教，「好鬼神事，日事齋醮。諫官屢以爲言，不納。給事中高金、周怡等論之。悉下詔獄，拷掠長繫」，「自是，中外爭獻符端，焚修、齋醮之事，無敢指之者矣」〔註47〕。他所任用的內閣首輔如走馬燈一樣的頻繁更換，但是惟獨嚴嵩在位時間最長。因在世宗的齋醮儀式上需用青詞，而嚴嵩在青詞上有特長，時稱「醮祀青詞，非嵩無當意」〔註48〕。

　　世宗自嘉靖中期始沉湎不振，經常不視朝，「大臣希得謁見，惟嵩獨承顧問，御箚一日數下，雖同列不獲聞，以故嵩得逞其志」。許多與嚴嵩不和的官吏或被殺、或被遣，士大夫爲固位保身，不得不「輻輳附嵩，時稱，文選郎中萬崇，職方郎中萬祥等爲嵩文武管家。尙書吳鵬、歐陽必進、高耀、許論輩，皆惴惴事嵩」〔註49〕。嚴嵩在他專權時期，貪污受賄，以致富可敵國。「戶部歲歲發邊餉……朝出度支之門，暮入姦臣之府，輸邊者四，饋嵩者六」〔註50〕。國家財富被虛耗，百姓困苦。在嘉靖年間，九邊出現了危機，蒙古俺答入寇中原，引發了「庚戌之變」。在沿海各地，倭寇也成爲了明朝統治的一大隱患。

　　在穆宗統治的六年裏，以及萬曆初期由於掌握內閣的高拱、張居正等人都是經世之才。明朝在經歷了張居正改革之後，國力有所增強。但是與明朝276年的歷史相比，這段時期非常短暫。張居正去世後，神宗掌握了權力。神宗除了在他掌權之初，出現了曇花一現的勤政之外。他的怠政成爲他統治的主要特色。他「二十年深居靜攝，付萬事於不理」。由於他的長期怠政，國家中樞機構朝臣罷免、致仕，多未增補。至萬曆末年，內閣「只方從哲一人」，「職業盡弛，上下解體」。

　　當時的閣臣們都缺乏政治責任感，如申時行「務承帝指，不能有大建立」〔註51〕。陳于陛「上下否隔，于陛憂形於色，以不能補救，在直廬數太息，

〔註46〕《明武宗外紀》。
〔註47〕《明史》卷三百八，《嚴嵩傳》
〔註48〕《明史》卷三百八，《嚴嵩傳》
〔註49〕《明史》卷三百八，《嚴嵩傳》。
〔註50〕《明史》卷三百八，《嚴嵩傳》。
〔註51〕《明史》卷二一八，《申時行傳》。

視日影」〔註52〕。沈一貫「大率依違其間，物望漸減」〔註53〕。方從哲「性柔懦，不能任大事……順帝意，無所匡正，……昵群小，而帝怠荒，亦益甚」〔註54〕。

神宗死後，光宗即位。光宗在位時，信任正直的東林黨人，然而他在位只有一個月。熹宗即位。起初，東林黨人在朝廷中佔據上風，但是自天啟三年起，熹宗信任魏忠賢與熹宗的乳母客氏。魏忠賢和客氏表裏為奸，使得熹宗時期明朝政局一片黑暗。魏忠賢殘酷打擊東林黨人，廣樹閹黨。他擅作威福，為所欲為，「歲數出。輒作文軒。羽幢青蓋，四馬若飛，饒鼓鳴鏑之聲。轟鳴黃埃中，錦衣玉帶靴挎握刀者，夾左右馳白乃下」。舉朝阿諛者，「俱拜為乾父，行五拜三叩首禮，口呼九千九百歲爺爺」〔註55〕。明朝的黑暗統治在天啟年間已達到登峰造極的程度。

熹宗於天啟七年病逝，朱由檢即位。在他即位的那一年，明王朝的滅亡已不可避免。關外皇太極虎視耽耽，時刻不忘滅亡明朝，進取中原。關內明末農民大起義經過多年的醞釀已經形成，如烈火已呈燎原之勢。崇禎皇帝為挽回明朝的敗局作出了努力，但是因為他主觀上的剛愎自用，以及明代防範文官的專制傳統，使得他的一系列舉措非但不能延緩明朝的滅亡，反而加速了它的毀滅。

總之，從明朝的歷史特點來講，君臣關繫緊張是一個不爭的事實。大臣在輔佐皇帝維持政局穩定發揮的作用非常微弱。而顧炎武曾經生活過的明崇禎年間，君臣之間的緊張關係仍然沒有得到有效地解決，而由此產生出的士人腐朽墮落的社會風氣在當時業已形成。顧炎武對這些情況有著切身體會。這些內容構成了顧炎武對明朝歷史的反思。

三、顧炎武所處時代的歷史劇變

明朝末年，明朝專制統治下積聚起的社會矛盾在崇禎元年終於以農民起義的形式爆發出來。明皇朝面臨著內憂外患的局面，只能剜肉補瘡。加之，即位時的崇禎皇帝只有十七歲，去世時也不過三十二歲，年輕氣盛，急功近利，雖然希望勵精圖治，但是採取的措施往往於事無補，反而對局勢產生負面影響。

〔註52〕《明史》卷二一七，《陳於陛傳》。
〔註53〕《明史》卷二一八，《沈一貫傳》。
〔註54〕《明神宗實錄》卷四百五十八。
〔註55〕《明史》卷三百五，《魏忠賢傳》。

崇禎皇帝既要面對關外清軍的逼迫，又要面對關內由於社會矛盾的加劇而風起雲湧的起義形勢。同時，由於崇禎皇帝對大臣的猜忌十分嚴重，他又要提防擁有重兵的督師們對自己皇權統治的威脅，「據統計，明思宗所誅總督竟達七人，包括鄭崇儉、袁崇煥、劉策、楊一鵬、熊文燦、范志完、趙光抃」，「終崇禎世，巡撫被戮者十有一人；薊鎮王應豸，山西耿如杞，宣府李養沖，登萊孫元化，大同張翼明，順天陳祖苞，保定張其平，山東顏繼祖，四川邵捷春，永平馬成名，順天潘永圖，而河南李仙風被逮自縊，不與焉」〔註56〕。由於不信任大臣，他於崇禎二年冬十一月十日，「遣乾清宮太監王應朝監視行營」。十七日，「遣太監馮元升核軍，畢，詔下戶部發餉。又命太監呂直勞諸軍」。十二月，以「司禮太監沈良佐、內官太監呂直提督九門及皇城門，司禮太監李風翔總督忠勇營，提督京營」〔註57〕。皇帝與大臣之間的緊張局面並沒有得到實質的改變。這種猜忌心理固然與崇禎皇帝的個性有關，但是考慮到明朝統治方略的傳統，那麼崇禎皇帝的舉動和對大臣的猜忌心理也就是理所應當的。

清軍攻佔北京後，明朝的殘餘勢力又在南方組建了一些小朝廷。但是幾乎每一個朝廷內部都陷入了權力鬥爭中。政權內部的關係都沒有得到有效地協調，以致未能形成對南下清軍的有效抵抗。

1644年李自成的農民起義軍攻克北京，崇禎皇帝在煤山自縊。隨即，明朝山海關總兵吳三桂引導清軍入關，攻佔了北京。1645年，南京的明朝政治系統在南京擁立了福王朱由菘為帝，建立了「弘光政權」。弘光帝不問政事，只顧享樂，對清軍南下的情勢毫不在意。政權由馬士英控制，他將史可法排擠出弘光政權體系。史可法被迫離開南京，到揚州督師，準備抗清防務。弘光政權的軍政大權都由馬士英等姦佞完全操控。而且在清軍近在咫尺的情況下，弘光政權還發生了內爭，「左良玉聲討馬士英罪狀，以清君側為名自湖廣起兵東向進攻」，馬士英將防禦清軍的軍隊調往西線對付左良玉，「自此江北空虛」，清軍南下，駐守揚州的史可法兵力單薄，雖「率領軍民誓死固守」，但是不能有效地抵抗清軍。順治二年四月十八日，城破，「史可法不屈，被清兵所殺」。然而弘光政權內部仍然醉生夢死。「對前方戰事，馬士英只許報喜，不許報憂。對實際情況一無所知的弘光帝，高枕無憂，嬉遊如常」〔註58〕。

〔註56〕《明史》卷248，《顏繼祖傳》。
〔註57〕《明史紀事本末》卷74，《宦侍誤國》。
〔註58〕南炳文、湯綱：《明史》（下），上海人民出版社2003年版，第1208頁。

時人有對聯說：「福人沉醉未醒，全憑馬上胡謅；幕府凱歌已休，猶聽阮中曲變」〔註59〕。五月十五日，清軍進入南京，弘光政權滅亡。此後在南方又出現了浙東魯王政權和福建的唐王政權，但「南明兩個政權中繼續保留原明朝遺留下來的腐敗現象，內部鬥爭紛紜不已」〔註60〕。

順治二年（1645 年）閏六月二十一日，魯王朱以海被擁立監國，建立了浙東魯王政權。這個政權一方面面對著強大的清軍，以狹小的土地承擔著沉重的財政負擔，作為最高統治者的魯王朱以海卻「有深宮養優之心」，「頗安逸樂」〔註61〕，「朝中執掌大權的是外戚蕭山人張國俊，他內結宦官，外倚悍將，為所欲為。在魯王、張國俊的帶動、影響下，一般官僚也多是渾渾噩噩地過日子」〔註62〕。與魯王政權同時期，在福建，唐王朱聿鍵在鄭芝龍等人的擁護下建立了唐王政權，年號隆武，因此又稱隆武政權。朱聿鍵是南明幾個政權少有想有所作為的君主。但當時的軍政大權掌握在鄭芝龍之手，他形同傀儡。鄭芝龍與清軍的秘密交涉，撤去了閩北防線，使得清軍一路長驅直入，鄭芝龍向清軍投降。隆武帝被清軍俘虜遇害。幾年之內，清軍迅速消滅了南明的幾個政權。

這種局面在歷史上是不多見的。魏晉時期，北方為少數民族政權所控制，而在南方仍然建立漢族政權，並且北方政權普遍承認南方為正統。兩宋時期，雖然兩宋積貧積弱，與少數民族政權的軍事活動中落入下風，但也形成了有效地抵抗，即使面對強大的蒙古軍隊，南宋也是歐亞大陸蒙古軍隊最後征服的政權。明末是中原民族面對少數民族進攻的又一個時期，又是抵抗最為不利的時期。清軍入關直到基本統一全國只不過經歷了十幾年的時間。這不能不使當時的人們產生困惑和強烈的震撼。以顧炎武為代表的有識之士不得不對明朝為何在外界的打擊下如此不堪一擊的歷史進行反思。

顧炎武所處的時代環境是以君主專制為主要特點的明朝歷史影響下形成的。明末清初時代，抗清鬥爭的失敗和抗清形勢的慘狀正是明朝專制皇權腐朽作用的真實寫照。顧炎武作為士人，他早期經歷使他體味到明朝君主專制產生下的文化控制。而明朝滅亡後，他又親歷了抗清鬥爭，也使他對於當時

〔註59〕《明季南略》卷 3「左良玉討馬士英檄」第二檄條，卷 4「五月紀略」條。
〔註60〕南炳文、湯綱：《明史》（下），上海人民出版社 2003 年版，第 1233 頁。
〔註61〕全祖望：《鮚埼文集・莊太常傳》，《全祖望集彙校集注》，上海古籍出版社 2000年版。
〔註62〕南炳文、湯綱：《明史》（下），上海人民出版社 2003 年版，第 1236 頁。

社會天崩地解的災難有了更深的體會。這也促成了他的思想巨大飛躍。這種昇華的思想即反映在他的《日知錄》的著述當中。這些他親身經歷的社會生活才是他思想產生的深刻土壤，這是符合馬克思主義理論的基本觀點的。

第二節　顧炎武的學術思想軌跡

顧炎武作爲一個明末清初的著名思想家。他的思想是與其家學淵源、生活經歷有著密切的關係。

一、顧炎武的家學淵源

顧炎武出生在一個大縉紳地主家庭，他的高祖、曾祖、祖父連續做過正德、嘉靖、萬曆朝的地方官和中央部院官。他的曾祖顧章志地位最高，做過幾個省的按察使，最後做到應天府尹、南兵部右侍郎，贈右都御史。他的本生祖父顧紹芳做過經筵講官、翰林院編修、管理制誥〔註 63〕。顧章志爲人非常正直，不同於明朝官員趨炎附勢的表現，因此很長時間沒有得到升遷，「家人時扼腕謂先中憲公自行人爲給事，公獨不給事，豈有所不足也？公笑謂：『我何安敢望先給事，第欲作要，人將不得稱端人矣！給事，諫官也，籍令以諫死職』」，表現了中國士大夫正直之氣。顧章志品德高尚，在當時流行的空講仁義道德的風氣中，他不隨波逐流，而是注重行爲踐履，他「平時不好爲貢高弔詭之行……見世講良知之學者，常日：『諸君說則美也，然是塵羹土飯之類也』」〔註 64〕。顧炎武的曾祖父就是一位注重社會實踐，反對將道德神秘化，主張將道德與社會生活緊密聯繫的學者。他踐行著實際的道德，有著良好的道德風尚和高貴的品格，這對於顧炎武家族形成忠義正直且不迂腐的士人風氣有很大影響。顧炎武對自己的曾祖表達了崇敬之情，「記得尚書巷〔註 65〕，於今六十年；功名存駕部〔註 66〕，俎豆託朝天」〔註 67〕。從他本生祖父所作

〔註 63〕 參見趙儷生：《顧炎武新傳》，《趙儷生文集》第三冊，蘭州大學出版社 2002年版，第 13 頁。

〔註 64〕 王世貞：《弇州山人碑傳續稿》，《明代傳記叢刊》卷 331，臺北，明文書局 1991年版。

〔註 65〕 顧炎武自注，先兵部侍郎府君官舍所在。

〔註 66〕 顧炎武自注：公疏船甲事，得請，爲南京百年之利。事載《船政新書》。

〔註 67〕 顧炎武：《金陵雜事》（五首），《顧亭林詩文集》，中華書局 1983 年版，第 265頁。

的官職來看，顧氏家族有機會接觸很多一般人沒有機會接觸到的書籍。他的本生祖父作爲皇帝的經筵講官也應具有一定的實際學問，這對於顧氏家族的實學風氣的形成，以及顧炎武成爲一個能夠貼近實際的思想家，創造了有利的條件。

在顧炎武一生中，有兩個人對顧炎武影響巨大，一個是他的嗣祖父顧紹芾，另一個是他的繼母王氏。顧紹芾雖然只是一個監生，但是很有才華，「天才俊逸，詩文秀拔」，「早年跟隨其父親歷江西、廣西、山東、南京等地，熟悉各地的風土人情和政治鬥爭內幕，留心政局，手抄邸報，歷十四年、五年不輟，成二十五大冊」。這爲顧炎武學習實際的學問，而反對毫無根據的隨意想像的空疏學問奠定了基礎。並且顧紹芾親自對顧炎武言傳身教，引導他樹立「讀書不如鈔書」的做學問方式。

顧炎武的嗣母王氏「居別室中，晝則紡績，夜觀書至二更乃息。尤好觀《史記》、《通鑒》及本朝政紀諸書，而於劉文成、方忠烈、于忠肅諸人事，自炎武十數歲時即舉以教」〔註68〕。需要指出的是，顧炎武的嗣母王氏特別強調的劉基、方孝孺、于謙都是爲封建皇朝盡忠而死的文臣，他們在朝廷功勳卓著卻受屈而死，反映出明朝封建專制對明代文人嚴格控制的特點。這種教育顯然爲顧炎武日後提出對封建專制的批判起到了很大的影響。

顧炎武的家學體現出重視認識人在實際社會生活中所起的作用的特點。顧炎武的家學並不是反對理性認識與重視思辨，而是反對雖然重視思辨，但是又與社會現實脫節的心學。顧炎武的家學培養了顧炎武關心時政，以及「由器入道」的研究之法。這爲顧炎武日後成爲一個清學開山之祖創造了前提條件。它使顧炎武接受了與當時官方不同的教育模式。這種教育模式也使得顧炎武樹立了良好的道德情操。與「平時袖手談心性，臨危一死報君恩」〔註69〕晚明士大夫不同，顧炎武積極投身抗清的實際活動中，即使在抗清活動失敗之後，他也能矢志不渝，通過著書立說、闡釋他的思想，在當時的歷史條件下，爲改變現實生活的面貌，盡最大的努力。這都是與顧炎武家學淵源密不可分的。

〔註68〕 顧炎武：《先妣王碩人行狀》，《亭林餘集》，《顧亭林詩文集》中華書局 1983 年版，第 163 頁。
〔註69〕 顏元：《存學編》卷一，《習齋四存編》，上海古籍出版社 2000 年版。

二、顧炎武的生平經歷

　　顧炎武生活的年代正是中國社會急劇變革的時代。顧炎武早年接觸的教育仍然沒有脫離儒家思想體系。不可否認，當時的時代已經出現了資本主義萌芽，但是正如有的學者所指出的那樣，資本主義萌芽還很微弱，還不足以影響到社會生產形式的完全改變，當時的生產形式仍然是封建經濟。資本主義萌芽的客觀環境還沒有影響到顧炎武的生活，而他所面對的是矛盾重重的後期封建社會〔註70〕。

　　顧炎武的生活經歷大致可以分為四個階段：第一個階段是教育啓蒙階段；第二個階段是交友與參與社會活動的階段；第三個階段是救亡圖存的歷史階段；第四個階段是著書立說與思想傳播、建立新學術的階段。

　　（一）教育啓蒙階段：在 6 歲到 14 歲期間，對顧炎武影響最大的是他的嗣祖父和繼母以及由他們要求閱讀的書籍，這段時間顧炎武是在讀書中度過的。嗣祖父和繼母的教育以及顧炎武自幼研習的書籍為顧炎武的世界觀的形成產生了重要影響。

　　6 歲，繼母王氏即以《大學》授炎武，大約不出於《四書大全》之類的本子。9 歲，開始讀《周易》。顧炎武說：《周易》非常重要，「近世號為通經者，大都皆口耳之學，無得於心。既無得於心，尚安望其致用哉。《易》於天道消息、人事得失，切實示人。學者玩索其義，處世自有主張」〔註71〕。10 歲嗣祖命顧炎武讀古兵家《孫子》、《吳子》諸書，同時開始讀《左傳》、《國語》、《國策》、《史記》。1623 年滿洲攻破西平堡，佔領廣寧。顧炎武說：「天啓之初元，而遼陽陷，奢崇明、安邦彥並反。其明年，廣寧陷，山東白蓮教妖民作亂。一日，臣祖指庭中草根謂臣曰：『爾他日得食此，幸甚！』遂命之讀古兵家《孫子》、《吳子》諸書及《左傳》、《國語》、《戰國策》、《史記》。」顧紹芾時時告誡顧炎武：「士當求實學、凡天文、地理、兵農、水火及一代典章之故，不可不熟究」〔註72〕。11 歲，顧炎武讀《資治通鑒》，14 歲，讀畢《通鑒》，開始學習《詩》、《書》、《春秋》，讀邸報，熟悉本朝政局。

〔註70〕趙儷生：《顧炎武〈日知錄〉研究》，《趙儷生文集》第三冊，蘭州大學出版社2002 年版，第 367 頁。

〔註71〕顧炎武：《與任鈞衡書》，《亭林餘集》，《顧亭林詩文集》中華書局 1983 年版，第 169 頁。

〔註72〕顧炎武：《三朝紀事闕文序》，《亭林餘集》，《顧亭林詩文集》中華書局 1983年版，第 154 頁。

這些書籍之間有相通之處，顧紹芾和繼母王氏是在引導顧炎武避免將經學讀書當作參加科舉考試從而獲利的工具，而讀書的目的是爲了通經致用，以實現儒家所倡導的「治國平天下」的人生理想。

（二）社會經驗逐漸豐富的階段：十幾歲時，顧炎武參與了復社。這是一個政治色彩很濃的組織，他在更加廣泛的範圍內結識了讀書人，對學術思想進行切磋交流，尤其與歸莊過從甚密，他們以詩文唱和。在當時，顧炎武對崇禎皇帝還抱有很大的期望。他中年在給外甥徐乾學的信中，回憶了當時對崇禎時期的政務的印象，他說：「憶惜庚辰、辛巳之間，國步顚危，方州瓦解，而老臣碩彥，品節矯然。下多折柵之陳，上有轉圜之聽，思賈誼之言，每聞於諭旨；烹弘羊之論，屢見於封章。遺風善政，迄今可想。而昊天不弔，大命忽焉。山嶽崩頹，江河日下，三風不警，六逆彌臻。以今所睹，國維人表，視崇禎之代，十不得二三。而民窮財盡，又倍蓰而無算矣」，「臣祖乃更誨之，以爲士當求實學，凡天文、地理、兵農、水土及一代典章之故，不可不熟究」〔註73〕。

崇禎十二年（公元1639年），顧炎武時年27歲，他參加科舉考試落第，而此時「晚明社會的極度腐朽，經濟的瀕臨崩潰，政治的黑暗齷齪，軍事的不堪一擊，是年輕的顧炎武邁入社會門檻時所面臨的嚴峻現實」。針對積重難返的社會病痛，顧炎武以其嗣祖爲楷模，試圖引古籌今，從史冊和文獻中去尋求釀成國貧民弱危局的根源，他「感四國之多虞，恥經生之寡術」，利用家中的豐富藏書，將有關農田、水利、礦產、交通和地理沿革等資料——加以輯錄，這些資料輯錄工作一度中斷，「至其晚年，遂將所存浩繁資料一分爲二，關於社會經濟方面的部份，題爲《天下郡國利病書》，而山川地理諸資料，則題爲《肇域志》。著述《天下郡國利病書》和《肇域志》是《日知錄》的萌芽〔註74〕，是揭開「他一生爲學的新篇章」。29歲時，他的嗣祖父顧紹芾去世，由於財產繼承和分配引發了家庭糾紛，「炎武非紹芾嫡孫而係繼嗣，其從叔葉墅與再從兄維撕下大家子弟的虛僞面紗，爲爭奪財產繼承權，不顧正居喪守制的哀痛，挑起家難。顧葉墅和顧維爲達目的，對顧炎武百計陷害，甚至不

〔註73〕顧炎武：《三朝紀事闕文序》，《亭林餘集》，《顧亭林詩文集》，中華書局1983年版，第154頁。

〔註74〕趙儷生：《顧炎武新傳》，《趙儷生文集》第三冊，蘭州大學出版社2002年版，第17頁。

惜告到官府，迫使炎武對簿公堂。明代，崑山縣屬蘇州府管轄。崇禎十七年四月，顧炎武之在蘇州，或係家難訴訟之故。爲一家三十餘口生計所迫，顧炎武將祖上遺田八百畝低價典押給同邑富豪葉方恒。葉氏乘顧氏家難之危，圖謀仗勢侵吞。顧氏家難與這筆田產糾紛相交織，曠日持久，一直鬧到明朝滅亡亦未止息」〔註75〕。

（三）參與救亡圖存的歷史階段：當顧炎武 32 歲時，即崇禎十七年（公元 1644 年）三月，李自成的農民起義軍攻陷北京，崇禎皇帝在煤山自縊。清軍隨即在吳三桂引導下入關，佔領北京。福王朱由崧被擁立在南京稱帝，建立弘光政權。顧炎武被推薦到弘光政權任兵部司務。爲應弘光政權之召，顧炎武撰成著名的「乙酉四論」，即《軍制論》、《形勢論》、《田功論》、《錢法論》。這些文章從弘光政權據南京立國的實際出發，針對明末在軍制、農田、錢法諸方面的積弊，提出了一系列解救危難的應急主張。公元 1645 年春，顧炎武時年 33 歲，他準備到南京報到。五月九日清兵過江，五月十五日攻佔南京。顧炎武又回到蘇州。而清軍佔領南京後，隨即分兵三路去攻佔蘇州、杭州、吳淞沿海等處，而各地士人和普通民眾都組織起來，進行反抗。顧炎武以南明兵部司務的身份，參加了蘇州的抗清鬥爭。在參加了蘇州起義之後，顧炎武又參加了崑山起義，但都被清兵鎮壓下去。在崑山、常熟變亂中，顧炎武的本生母何氏被清兵砍掉了手臂，而繼母王氏絕食而死，他的兩個小弟弟也被清兵殺害。這對於顧炎武是重大的歷史事件。這時，隆武帝任命他爲兵部職方司主事，但還未赴任，清兵攻佔了福州，唐王政權覆滅了。

（四）著書立說與思想交流建立新學術的階段：在顧炎武的一生中，順治五年至十一年，是一段苦悶彷徨的歲月，他面臨著國破家亡的變故，使他感到非常痛苦和彷徨。他的詩《偶來》是他當時心境的眞實寫照，「偶來湖上已三秋，便可棲遲老一丘。赤米白鹽猶自足，青山綠野故無求。柴車向夕逢元亮，款段乘春遇少游。鳥獸同群終不忍，轍環非是爲身謀」〔註76〕。陳祖武先生指出，「詩末二句，最可玩味，從中正可窺見顧炎武的連年奔走，斷非爲一己謀求安身立命之地，因此，他決計以天下興亡爲己任，堅守初志，轍

〔註75〕陳祖武：《曠世大儒‧顧炎武》，河北人民出版社 2000 年版，第 41、44 頁。
〔註76〕顧炎武：《偶來》，《亭林詩集》卷 1，《顧亭林詩文集》中華書局 1983 年版，第 284 頁。

環四方」〔註 77〕。由於抗清軍事鬥爭已經失敗，顧炎武將主要的活動用於著書立說和進行思想交流，藉以形成社會風氣。他遊覽各地，瞭解各地風土人情，在各地廣交朋友，在朋友之間進行書信往來，闡發自己對學術問題看法，尤其是關於對空疏學風的批判。這期間也經歷了一些糾紛，這些糾紛也是促成他到各地旅行一個動因。

顧炎武從 34 歲到 44 歲（1646 年至 1656 年）在「以南京為中心，東到太湖，北到清江浦和王家營」〔註 78〕一帶活動。在這段時間內，他結交了很多朋友。在江北淮安，顧炎武結交了萬壽祺、王略、張昭三個朋友，在蘇州的洞庭東山，顧炎武結識了河北曲周路氏一家。這期間還出現了一場大難，顧炎武吃了官司，差點為之喪命。當時，顧炎武祖父去世，為了應付賦稅和徭役，顧炎武被迫將八百畝田產典給葉公子（葉方恒）。顧炎武家遭到了戰亂的打擊，葉公子想趁機將顧家的田產占為己有，於是就勾結顧炎武家的僕人陸恩，讓陸恩揭發顧炎武跟南明有勾結。顧炎武回鄉後，將陸恩處死。而葉公子將顧炎武逮住，讓他「自殺償命」。在顧炎武朋友歸莊等人的幫助下，他被移到司法機關，最後以「殺有罪奴」被審定，而刑輕了些，這自然引起葉公子的不滿和報復，顧炎武在南方待不下去，只好到北方活動〔註 79〕。他到了山東、山西、陝西，瞭解了當地的風土人情，對山東半島、明朝的薊遼、宣大、太行山一帶地區的地理情況進行了考察。這對於其充實《天下郡國利病書》、《肇域志》，撰寫《日知錄》提供了一定的幫助。

順治十四年春，顧炎武隻身逾江涉淮，北上山東，首先到的是膠東萊州，投奔掖縣趙士完、任唐臣。後離開萊州，來到即墨，並遊覽了嶗山，遍遊齊魯。順治十五年，他來到了北京，「不勝今昔之感，國破家亡之痛油然而生」，「是年深秋出京，取道薊州，歷遵化，過玉田，抵永平，在盧龍度歲，復東出山海關，遊昌黎，取道遷安三屯營，遂於順治十六年春夏間抵昌平」，並在昌平拜謁了明十三陵。順治十六年到順治十八年間，他頻繁往返於南北。自康熙元年開始，顧炎武的行蹤主要集中在北方，「他以友人所贈二馬二騾裝書卷，常年往返於秦、晉、冀之間，行萬里路，讀萬卷書，決意把自己的後半

〔註 77〕陳祖武：《曠世大儒‧顧炎武》，河北人民出版社 2000 年版，第 59 頁。
〔註 78〕趙儷生：《顧炎武新傳》，《趙儷生文集》第三冊，蘭州大學出版社 2002 年版，第 21 頁。
〔註 79〕注：顧炎武對北遊的過程有過自述，見《亭林詩集》卷 2，《贈路光祿太平》。

生獻給著述事業」〔註80〕。

　　在這段遊歷過程中，顧炎武結交了一些朋友，其中結交了「平生重點的朋友張爾歧」〔註81〕。顧炎武就自己的學術旨趣與張爾歧進行了探討。在寫給張爾歧的信中，顧炎武指出，「聖人之道」在於「博學於文」和「行己有恥」，即「自一身以至於天下國家，皆學之事也，自子臣弟友以至出入、往來、辭受、取與之間，皆有恥之事也」〔註82〕，現實生活的實踐是實現「聖人之道」的根本所在。張爾歧在覆信中，對顧炎武重視實踐的看法表示了贊同，指出，「《論學書》特拈博學行己二事，眞足砭好高無實之病」，肯定了踐行的重要，但是他認爲「聖人之道」、「性命之理」固然「騰說不可也，未始不可默喻。侈言於人不可也，未始不可驗之已。強探力索於一日不可也，未始不可優裕漸漬以俟自悟。如謂於學人分上了無交涉，是將格盡天下之理，而反遺身以內之理也」〔註83〕。張爾歧的見解是對顧炎武思想的補充。從他們之間來往的書信來看，顧炎武並不反對主觀的思辨和抽象思維。他強調實踐的重要性是爲了糾正明代空疏學風之弊。而張爾歧則較爲中和，對顧炎武思想作了補充說明，這爲顧炎武提高對「博學於文」和「行己有恥」的認識提供了幫助。

　　在山西，他認識了重要的朋友傅山、李因篤，他們之間也有詩文往來。在這段時間，顧炎武將以前搜集的資料進行了編輯，分別歸到偏重社會經濟的《天下郡國利病書》和偏重歷史地理部份的《肇域志》。而這一時期又是顧炎武一生著作成果頂峰標誌《日知錄》開始撰寫的時期。顧炎武的著述過程就是在讀書和遊歷中完成的。

　　康熙五年十月，顧炎武撰《韻補正》在山東脫稿。康熙六年，顧炎武請遊人刊刻業已完成的《音學五書》。

　　康熙七年（公元 1668 年），時年 56 歲的顧炎武受到了文字獄的牽連，「爲不識面之人姜元衡所誣」〔註84〕，陷入了七個月的牢獄之災，幸虧他在京爲

〔註80〕陳祖武：《曠世大儒・顧炎武》，河北人民出版社 2000 年版，第 88～112 頁。

〔註81〕趙儷生：《顧炎武新傳》，《趙儷生文集》第三冊，蘭州大學出版社 2002 年版，第 30 頁。

〔註82〕顧炎武：《與友人論學書》，《亭林文集》卷 3，《顧亭林詩文集》中華書局 1983 年版，第 41 頁。

〔註83〕張爾歧：《答顧寧人書》，《蒿庵文集》卷一，山東書局 1889 年版。

〔註84〕顧炎武：《上國馨叔》，《蔣山傭殘稿》卷 2，《顧亭林詩文集》中華書局 1983 年版，第 204 頁。

官的三個外甥徐乾學、徐秉義、徐元文的保護，以及很多好朋友營救才得以逃脫。而他的名著《日知錄》也正是在濟南身陷囹圄無結撰的。此後，他多次到了北京和他的外甥們住在一起，直到 66 歲，他的大部份時間都是在北京度過的。在他 60 歲的時候，他的《日知錄》初步成型，將《日知錄》「刻成樣本」〔註85〕，寄給李良年。康熙十年（公元 1671 年）夏，熊賜履欲薦顧炎武「佐其撰述」《明史》，遭到了顧炎武的拒絕，顧炎武說：「果有此舉，不為介推之逃，則為屈原之死矣」〔註86〕。

康熙十五年（公元 1676 年），《日知錄》「經漸次增改，已得二十餘卷」〔註87〕，但「他鄙棄『速於成書，躁於求名』的浮躁學風，並未再將書稿刊行，而只是為初刻本補撰了一篇《自序》。在《日知錄》的結撰過程中，最令顧炎武欣慰的是，他在其間提出的諸多學術主張，及其社會理想，與同時大儒陸世儀、黃宗羲不謀而合〔註88〕在與黃宗羲的書信中，顧炎武認為其所著《日知錄》與黃宗羲著名的史論著作《明夷待訪錄》相同者「十之六七」〔註89〕。這裡表明顧炎武將《日知錄》定義為一部史論著作。直到他 66 歲，清朝設「博學鴻辭」科，徵召顧炎武，遭到了顧炎武的堅決抵制，因此，他也離開了北京，繼續著在西北的遊歷生活。

康熙二十年（公元 1681 年）發生了「三藩」之變，在此期間，顧炎武的主要生活是在西北地區度過的。在陝西，他結交了李中孚、李因篤和王弘撰，即「關中三友」。顧炎武對李因篤（李子德）非常推崇，將他比作東漢的鄭玄和服虔。他就很見功底的音韻學與李因篤進行了探討，闡發了他將音韻作為通經途徑的思想〔註90〕。而王弘撰同樣也是一位學識淵博、有著系統學術體系的學者，在這段時間內，顧炎武針對什麼才是儒學，儒學的基本特點是什

〔註85〕顧炎武：《與李良年（武曾）書》，《亭林佚文輯補》中華書局 1983 年版，第237 頁。

〔註86〕顧炎武：《記與孝感熊先生語》，《蔣山傭殘稿》卷 2，《顧亭林詩文集》中華書局 1983 年版，第 196 頁。

〔註87〕顧炎武：《初刻〈日知錄〉自序》，《亭林文集》卷 2，《顧亭林詩文集》，中華書局 1983 年版，第 27 頁。

〔註88〕陳祖武：《曠世大儒‧顧炎武》，河北人民出版社 2000 年版，第 160 頁。

〔註89〕顧炎武：《與黃太沖書》，《亭林佚文輯補》，《顧亭林詩文集》中華書局 1983 年版，第 238 頁。

〔註90〕顧炎武：《答李子德書》，《亭林文集》卷 4，《顧亭林詩文集》中華書局 1983 年版，第 69 頁。

麼、空疏學風的特點、心學不是儒學等等問題與他的好友王弘撰（王山史）、李子德、汪苕文、施愚山等人進行了頻繁的書信往來，主題便是「古之所謂理學，經學也」；「今之所謂理學，禪學也」〔註 91〕，體現出他的「經學即理學」是具有成熟體系的思想。

　　顧炎武最後的人生歲月是在華陰度過的。在此期間，他做了三件大事，「第一件事，是一如既往，獻身著述事業」，將他不斷完善的兩部著作《日知錄》和《音學五書》刊刻；「第二件事是營建朱子祠堂和考亭書院，表彰朱子」；他將修建「朱子祠堂」當作一件大事。他做《上梁文》紀念「朱子祠堂」告成一事，他說：「兩漢而下，雖多保殘守缺之人；六經所傳，未有繼往開來之哲。惟絕學首明於伊洛，而微言大闡於考亭，不徒羽翼聖功，亦乃發揮王道，啓百世之先覺，集諸儒之大成」〔註 92〕。顧炎武表彰朱子的目的，正如陳祖武先生所指出的那樣：「他的意圖在於，號召人們究心朱子所曾致力的經學，躬行踐履，興復禮學。」「第三件事，則是關注民生疾苦，竭力爲民紓困」。康熙二十一年正月初四，顧炎武的朋友韓宣設家宴款待爲顧炎武病癒而來道喜的官紳，初八早晨，「炎武興致勃勃，出門答謝一方官紳的款待。不料上馬失足墜地，舊病陡然復發。翌日凌晨，遂因之而溘然長逝，享年七十歲」〔註 93〕。

　　顧炎武的思想是隨著與他生活密切相關的時代變化而變化的。早期的家庭和讀書教育是他世界觀和思維方式的塑造階段，這爲他處理日後生活奠定了基礎，這也正是他以儒家的思維方式來認識社會問題的原因。十幾歲的成年階段，他進行了交友活動，這是他與社會開始接觸的時期，這對他提高應付社會能力有所幫助，也使他融入了這個社會。而科舉考試是當時士人實現人生價值的主要方式。面對著明末嚴峻的社會形勢，他需要參加科舉考試以展現自己的價值。而科舉考試的失利使他暫時沒有通過做官以實現人生價值的機會。他開始著手爲做有益於社會的事，搜集與現實生活有關的史料，編輯成《天下郡國利病書》和《肇域志》，其中涉及到京都如何選址、如何建立京都防務、與京都有關的水利設施的問題、賦稅徵收形式的問題等等，詳盡

〔註 91〕顧炎武：《與施愚山書》，《亭林文集》卷 3，《顧亭林詩文集》中華書局 1983年版，第 58 頁。

〔註 92〕顧炎武：《華陰縣朱子祠堂上梁文》，《亭林文集》卷 5，《顧亭林詩文集》，中華書局 1983 年版，第 121 頁。

〔註 93〕陳祖武：《曠世大儒·顧炎武》，河北人民出版社 2000 年版，第 171、172、175頁。

地總結有關方面的材料是實現對這些現實問題成熟認識的前提。顧炎武「經世致用」的精神正體現在這裡。而 1644 年，崇禎皇帝在李自成起義軍的逼迫下在煤山自縊，這一突然變故是明朝整個社會始料未及的。清軍入關，民族矛盾上升為社會的主要矛盾。顧炎武被捲入了抗清鬥爭中。當時，明朝殘餘勢力沒有形成對清軍的有效抵抗，清軍迅速統一全國，並穩定了局勢。此時的士人已經向清朝俯首稱臣了。在這一時期，顧炎武認識到學術在引導社會風氣的重要性，於是，他把主要精力用於改造士人思想上，他與朋友之間以書信的形式進行思想交流實際就是他試圖改造士人思想的活動。同樣，著書立說對引導後人的風氣也有重要意義。顧炎武的《日知錄》正是這一時期的產物。顧炎武寄予《日知錄》改造社會、建立王者盛世的理想。顧炎武正是沿著這樣的人生軌跡而逐漸建立起比較完整的思想體系。

本章小結：

　　顧炎武的思想是由他的生活經歷形成的結果。而他在生活中經歷的過程也就是他與客觀環境接觸的過程。而與其個人生活密切相關的大環境是明朝嚴酷的君主專制和在士人階層的墮落，這也正是顧炎武所處時代的主要特點。資本主義萌芽在明代中後期得到了一定的發展，但它只是萌芽，還不是當時社會的主要生產形式，因此，筆者認為資本主義萌芽不能作為顧炎武思想產生的原因。明代嚴酷的君主專制是顧炎武提出反專制的思想提供了前提條件。顧炎武反專制的思想仍然屬於傳統文化的範疇。明朝的迅速滅亡、士人對清朝的迅速臣服使得顧炎武重視對封建專制體制和理學空談的思考，促使他思考明朝之所以會迅速滅亡的深層次原因，這些認識是通過《日知錄》反映出來的。

第二章 顧炎武《日知錄》的著述體系研究

第一節 《日知錄》的史論性質

一、「撥亂滌污」:《日知錄》的著述宗旨

　　顧炎武的《日知錄》是他一生最主要的代表著作,但「它又是融彙了明清之際時代精神的史論,這點卻未引起人們足夠的重視」〔註1〕。《日知錄》採用了分條目的敘述方式。著名歷史學家趙儷生將《日知錄》的敘述方式稱爲「瑣記體」。顧炎武在《日知錄》中採用這樣的敘事方式有他自己獨具匠心的思考,但不可否認的是,正是由於這樣的敘事方式爲後人研究《日知錄》本身和顧炎武的思想造成了困難,《日知錄》的史論性質被掩蓋在這樣的敘事方式下。清代著名學者章學誠認爲顧炎武的《日知錄》「只可存爲功力,不可稱其爲著作」〔註2〕。邱椿先生認爲顧炎武「寫的《天下郡國利病書》和《肇域志》全屬抄撮群書而未經最後訂定的著作。《日知錄》是他生平最得意的傑作,但其中抄錄別人的話占十分之七八,發表他自己的見解不過占十之二三。所以他的主要寫作在抄而不在著」〔註3〕。當代著名歷史學家周予同將《日知錄》視爲「讀書筆記」〔註4〕。梁啓超對《日知錄》的性質認識也是在發展變

〔註1〕陳其泰:《史學與中國文化傳統》,學苑出版社1999年版,第9頁。
〔註2〕章學誠:《與林秀才書》,《章氏遺書》卷九,吳興劉氏嘉業堂刊本。
〔註3〕邱椿:《顧炎武論學習》,《北京師範大學學報》,1962年第3期,第102頁。
〔註4〕周予同:《中國歷史文選》(下),上海古籍出版社2002年版,第177頁。

化的。起初，他認爲，《日知錄》是札記冊子，而「札記之性質，本非著書，不過儲著書之資料」〔註5〕，因此，他認爲《日知錄》不是一部成熟的著作。但後來，在《中國近三百年學術史》中，梁啓超對於《日知錄》的性質認識發生了變化，他指出「亭林精心結撰的《日知錄》，確是一種精製品，是籌燈底下纖纖女手親織出來的布」〔註6〕。梁啓超的這番話的意思是說：《日知錄》雖然是條目的形式，但是每個條目和章節的安排都是經過顧炎武深思熟慮的。梁啓超對《日知錄》的認識，對我們認識《日知錄》的著作性質，進而把握顧炎武學術思想體系，正確認識顧炎武具體的學術思想都有一定啓示意義。

筆者以爲顧炎武的《日知錄》具有非常明顯的史論性質，全書的主要問題是圍繞明代爲什麼會迅速滅亡這個中心問題展開的。《日知錄》有著明確的中心思想和比較嚴密的邏輯結構，「是把搜集到的某些類型的資料加工整理、融會貫通而成的」〔註7〕，其書籍的性質應屬於史論的範疇。《四庫總目提要》敘列這部書的內容：「前七卷皆論經義，八卷至十二卷皆論政事，十三卷論世風，十四、十五卷論禮制，十六、十七卷論科舉，十八至二十一卷論藝文，二十二至二十四卷論名義，二十五卷論古事眞妄，二十六卷論史法，二十七卷論注書，二十八卷論雜事，二十九卷論兵及外國事，三十卷論天象術數，三十一卷論地理，三十二卷雜考證」。這些內容都是顧炎武「生活在『天崩地解』的年代，一生爲國家民族命運焦慮憂戚」，集三十年心血之所萃。它所論述的核心內容便是探討明朝何以會迅速滅亡的原因。

《日知錄》是一部有著明確現實目的和政治目的的史論著作。顧炎武著述此書針對的是明末清初那個天崩地解的時代劇變。明朝被清朝所取代，清軍在十幾年內迅速統一了全國，明朝殘餘勢力並未形成對清軍有效抵抗。這對於一向瞧不起游牧民族的顧炎武而言是難以接受的歷史劇變。時代環境的變化以及他的切身經歷迫使他必須對造成這一時代劇變的歷史原因進行反思。在這樣的歷史條件下，顧炎武決心努力改變當時天崩地解的時代劇變，將扭轉社會現實看作是時代賦予自己的歷史使命。在《日知錄》卷18的「朱

〔註5〕梁啓超：《飲冰室合集》專集之三十四，《清代學術概論》，中華書局 1989 年版，第 44 頁，

〔註6〕梁啓超：《飲冰室合集》專集之七十五，《中國近三百年學術史》，中華書局 1989 年版，第 62 頁。

〔註7〕張岱之：《顧炎武》中華書局 1982 年版，第 98 頁。

子晚年定論」條中，顧炎武說：「撥亂世反之正，豈不在後賢乎」〔註 8〕，明確表示自己將勇於承擔轉變社會風氣的歷史使命。他把自己所撰寫的《日知錄》看作是能夠改變明朝末年歷史面貌，能夠對後代的社會生活起到推動作用的經典。

顧炎武在《初刻〈日知錄〉自序》中對《日知錄》著述目的作了集中的說明。他說：

> 炎武所著《日知錄》，因友人多欲抄寫，患不能給，遂於上章閹茂之歲，刻此八卷。歷今六七年，老而益進，始悔向日學之不博，見之不卓，其中疏漏，往往而有，而其書已行於世，不可掩。漸次增改，得二十餘卷，欲更刻之，而猶未敢自以爲定，故先以舊本質之同志。蓋天下之理無窮，而君子之志於道也，不成章不達。故昔日之得，不足以爲矜，後日之成，不容以自限。若其所欲明學術，正人心，撥亂世，以興太平之事，則有不盡於是刻者。須絕筆之後，藏之名山，以待撫世宰物者之求，其無以是刻之陋而棄之，則幸甚。〔註9〕

顧炎武寄予了《日知錄》「撥亂反正，以興太平之事」的期望。在與朋輩往來的書信中，顧炎武也表達了《日知錄》的著述旨趣，他說：他所著的《日知錄》，「意在撥亂滌污，法古用夏，啓多聞於來學，待一治於後王，未敢以示人也」〔註 10〕。顧炎武自信他的《日知錄》有著深刻內涵和思想性，是一部能夠幫助後人扭轉明末天崩地解歷史局面、實現盛世的著作。

顧炎武自認爲《日知錄》是一部具有比較完整著述體系、且具有治國平天下道理的著作。他認爲，這部書能夠爲「撫世宰物者」實現治國平天下提供幫助。他說：「君子之爲學，以明道也，以救世也。……著《日知錄》，上篇經術，中篇治道，下篇博聞，共三十餘卷。有王者起，將以見諸行事，以躋斯世於治古之隆。」這顯然是要彰顯儒學本來的經世之大用。〔註 11〕

顧炎武的弟子潘耒也認爲《日知錄》表現出顧炎武的通儒之學。既然是

〔註 8〕《日知錄集釋》卷 18，「朱子晚年定論」條，第 1068 頁。
〔註 9〕《先生初刻〈日知錄〉自序》，《日知錄集釋》上海古籍出版社 2006 年版，第 1 頁。
〔註 10〕顧炎武：《與楊雪臣書》，《亭林文集》卷 6，《顧亭林詩文集》中華書局 1983 年版，第 139 頁。
〔註 11〕陳其泰、劉蘭肖：《魏源評傳》南京大學出版社 2005 年版，第 137 頁。

通儒之學，那麼顧炎武的學術成就就不僅僅是在於知識廣博，而在於能夠將這些知識融會貫通。潘耒說：

> 有通儒之學，有俗儒之學。學者，將以明體適用也。綜貫百家，上下千載，詳考其得失之故，而斷之於心，筆之於書，朝章國典，民風土俗，元元本本，無不洞悉，其術足以匡時，其言足以救世，是謂通儒之學。若夫雕琢辭章，綴輯故實，或高談而不根，或剽說而無當，淺深不同，同爲俗學而已矣。〔註12〕

潘耒認爲顧炎武的《日知錄》絕非一般材料彙編或者煩瑣考據之書可比，其中包含著「『坐而言，可起而行』的經世致用之學」。因此，顧炎武雖然主張考據，反對空談心性，但他的學術又不是爲了考證而考證的考據之學。他從事考據工作的目的在於總結歷史規律，由此來達到經世致用的目的。

顧炎武本人以及他的弟子將《日知錄》的價值看得非常高，然而「清代學者的絕大多數是把顧氏看成爲著述而鑽研的學者，沒有估量他的全體大用」〔註13〕，全祖望做《亭林先生神道表》中，引用王士庵的話做結論，說道：

> 寧人身負沉痛，思大揭其親之志於天下。奔走流離，老而無子。其幽隱莫發，數十年靡訴之衷，曾不得快然一吐。而使後起少年，推以多聞博學，其辱已甚，安得不掉首故鄉，甘於客死？噫，可痛也！〔註14〕

顧炎武一生，始終以「國家治亂之源，生民根本之計」爲懷，他對於結合現實問題評價歷史有自覺的認識，一再提出：「夫史書之作，鑒往所以訓今」；「引古籌今，亦吾儒經世之用」。「顧炎武自稱，平生之志與業，都在這部書中」〔註15〕。反思明朝何以會迅速滅亡是顧炎武著述《日知錄》的目的所在，也是《日知錄》這部著作核心價值所在。

二、總結歷史經驗，批判封建專制的禍害

《日知錄》是一部批判封建專制的史論著作。出於反思明朝何以會迅速

〔註12〕《潘耒原序》，《日知錄集釋》上海古籍出版社2006年版，第1頁。
〔註13〕張舜徽：《張舜徽集》，華中師範大學出版社2005年版，第235頁。
〔註14〕全祖望：《亭林先生神道表》，《鮚埼亭集》卷12，《全祖望集彙校集注》上海古籍出版社2000年版，第228頁。
〔註15〕白壽彝主編：《中國史學史》第一卷（白壽彝著），上海人民出版社2006年版，第52頁。

滅亡的目的，顧炎武在《日知錄》中對造成明代末年社會危機的封建專制進行了激烈地批判，把封建專制看作是造成明末社會危機的根源。基於對整個封建政治史的反思，顧炎武提出了區分「亡國」與「亡天下」的光輝思想：

> 有亡國有亡天下。亡國亡天下奚辨？易姓改號謂之亡國，仁義充塞以至於率獸食人，人將相食，謂之亡天下。……保其國者，其君其臣、肉食者謀之；保天下者，匹夫之賤，與有責焉耳！〔註16〕

顧炎武將保國與保天下區分開來，是在啓導人們將民族命運與皇朝更迭二者區分開來，號召人們關心民族的生存！「這意味著與二千年來嚴重禁錮、毒害人們頭腦的『君權神聖』、『效忠朝廷』的封建主義最高準則勇敢地決裂，標誌著在明清之際時代劇變的刺激下進步人物達到了思想的解放，因而具有近代啓蒙的意義」〔註17〕。

黃宗羲著《明夷待訪錄》，爆發出「爲天下之大害者，君而已矣」的吶喊，憤怒聲討專制帝王「敲剝天下之骨髓，離散天下之子女，以奉我一人之淫樂」。顧炎武讀了這部著作致書黃宗羲，欣喜異常地表示兩人志同道合，並說：「炎武以管見爲《日知錄》一書，竊自幸其中所論，同於先生者十之六七」〔註18〕。由此可見，顧炎武將《日知錄》看作是一部與《明夷待訪錄》交相輝映的史論著作。其全書的主要部份即在於批判明朝封建專制統治。

顧炎武在《日知錄》中對明朝封建專制的特徵、吏治腐敗、官場的墮落、對士人的摧殘等等問題都進行了深入細緻的分析，進行了激烈的批判。他著重批評了明朝君主採用種種措施限制官員的權力，由此造成明朝官員缺乏管理社會問題的責任心，這樣不僅不利於社會矛盾的解決，反而會積纍和激化矛盾，對明朝政權穩固產生不利影響。顧炎武指出，漢朝這樣一個興盛的皇朝，非常重視地方基層組織在維持社會穩定中的作用。漢高祖「令舉民年五十以上，有修行能帥眾爲善，置以爲三老，鄉一人。擇鄉三老一人爲縣三老，與縣令、丞、尉以事相教，復，勿繇戍」，起到了輔助朝廷委派的地方官管理地方的作用，是一個「三代明王之治亦不越乎此」的好制度。然而到了明朝，「一切蕩然，無有存者。且守令之不足任也，而多設之監司；監司之不足任

〔註16〕《日知錄集釋》卷13，「正始」條，第756頁。

〔註17〕陳其泰：《史學與中國文化傳統》，學苑出版社1999年版，第11頁。

〔註18〕顧炎武：《與黃太沖書》，《亭林佚文輯補》，《顧亭林詩文集》中華書局 1983年版，第238頁。

也，而重立之牧伯。積尊絫重，以居乎其上，而下無與分其職者。雖得公廉勤幹之吏，猶不能以爲治，而況託之非人者乎」〔註19〕！明朝君主用嚴酷的法令去限制官員，自吏部委派官員直至官員到任都受到法令的嚴格約束。顧炎武對明朝君主用嚴苛的法令控制官員選拔的做法給予了激烈的批判，他說：

> ……況天下之大，士人之眾，而可委之數人之手乎？假使平如權衡，明如水鏡，力有所極，照有所窮，銓綜既多，絫失斯廣。又以比居此任，時有非人，豈直愧彼清通，亦將竭其庸妄。情故既行，何所不至？贓私一啓，以及萬端。至乃爲人擇官，爲身擇利，顧親疏而舉筆，看勢要而措情。加以厚貌深衷，險如峪壑，擇言觀行，猶懼不周。今使百行九能析之一面，具像庶品專斷於一司，其亦難矣。天祚大聖，比屋可對，咸以爲有道恥賤，得時無怠。諸色人流，歲以千計，群司列位，無復增多。官有常員，人無定限。選集之始，霧積雲屯，攉敘於終，十不收一……〔註20〕

顧炎武指出，明朝設立嚴酷法令違背了當初設置法令的初衷，他認爲，「法制禁令，王者之所不廢，而非所以爲治也。其本在正人心、厚風俗而已」。他以歷史事實證明凡依靠嚴酷法令來維持統治的皇朝都是不久長的，「秦始皇之治天下之事，無大小皆決於上，上至於衡石量書，日夜有呈，不中呈不得休息，而秦遂以亡」〔註21〕。顧炎武揭示了依靠法令不能維持統治的原因：「夫法制繁則巧滑之徒皆得以法爲市，而雖有賢者，不能自用，此國事之所以日非也」〔註22〕。顧炎武深刻地揭示出明朝皇帝用嚴酷法令限制官員表現出「吾一毫不信汝，汝一毫不自信也」〔註23〕的實質。

顧炎武認爲，明朝君主限制官員，將官員的行動自主權收歸朝廷，其目的在於與民爭利，而對其本應履行的社會公共職能未能有效履行。顧炎武批評明朝皇帝不知「錢幣之本爲上下通共之財，而以爲一家之物也」，將貨幣集中到中央，對經濟生活造成了破壞性的影響。顧炎武說：「今日之銀，猶前代之錢也。乃歲歲徵數百萬貯之京庫，而不知所以流通之術，於是銀之在

〔註19〕 《日知錄集釋》卷8，「鄉亭之職」條，第471頁。
〔註20〕 《日知錄集釋》卷8，「攉屬」條，第481頁。
〔註21〕 《日知錄集釋》卷8，「法制」條，第488頁。
〔註22〕 《日知錄集釋》卷8，「法制」條，第489頁。
〔註23〕 《日知錄集釋》卷8，「銓選之害」條，第507頁。

下者至於竭涸，而無以繼上之求，然後民窮而盜起矣。」他指出，君主本應履行社會公共職能，「與天下同利」，然而卻「擅天下之利」，於是「天下謀之」〔註24〕。顧炎武於此指出，明朝在短時間內滅亡於清軍，並不是由於清軍多麼強大，而是由於其自身的腐朽體制種下的惡果。

顧炎武批評明朝君主不重視對士人以及社會風氣的引導，敗壞了社會風氣，是明末社會風氣墮落的根源。他指出從歷史經驗來看，君主對社會風氣負有決定性的影響，東漢光武帝「尊崇節義，敦厲名實，所舉用者，莫非經明行修之人，而風俗為之一變。至其末造，朝政昏濁，國事日非，而黨錮之流，獨行之輩，依仁蹈義，捨命不渝，『風雨如晦，雞鳴不已』，三代以下風俗之美，無尚於東京者」。但由於曹操只重士人的才能，不重視士人品行的培養，「於是權詐迭進，奸逆萌生」，當時的「國士不以孝悌清修為首，乃以趨勢求利為先」。曹魏以後士人風氣因而墮落。顧炎武說：

> 至正始之際，而一二浮誕之徒，騁其智識，蔑周、孔之書，習老、莊之教，風俗又為之一變。夫以經術之治，節義之防，光武、明、章數世為之而未足；毀方敗常之俗，孟德一人變之而有餘。〔註25〕

顧炎武對曹操「唯才是舉」的看法並不符合歷史的實際，但這反映出顧炎武非常重視君主在引導社會風氣中的作用。明末衰弱社會風氣也正是明朝封建專製造成的結果。在卷13「清議」條中，顧炎武批評了明朝君主不重視對社會風氣的引導。他說：「古之哲王所以正百辟者，既已制官刑儆於有位矣，而又為之立閭師，設鄉校，存清議於州里，以佐刑罰之窮。……兩漢以來，猶循此制，鄉舉里選，必先考其生平，　沾清議，終身不齒。」「天下風俗最壞之地，清議尚存，猶足以維持一二。至於清議亡而干戈至矣。」清議對社會風俗形成有著重要的影響。明朝初年，明太祖重視清議對維持社會穩定的作用，他規定「凡十惡、奸盜詐偽、干名犯義、有傷風俗及犯贓至徒者，書其名於申明亭，以示懲戒。有私毀亭舍、塗抹姓名者，監察御史、按察司官以時按視，罪如律」。顧炎武稱這種做法是「前代鄉議之遺意也」。然而「後之人視為文具，風紀之官但以刑名為事，而於弼教新民之意若不相關，無惑乎江河之日下已」〔註26〕。

〔註24〕《日知錄集釋》卷12，「財用」條，第701頁。
〔註25〕《日知錄集釋》卷13，「兩漢風俗」條，第753頁。
〔註26〕《日知錄集釋》卷13，「清議」條，第766頁。

在《日知錄》卷 16 中，顧炎武通過批判明代科舉體制，揭露了明代科舉教育體制敗壞人才的弊端，說明它是造成學術空疏的根源，鞭撻了明朝封建專制阻礙社會發展的實質。顧炎武指出，明朝只有「明經」一科，且不考注疏。他引《文苑英華》卷 689 中權德輿的《答柳福州書》中所言「注疏猶可以質驗，不者，償有司率情，上下其手，既失本末，又不得其本，則蕩然矣」。他對明朝的「明經」弊端展開批判，指出「今之學者並注疏而不觀，殆於本末俱喪，然則今之進士又不如唐之明經也乎」〔註27〕。顧炎武通過對明代科舉制度敗壞人才的批判，指出，明朝封建專制是造成人才敗壞的根源。他說，宋高宗「立博學宏辭科，凡十二題，制、誥、詔、表、露布、檄、箴、銘、記、贊、頌、序，內雜出六題，分為三場，每場體制，一古一今。南渡以後，得人為盛，多至卿相翰苑者。今之第二場詔、誥、表三題，內科一道，亦是略仿此意。而苟簡濫劣，至於全無典故、不知平仄者亦皆中式，上無能文之主故也」〔註28〕。顧炎武於此批評了沒有文化的君主所設立的科舉制度是明朝文化衰落、世風日下的原因所在。

顧炎武在《日知錄》中指出，明朝推行的八股取士制度是明朝學術空疏以及士人風氣衰落的根源。他通過批評《四書五經大全》編寫的粗劣指出了明代科舉教育制度對明代文化衰落產生的惡劣影響。他說：《四書五經大全》是「僅取已成之書抄謄一過，上欺朝廷，下誑士子，唐、宋之時有是事乎？豈非骨鯁之臣已空於建文之代，而制義初行，一時人士盡棄宋、元以來所傳之實學，上下相蒙，以饕祿利，而莫之問也？嗚呼！經學之廢，實自此始，後之君子欲掃而更之，亦難乎其為力矣」〔註29〕。

顧炎武批評，明朝的科舉制度使得士人缺乏應有的社會責任感和歷史使命感，而將學術作為進身的階梯，失去了應有的氣節。他將姚廣孝與王陽明作對比，指出王陽明之所以能在明朝心學盛行的風潮中產生巨大的影響，正是由於姚廣孝身處「道德一，風俗同之日」，而王陽明處在「世衰道微，邪說又作之時」。王陽明心學盛行，正是明朝科舉制度所造成的「世衰道微，邪說又作」的社會風氣所產生的結果。

顧炎武通過具體事例批評了明朝文化專制對於學術文化的摧殘，他將明

〔註27〕《日知錄集釋》卷 13，「明經」條，第 923 頁。
〔註28〕《日知錄集釋》卷 16，「制科」條，第 932 頁。
〔註29〕《日知錄集釋》卷 18，「四書五經大全」條，第 1043 頁。

朝的八股制度與秦朝的焚書坑儒相提並論，指出「秦以焚書而五經亡，本朝以取士而五經亡」〔註30〕。

　　顧炎武通過具體的史實批評了明朝封建專制的種種弊端，指出了它對於明末社會危機爆發所起到的巨大影響，用生動的史實揭示了明朝封建專制的罪惡，是對黃宗羲在《明夷待訪錄》中所揭示的「敲剝天下之骨髓，離散天下之子女，以供我一人之淫樂」封建專制實質的映證。

三、回歸原始儒學，倡導經世致用

　　對理學空談的批評是《日知錄》史論中一個重要的內容。理學在中國歷史上對儒學的發展起到了積極作用，它對於儒家思想系統化和哲理化起到了推動作用，但是由於理學自身對性理的這些抽象概念的重視，加之明代文化專制的影響，理學中注重哲理的探討被引入歧途。一些士人只注重義理闡發，卻束書不觀，將闡發義理作爲迴避讀書用功的藉口。顧炎武對明代理學空談的危害作了非常深刻的揭示。他說：

　　　　劉石亂華，本於清談之流禍，人人知之。孰知今日之清談，有甚於前代者？昔之清談談老莊，今之清談談孔孟。未得其精先遺其粗，未究其本而先辭其末。不習六藝之文，不考百王之典，不綜當代之務，舉夫子論學論政之大端一切不問，而曰一貫，曰無言。以明心見性之空言，代修己治人之實學。股肱惰而萬事荒，爪牙亡而四國亂。神州蕩覆，宗社丘墟！昔王衍妙言玄言，自比子貢，及爲石勒所殺，將死，顧而言曰：「嗚呼！吾曹雖不如古人，向若不祖尚浮虛，戮力以匡天下，猶可不至今日！」今之君子，得不有愧乎其言。〔註31〕

　　顧炎武在其中批評了理學空談的危害：它導致人們脫離現實生活，使人們拒不履行社會責任。它是導致明朝末年中國社會出現顛覆性變化的原因所在。他主張「實學」，「把儒家指導思想（『六藝』）、歷史經驗（『百王之典』）、研究現實問題（『當代之務』）密切結合起來」。

　　顧炎武對明代心學家空談性理的做法從邏輯和哲理的高度作了深刻地駁斥，指出，儒學經學的實質在於引導人們重視社會實踐，履行社會責任，

〔註30〕《日知錄集釋》卷1，「朱子周易本義」條，第9頁。
〔註31〕《日知錄集釋》卷7，「夫子之言性與天道」條。

而非空談性理。他認為，「心」是用來觀察外界的，而不是作為被觀察的對象，儒家經典中從未有將「心」作為觀察對象的說法。「孔子之教人曰：『居處恭，執事敬，與人忠』曾子曰：『吾日三省吾身，為人謀而不忠乎？與朋友交而不信乎？傳不習乎？』不待言心而自貫通於動靜之間者也」。孟子雖然提出了「求放心」的說法，但他的意思是「君子以仁存心，以禮存心』，則心有所主，非虛空以治之也」。明朝士人「齋心服形」、「坐脫立忘」是老莊和禪宗的治學方式。他們瞑目靜坐，日夜仇視其心而禁治之。結果「治之愈急而心愈亂」〔註32〕。顧炎武認為「對象既然運行不息，故在『治事』與『當用』上始顯示心之存在。不能『外仁外禮外事以言心』，也不能離開所見所聞」，他主張「體物於外的經驗是心之統宗眾理的基礎」，把「心」看作用以觀察對象的主體思維，用以觀察客觀存在的物〔註33〕。

他揭示了明代心學家將虛幻的「心」作為研究的對象，批評了明代心學家的混亂邏輯，動搖了明代心學的理論基礎，將心學駁斥為以儒學的外衣闡釋佛、道思想的異學，「分析了理學不符合孔、孟學說本意，故非儒家正統」。在動搖了心學存在的理論基礎上，顧炎武提出了捨經學無理學的思想，提出只有一個經學，理學是闡釋經學的，沒有經學就沒有理學。儒家經學思想所講求的「道」並不神秘，它體現在人們的社會實踐，體現在實實在在的、可見、可聽、可直觀感受的物中，即在「孝」、「弟」、「忠」、「信」、「灑掃」、「應對」、「進退」〔註34〕這些具體的行為，以及《詩》、《書》、《禮》、《易》、《春秋》這些具體的書籍中。

雖然為了攻擊心學的不合理性，顧炎武對朱熹學說採取了肯定的態度，但他更加強調了《大學》中「致知、格物」是抽象認識的前提，是通過「研究物理而獲得關於事物的知識」，人們的認識不可以離開「物」，如果離開了「物」或不與「物」接觸，就不會有認識〔註35〕。這與二程、朱熹對「格物、致知」的認識是不同的。二程、朱熹將《大學》中，「格物、致知」解釋為「窮理」，「只可意得，不可以言傳」，這無疑會有誤導士人從事明心見性式活動的可能。將追逐「性」、「理」作為一門學問是二程、朱熹確立的。與理學重視

〔註32〕《日知錄集釋》卷1，「艮其限」條，第20頁。
〔註33〕侯外廬：《中國思想通史》第五卷，人民出版社1956年版，第214頁。
〔註34〕《日知錄集釋》卷18，「內典」條，第1045頁。
〔註35〕侯外廬、邱漢生、張豈之：《宋明理學史》上卷，人民出版社1987年版，第156頁、第461頁。

主觀思維、一切圍繞主觀思維而進行研究的方式不同，顧炎武沿著葉適認識經學的道路，主張從客觀的、可直觀感受的物出發，通過「踐迹」，重視社會實踐，來實現「上達」。他主張「人類的認識是自外入和自內出，即『內外交相成』的過程」，對「專主心性爲宗主」的理學從理論體系上作了否定。《日知錄》中也有關於「心、理、性、命」的闡釋，「但他否定這些範疇的舊理解，而把它重新規定爲可以經驗的所謂實學，以所見所聞爲準」〔註36〕。他說：

　　　　學者之患，莫甚乎執一而不化，及其施之於事，有捍格而不
　　通。……君子之學不然，物來而順應，故聞一善言，見一善行，若
　　決江河，沛然莫之能禦，而無薰心之厲矣。〔註37〕

　　顧炎武對經學理學思想的辨析，被全祖望概括爲「經學即理學」的思想。顧炎武從根底上否定了理學空談的價值，開拓了新的學術道路。他「不但對於宋明學者樹起反理學的命題，而且在他的學問道路上創作了許多範例」。《日知錄》便是反理學、創建新學術道路的成功範例，是「具有時代解放意義的成功的作品，對於中古玄學的打擊是厲害的」〔註38〕。清代學術正是沿著顧炎武在《日知錄》等重要著作闡釋的道路而不斷被推向前進的。

　　顧炎武否定了理學只重主觀修性，而輕視客觀實踐的做法。他倡導經世致用的健康學風，將儒家重要經典《大學》中所闡釋的「修身、齊家、治國、平天下」的理念做出了充分地闡釋和發揚，「闡明聖門之學，即在『多學而識』，即在『出入往來辭受取與』之間，換句話說，求理求道，即在日常事物之中，即在孜孜不斷地向外界的學習之中」〔註39〕，主張在外部世界的實踐中獲得真理。顧炎武說：「自一身以至於天下國家，皆學之事也；自子臣弟友以至於出入往來辭受取與之間，皆有恥之事也」，突出強調了學術應爲推動國家和社會發展服務。顧炎武通過批判理學、確立新的學術體系對「經世致用」的思想作了深入地闡釋。他主張從現實生活出發，將回顧歷史、反思歷史，作爲尋找「治國平天下」的途徑，使儒學從理學重玄妙道理的思辨、輕視社會實踐的歧途中解脫出來，從而回歸原始儒學那種重視民眾疾苦，重視履行社會責任的基本學術目的中去。

〔註36〕侯外廬：《中國思想通史》第五卷，人民出版社1956年版，第210頁。
〔註37〕《日知錄集釋》卷1，「艮其限」條，第31頁。
〔註38〕侯外廬：《中國思想通史》第五卷，人民出版社1956年版，第217頁。
〔註39〕侯外廬：《中國思想通史》第五卷，人民出版社1956年版，第219頁。

在三大思想家中，顧炎武是對理學攻擊最爲激烈的學者，「所以然者，夫之是以哲理對抗玄理，宗羲是保留餘枝而暴露玄理，而炎武則根本推翻心理性命的『玄言』」〔註40〕。他豎起了重經驗和貴實踐的旗幟，從實踐中、從總結歷史經驗教訓和現實生活中去尋找治國平天下的道理。

顧炎武對理學的危害認識非常深刻、對理學的實質也作了極爲深入透徹地分析，回應了明末清初的時代主題，掃除了阻礙社會前進的榛杌，使學術回歸到經世致用這個歷史主題和當時「撥亂滌污」的時代主題上來。

第二節 《日知錄》內容的邏輯結構

顧炎武對《日知錄》是有精心安排的。全書共分爲「經術」、「治道」、「博聞」三部份，共三十二卷。不僅三個部份之間存在著一定的邏輯聯繫，而且卷與卷之間、卷中的條目之間也存在著一定的邏輯關係。這些關係說明顧炎武的《日知錄》不僅具有史論的特點，而且具有一定的著述體系。

一、《日知錄》中「經術」、「治道」、「博聞」的關係

顧炎武將《日知錄》分爲「上篇經術，中篇治道，下篇博聞，共三十餘卷」〔註41〕。這三部份之間存在著密切的邏輯關係。在經術部份中，顧炎武立足於現實問題，闡發了其對世界的總體看法，闡釋了他的歷史理論觀點。在其中他確立了「儒家指導思想」是「下學而上達」的思想，從而將「下學而上達」作爲治學的基本方法；而「治道」則是在「經術」部份確立的「下學而上達」的儒家思想指導之下，用「下學而上達」的方法來分析明朝末年爲什麼會出現「天崩地解」的局面；而「博聞」又是在「經術」部份確立的儒家思想的指導下，在通過對歷史問題充分認識的基礎上，在他力所能及的範圍內，爲改變「天崩地解」局面而作的努力。

針對明朝空疏學風盛行的局面，爲了駁斥理學空談的理論依據，顧炎武在「經術」部份中，按照《易》、《尚書》、《詩》、《春秋》、《周禮》、《儀禮》、《禮記》、《論語》、《孟子》的順序，對儒家經典的性質進行了界定，論述了儒家思想重視實踐，是以「下學」來獲得「上達」之道的思想。顧炎武認爲，

〔註40〕侯外廬：《中國思想通史》第五卷，人民出版社1956年版，第209頁。
〔註41〕顧炎武：《又與人書二十五》，《亭林文集》卷4，《顧亭林詩文集》中華書局1983年版，第98頁。

「六經」是孔子傳授給弟子的教本。「六經」本是借表象來展示「道」的歷史書。其中的道理都是來源於對現實生活經驗的總結。如，被歷代人們認爲是儒家經典中最高深莫測的《易》，其中所講的道理來源於古人對現實生活的觀察，是由經驗得來的。他說：「聖人神以知來，知以藏往，作爲《易》書，以前民用。所設者未然之占，所期者未至之事，是以謂之逆數。」〔註42〕《易》本是卜筮的書籍，它所揭示的道理通常也被認爲是最玄妙的，但事實上它對於道的探究，來源於已有的占卜記錄，並通過八卦圖像的形式表現出來，其實並不神秘。

在「經術」部份中，顧炎武主要論述了「六經」是孔子用來「好古敏以求之」〔註43〕的材料，是「下學而上達」的著作。顧炎武將六經既看作是經書，又看作是史書。他認爲，研究史學和閱讀史書才是獲得「道」的途徑。「是故六經之業，集群聖之大成，而無所創矣。雖然，使有始之作之者，而無終之述之者。」孔子的治學方式是「述而不作，信而好古」〔註44〕。儒家經典是「下學而上達」的著作，而儒家的治學方法是「下學而上達」、「由器而入道」〔註45〕，是通過史書來獲取的「反身寡過之學」〔註46〕，並無心學家所說的談心論性。

通過在「經術」部份對儒家經典的論述，顧炎武著重說明了歸納總結歷史經驗教訓是獲取「道」的途徑，從而確立了「下學而上達」的治學之法。

在「治道」部份中，顧炎武切實貫徹了「經術」部份所確立的「下學而上達」的治學方法。他通過對明朝的行政體制的弊端、科舉制度、社會風俗等等問題的歸納，揭示出明朝滅亡的原因。他在這一部份中批評了明朝行政體制致使官員不能發揮管理社會公共事業的積極性，「大抵官不留意政事，一切付之胥曹，而胥曹之所奉行者，不過已往之舊牘，歷年之成規，不敢分毫逾越」〔註47〕。在這一部份中，顧炎武闡述了他對於社會風俗的看法，尤其強調了朝廷對社會風俗的影響。其中「周末風俗」、「秦紀會稽山刻石」條、「兩漢風俗」條、「正始」條、「宋世風俗」條說明了君主是教化的主導者，「教化

〔註42〕　《日知錄集釋》卷1，「易逆數也」條，第45頁。
〔註43〕　《日知錄集釋》卷2，「其稽我古人之德」條，第96頁。
〔註44〕　《日知錄集釋》卷1，「不耕獲不緇畬」條，第21頁。
〔註45〕　《日知錄集釋》卷1，「形而下者謂之器」條，第42頁。
〔註46〕　《日知錄集釋》卷1，「孔子論易」條，第51頁。
〔註47〕　《日知錄集釋》卷8，「吏胥」條，第487頁。

者，朝廷之先務；廉恥者，士人之美節；風俗者，天下之大事。朝廷有教化，則士人有廉恥；士人有廉恥，則天下有風俗」〔註48〕。顧炎武在這一部份中批評了明朝的科舉制度造成了空疏學風的盛行，以事實說明了「八股興而古學棄，大全出而經說亡」、「秦以焚書而五經亡，本朝以取士而五經亡」，表達了他對於科舉制度造成明代空疏學風這一深層次的認識。

「治道」部份用具體的事例展現了「經術」部份指出的「下學而上達」的治學之法。顧炎武通過總結明朝滅亡的經驗教訓說明，明朝的滅亡與明朝皇帝不能擔負起管理社會公共事業的職責有關。他認為，明朝不重視實際的社會生活不是從晚明時期才開始的。顧炎武說：「洪武、永樂之際，世道陞降之一會矣」，意思是說明成祖發動靖難的時刻已是社會風氣衰弱的轉折點。明朝皇帝不重視履行管理社會公共事業這個最主要的義務，而只顧加強自己的權力，對民眾進行殘酷的搜刮，而同時又在造就著空疏無用、唯利是圖之徒，即明朝的「八股先生」〔註49〕。明朝滅亡是上至皇帝、下至普通士人不能踐行社會責任而產生的結果。

在「經術」部份和「治道」部份業已完成的理論建設和總結歷史經驗教訓的基礎上，顧炎武又對由於歷史原因而產生出的種種現實問題，提出了具體的改革辦法。這就是「博聞」部份所闡述的主要內容。如顧炎武在「博聞」部份中關注了邊疆游牧民族與中原民族互動，闡述了游牧民族對中原民族所產生的影響，以及中原皇朝應該採取何種對策應對游牧民族進攻。在「博聞」部分中，他敘述了北魏鮮卑族入主中原後逐漸漢化，以至於忘記本民族的語言的歷史〔註50〕，分析了游牧民族的優勢在於民風彪悍，而一旦被中原文明同化後，「不務《詩》、《書》，唯徵玩好，服飾競於無等，財賄溢於靡用，驕淫矜誇，浸以成習」〔註51〕，結果變得非常腐化。在其中，顧炎武表達了他反清復明的志向。為了解決明朝空疏學風所遺留下的問題，顧炎武在「博聞」部份中，用大量的篇幅考證分析了紀傳體史書、以及史注。因此，「博聞」的考據都有著非常明確的現實目的，貫徹了「經術」、「治道」部份中所表現的「下學而上達」的精神。

〔註48〕 《日知錄集釋》卷13，「廉恥」條，第773頁。
〔註49〕 梁啓超：《飲冰室合集》，專集之七十五，《中國近三百年學術史》，中華書局1989年版，第4頁。
〔註50〕 《日知錄集釋》卷29，「國語」條，第1650頁。
〔註51〕 《日知錄集釋》卷29，「夷狄」條，第1653頁。

因此，《日知錄》的經術、治道、博聞圍繞著「下學而上達」的命題構成了有機聯繫的整體。

二、《日知錄》卷與卷之間的關係

《日知錄》不僅「經術」、「治道」、「博聞」三部份構成有機聯繫，而且其各卷之間也存在著聯繫。

《日知錄》全書共分爲三十二卷，其中「經術」部份由卷 1 到卷 7 組成。卷 1 到卷 7 按照《易》、《書》、《詩》、《春秋》、《周禮》、《儀禮》、《禮記》、《論語》、《孟子》排列，其中《周禮》、《儀禮》構成的是第五卷，而《論語》、《孟子》構成的是第七卷。總體來看，前六卷梳理了儒家的「五經」：《詩》、《書》、《禮》、《易》、《春秋》，證明了儒家經典是重視實際生活的書。

卷一與卷七首尾呼應，顧炎之所以將《易》安排在首捲進行闡釋，一是因爲《易》歷來被尊奉爲群經之首；二是《易》是最容易被人認爲是研究性與天道的書，闡釋的思想最深奧、玄妙。顧炎武首先對它進行闡釋，說明它是爲現實生活服務的，是「下學而上達」的著作〔註 52〕，既然歷來被空談性理者所推崇最玄妙的書都是「下學而上達」的著作，那麼也就動搖了心學家談心論性的理論基礎。

而在卷七中，顧炎武總結了儒家創始人孔子的思想，指出「夫子之道，不離乎日用之間。自其盡己而言，則謂之忠，自其及物而言，則謂之恕，莫非大道之全體」〔註 53〕，孔子主張以人具體現實實踐活動來表現「忠恕」的精神。顧炎武通過卷七中諸多條目說明了，孔子的「性與天道」「不可得而聞」不是因爲其多麼抽象、神秘，而是因爲它就蘊含在「夫子之教人『文、行、忠、信』」〔註54〕之中，「文、行、忠、信」本身就是「性與天道」。

《日知錄》「經術」部份第一卷與第七卷首尾呼應、前後對照。而中間六卷正是爲了圍繞說明儒家思想是「下學而上達」的思想而進行的事實論證。

如第二卷顧炎武通過份析《尚書》中的內容，指出《尚書》是古代帝王文獻資料彙編。《尚書》中闡述了古代帝王應有管理社會公共事業的責任，古代成功君主的治國方略都來源於對古代歷史經驗教訓的總結。顧炎武認爲，

〔註 52〕　《日知錄集釋》卷 1，「形而下者謂之器」條，第 42 頁。
〔註 53〕　《日知錄集釋》卷 7，「忠恕」條，第 396 頁。
〔註 54〕　《日知錄集釋》卷 7，「夫子之言性與天道」條，第 399 頁。

《尙書》雖然在講歷史，但講歷史的過程就是在講「上達」的「人倫」精神。他指出，天地人之常道，都體現在「五行、五事、八政、五紀、皇極、三德、稽疑、庶徵、五福、六極」這些具體的活動中，能夠在日常生活「能盡其性，以至能盡人之性，盡物之性，則可以贊天地之化育」〔註55〕。這裡所謂的「性」不是虛幻的，是通過「下學」的實踐活動來體現的，因此，《尙書》不是像明代心學家所認爲的那樣是傳授心學之法的書籍。

《日知錄》的「經術」部份內部的著述體系是非常完整的，反映著顧炎武明確的著述目的。

《日知錄》的「治道」部份各卷之間也有一定的聯繫。「治道」部份共由卷 8 至卷 18 組成。

卷 8、卷 9 是集中討論明朝行政體制弊端的部份。在卷 8 部份中，顧炎武指出了明朝行政體制的弊端，如在「銓選之制」上，明朝吏部官員爲了避免舞弊的嫌疑，按照資歷，通過「掣籤」選拔官員，「是用其所不知」〔註56〕，這樣一來官員沒有積極性，導致皇朝滅亡時不能發揮作用。而卷 9 則是針對卷 8 中所闡述的明朝行政體制弊端而提出的改革辦法，如「寓封建於郡縣」體制。卷 8 與卷 9 之間存在著比較密切的聯繫。

卷 10、11、12 集中論述了明朝的財政賦稅政策，反映了顧炎武對明朝經濟政策的看法。卷 10、11 分別集中論述了明朝賦稅政策以及貨幣政策，說明了明朝的財政政策對社會生產是有害的。

如顧炎武在卷 9、10、11 中論述了賦稅政策、管理土地以及農業生產三者的關係。他指出，賦稅來源於土地，這就涉及到丈量土地的問題。由於元末戰亂，造成很多無主荒地，「先耕者近郭」，「後耕者遠郭」，朝廷對於「國初有奉旨開墾，永不起科者」，以及土地肥沃程度較低而不能生產出糧食的地方，「一概量出作數」〔註57〕，這樣的賦稅征收辦法出現的問題引發了社會矛盾，破壞了農業生產。顧炎武從經濟角度揭示了明朝在管理社會公共事業上的弊端。

而卷 12 是對顧炎武在卷 10、11 中揭示出的具體問題的總結，反映了明朝與民爭利、「徒求私利而不以斯民爲意」〔註58〕封建專制的實質。這是對卷

〔註55〕《日知錄集釋》卷 2，「彝倫」條，第 91 頁。
〔註56〕《日知錄集釋》卷 8，「選補」條，第 496 頁。
〔註57〕《日知錄集釋》卷 10，「地畝大小」條，第 586 頁。
〔註58〕《日知錄集釋》卷 12，「言利之臣」條，第 704 頁。

10、11 論述的具體問題的總結式的論述。

卷 13、卷 14、卷 15 闡釋了顧炎武對社會風俗的認識。其中的「卷十三周末風俗、清議、名教、廉恥、流品、重厚、耿介、鄉原之十二條，實前後照應，共明一義，剪裁組織，煞費苦心」〔註59〕，卷 14、卷 15 論說了商代以來社會風俗禮儀的具體情況，意在說明明朝社會風俗的演進過程；卷 13、14、15，構成了顧炎武對風俗問題的系統認識。

卷 16、卷 17、卷 18 共同構成了顧炎武對明代空疏學風的批判認識。

卷 16、卷 17 分別論述了明朝科舉考試形式弊端的具體表現和明朝生員制度的弊端，說明了明朝科舉考試無法培養出具有眞才實學的人才。如在卷 17 中，他借黃宗羲的《明夷待訪錄》中的《取士篇》指出，明代科舉制度的弊端在於「古之取士也寬，其用士也嚴。今之取士也嚴，其用士也寬」，明朝士人把取得生員資格做爲獲得利益的途徑，生員制度由此失去了爲國家儲備人才的意義。顧炎武「以爲八股之害，等於焚書，而敗壞人材，有甚於咸陽之郊所坑者但四百六十餘人也」〔註60〕，意思是說秦始皇焚書坑儒危害有限，而明朝八股取士是對整個士人階層的摧殘，流毒無窮。卷 18 是對卷 16、卷 17 所反映的具體問題的系統總結和昇華。卷 18 揭示了明朝封建專制制度是造成明代空疏學風以及社會風俗墮落的根本原因。

而「博聞」部份大致是由卷 19 至卷 32 組成，這一部份以具體的考證爲主，但各卷之中也有彼此之間的聯繫。

卷 19 至卷 27 都是關於史書撰述的內容。卷 19 全卷是圍繞史書如何「有益於天下」這個問題展開的。他在「著書之難」條中指出了，古代優秀的史著都是史家竭盡全力而著述成功的，「宋人書如司馬溫公《資治通鑑》、馬貴與《文獻通考》，皆以一生精力成之，遂爲後世不可無之書」〔註61〕。隨後在「直言」、「立言不爲一時」、「文人之多」、「巧言」、「文辭欺人」、「修辭」等條目中，顧炎武對如何運用語言進行了論述，並在隨後的「文人摹仿之病」、「文章繁簡」、「文人求古之病」等條目中，顧炎武批評了明人撰寫著作只是機械地模仿儒家經典，只重視表象的模仿，而不重視對儒家經典「經世致用」思想的繼承，是

〔註59〕 梁啓超：《飲冰室合集》，專集之七十五，《中國近三百年學術史》，中華書局 1989 年版，第 62 頁。
〔註60〕 《日知錄集釋》卷 16，「擬題」條，第 946 頁。
〔註61〕 《日知錄集釋》卷 19，「著書之難」條，第 1084 頁。

捨本逐末。在這些條目之後，顧炎武又做「古人集中無冗複」、「書不當兩序」、「古人不為人立傳」等條目，說明如何安排史書結構。卷 20 的主要內容是對史書中的稱謂、年號的書寫問題進行的考證；卷 21 是對於音韻問題的考據工作；卷 22 則是對按照三代以來的順序對於一些歷史問題的考據，這些考據都帶有明確的通經明道的目的。卷 23 則是對於古代姓名變遷的考據；卷 24 則是對古代以來人名稱謂的歷史考證；卷 25 則是對古代傳說中的神秘人物和事件的考證；卷 26 是對古代軍事歷史的考證工作；卷 27 主要是對歷代的經注的考據工作。這些卷目在內容上都有相似性，具有內在的聯繫。它們都是顧炎武在閱讀正史或者經書中所得的收穫。

而自卷 28 到卷 32 是針對具體社會現象而作的考據工作，顧炎武從中探尋解決具體社會問題的辦法。如卷 29 主要是闡述了顧炎武提出的應對少數民族政權和周邊國家的政策，蘊含著反清復明的思想；卷 30 主要是對天文奇異現象的認識，顧炎武在其中試圖找到這些災異與人事之間的某些聯繫；卷 31 是對地理方面的考據；卷 32 主要是對史書中出現的生僻字的認識。

由此可見，《日知錄》的「博聞」部份也不是考據資料的簡單堆砌，各卷之間也存在著一定的內容上的聯繫。

《日知錄》的分卷形式反映出顧炎武既重視大局觀，又重視細節的治學精神。社會是由具有個性的細節所組成的。明朝滅亡這一歷史劇變，正是一系列具體社會問題共同作用的結果。顧炎武對具體問題做出了闡釋，並通過條目前後順序、卷與卷前後順序、「經術」、「治道」、「博聞」三部份的內容的安排，說明了歷史發展的來龍去脈，並進一步闡釋了解決這些問題的辦法。《日知錄》的結構層次安排表現出顧炎武對問題的認識既全面又有深度。

第三節　「下學而上達」：顧炎武的研究方法

顧炎武的《日知錄》在形式上是採用分條目敘述，而從研究方法來說，則明確地貫穿了「下學而上達」的指導思想。顧炎武第一次將孔子提出的「下學而上達」這五個字作為一個認識論的重要命題來闡釋，即只有先認識具體的掌故，才能達到對抽象規律的認識。《日知錄》中的大量具體條目確是以「下學而上達」這一邏輯方法來作統帥的，從而使全書增強了哲理的深刻性；並且，由於顧炎武從多方面予以發揮，因此大大提高了原始儒學這一命題在方

法論上的價值。

一、顧炎武借材料彙編闡釋思想

《日知錄》是顧炎武貫徹「下學而上達」指導思想的實踐，其「反映的思想認識基本上定型化了，成為一整套」〔註62〕。《日知錄》中有許多條目主要是通過引證材料，通過引用前人的語言來表達顧炎武對歷史問題和政治問題的深刻認識。引用他人的著作或材料闡發他的觀點，這是顧炎武著述的重要特點。

《日知錄》採用抄錄他人的言論和著作來闡釋著者本人的思想，主要針對明代理學空談治學方式，顧炎武在《日知錄》中引述最多的是黃震的《黃氏日鈔》。他用《黃氏日鈔》中的相關文學作為駁斥理學空談的依據。在《日知錄》卷1的「艮其限」條、卷18「內典」條、「心學」條等條目中，顧炎武都是引述《黃氏日鈔》批評明朝的心學。

在卷1「艮其限」條中，顧炎武通過引述《黃氏日鈔》對「心」是什麼的問題作了回答，對於儒家經典中常被明人歪曲、藉以談論心性的語句本意作了考訂。顧炎武說：

> 慈谿黃氏《日鈔》曰：「心者，吾身之主宰，所以治事而非治於事，惟隨事謹省則心自存，不待治之而後齊一也。孔子之教人曰：『居處恭，執事敬，與人忠。』曾子曰：『吾日三省吾身，為人謀而不忠乎？與朋友交而不信乎？傳不習乎？』不待言心而自貫通於動靜之間者也。孟子不幸當人欲橫流之時，始單出而為『求放心』之說，然其言曰『君子以仁存心，以禮存心』，則心有所主，非虛空以治之也。至於齋心服形之老莊，一變而為坐脫立忘之禪學，乃瞑目靜坐，日夜仇視其心而禁治之。及治之愈急而心愈亂，則曰『易伏猛獸，難降寸心』。嗚呼！人之有心，猶家之有主也，反禁切之，使不得有為，其不能無擾者，勢也，而患心之難降與！」〔註63〕

顧炎武借引述《黃氏日鈔》中的相關內容將儒家經典中曾子、孟子中關於心內容作了解釋，刻畫了明代心學家捕捉虛幻的「心」的荒唐做法。

〔註62〕趙儷生：《顧炎武〈天下郡國利病書〉研究》，《趙儷生文集》第三冊，蘭州大學出版社2002年版，第388頁。
〔註63〕《日知錄集釋》卷1，「艮其限」條，第31頁。

在《日知錄》卷18「內典」條中，顧炎武在該條目中論述明代心學是《論語》中有「曾子曰：『吾曰三省吾身』。明儒以此語作爲談心論性的歷史淵源。顧炎武在《日知錄》中引《黃氏日鈔》語對明儒的做法進行了駁斥，否定了明儒談心論性的理論依據。顧炎武說：

> 《黃氏日鈔》云：「《論語》『曾子三省章』，《集注》載尹氏曰：『曾子守約，故動必求諸身。』語意已足矣。又載謝氏曰：『諸子之學皆出於聖人，其後愈遠而愈失其眞，獨曾子之學專用心於內，故傳之無弊。』夫心，所以具眾理而應萬事，正其心者，正欲施之治國平天下。孔門未有專用心於內之說也，用心於內，近世禪學之說耳。象山陸氏謂『曾子之學是裏面出來，其學不傳。諸子是外面入去。今傳於世者，皆外入之學，非孔子之眞』，遂於《論語》之外，自謂得不傳之學。凡皆於謝氏之說也。後有朱子，當於《集注》中去此一條。」〔註64〕

顧炎武通過引用《黃氏日鈔》中對心學形成的源流、理學空談的實質作了細緻的說明和充分的論述。他指出，「孔門未有專用心於內之說也，用心於內，近世禪學之說耳」，儒學也講「心」，但是儒家經學的「心」是向外的，是用來實現「治國平天下」的。

顧炎武又在同卷「心學」條中，引述《黃氏日鈔》對明儒談心論性的主要依據，《古文尚書》中「人心惟危，道心惟微，惟精惟一，允執厥中」的本意進行了論述，再次駁斥了心學家的立論依據。他說：

> 《黃氏日鈔》解《尚書》「人心惟危，道心惟微，惟精惟一，允執厥中」一章曰：「此章本堯命舜之辭，舜申之以命禹，而加詳焉耳。堯之命舜曰『允執厥中』。今舜加『危微精一』之語於『允執厥中』之上，所以使之審擇而能執中者也。此訓之之辭也，皆主於堯之『執中』一語而發也。堯之命舜曰：『四海困窮，天祿永終。』今舜加『無稽之言勿聽，以至敬修其可願』於『天祿永終』之上，又所以警切之，使勿至於困窮而永終者也。此戒之之辭也，皆主於堯之『永終』二語而發也。『執中』之訓，正說也。『永終』之戒，反說也。蓋舜以昔所得於堯之訓戒，並其平日所嘗用力而自得之者，盡以命禹，使知所以執中而不至於永終耳，豈爲言心設哉。近世喜言心學，捨

〔註64〕 《日知錄集釋》卷18，「內典」條，第1047頁。

全章本旨而獨論人心、道心，甚者單拾『道心』二字，而直謂『即
心是道』，蓋陷於禪學而不自知，其去堯、舜、禹授受天下之本旨遠
矣。……」〔註65〕

顧炎武通過引述《黃氏日鈔》對曾子所言「吾日三省吾身」與《尚書》
中「人心惟危，道心惟微，惟精惟一，允執厥中」十六字的含義進行了具體
的考訂，并對心學家借以談心論性的做法進行了駁斥，證明心學家的談心論
性只是空談，毫無立論依據。

《黃氏日鈔》被顧炎武加以引用，用來作爲駁斥明代理學空談，而顧炎
武對明代君主專制進行的批判，則是通過引述《明實錄》以及相關的典章制
度的史料來闡釋的。

針對明朝行政體制致使官員不能有效履行社會公共職能，顧炎武他在《日
知錄》卷 8 中的「鄉亭之職」條，引用了《漢書·百官表》、《高帝紀》等材
料說明了「大小相維」的行政體制能夠有效調動官員管理地方積極性。顧炎
武說：

《漢書·百官表》：「縣令、長，皆秦官，掌治其縣。萬戶以上
爲令，秩千石至六百石。減萬戶爲長，秩五百石至三百石。皆有丞、
尉，秩四百石至二百石。是爲長吏。百石以下，有斗食、佐史之秩，
是爲少吏。大率十里一亭，亭有長。十亭一鄉，鄉有三老、有秩、
嗇夫、游徼。三老掌教化，嗇夫職聽訟、收賦稅。游徼徼循禁賊盜。
縣大率方百里，其民稠則減，稀則曠，鄉亭亦如之。皆秦制也。」

《高帝紀》：「二年二月，令舉民年五十以上，有修行能帥眾爲
善，置以爲三老，鄉一人。擇鄉三老一人爲縣三老，與縣令、丞、
尉以事相教，復，勿繇戌。」〔註66〕

顧炎武通過引述這兩段材料說明了這一體制使得「一鄉之中，官之備而
法之詳，然後天下之治若網之在綱，有條而不紊」。然而到了明朝「一切蕩然，
無有存者。且守令之不足任也，而多設之監司；監司之又不足任也，而重立
之牧伯。積尊穩重，以居乎其上，而下無與分其職者。雖得公廉勤幹之吏，
猶不能以爲治，而況託之非人者乎」〔註67〕。

〔註65〕《日知錄集釋》卷18，「心學」條，第1048～1049頁。
〔註66〕《日知錄集釋》卷8，「鄉亭之職」條，第471頁。
〔註67〕《日知錄集釋》卷8，「鄉亭之職」條，第471頁。

接著，顧炎武在「鄉亭之職」條目中又引述《太祖實錄》、《明宣宗實錄》，通過對比漢朝與明朝的行政體制，批評了明朝中後期缺乏「大小相維」這樣的地方管理體制，導致官員沒有管理政務的積極性，從而積累了社會矛盾。他引《太祖實錄》指出：

> 洪武二十七年四月壬午，命有司擇民間年高老人公正可任事者，理其鄉之詞訟。若戶婚、田宅、鬥毆者，則會里胥決之。事涉重者，始白於官。若不由里老處分而徑訴縣官，此之謂越訴也。

又引《明宣宗實錄》中，洪熙元年七月丙申，巡按四川監察御史何文淵言：

> 太祖高皇帝令天下州縣設立老人，必選年高有德、眾所信服者，使勸民為善，鄉閭爭訟，亦使理斷。下有益於民事，上有助於官司。比年所用，多非其人。或出自隸僕，規避差科。縣官不究年德如何，輒令充應，使得憑籍官府，妄張威福，肆虐閭閻。或遇上司官按臨，巧進讒言，變亂黑白，挾制官吏。比有犯者，謹已按問如律。竊慮天下州縣類有此等，請加禁約。〔註68〕

通過引述這些材料，顧炎武指出了明朝民間基層組織沒有穩定基層社會的功能，明代行政體制內涵只是管控官員對皇帝亦步亦趨，而無促使官員履行社會公共職能的意義。

顧炎武在《日知錄》卷8「掾屬」條中引述《舊唐書‧魏玄同傳》中，魏玄同給唐高宗上的奏疏，指出官員選拔事關皇朝統治下的社會穩定，用簡單的、程序化的標準必然不能選拔出勝任管理社會地方的人才。顧炎武引魏玄同所言，說到：

> （吏部選官之法）非上皇之令典，乃近代之權道，所宜遷革，實為至要。何以言之？夫丈尺之量，所及者短；鍾庾之器，所積者寧多？況天下之大，士人之眾，而可委之數人之手乎？假使平如權衡，明如水鏡，力有所極，照有所窮，銓綜既多，紊失斯廣。又以比居此任，時有非人，豈直愧彼清通，亦將竭其庸妄。情故既行，何所不至？贓私一啟，以及萬端。至乃為人擇官，為身擇利，顧親疏而舉筆，看勢要而措情。加以厚貌深衷，險如峪壑，擇言觀行，猶懼不周。今使百行九能析之於一面，具僚庶品專斷於一司，其亦

〔註68〕《日知錄集釋》卷8，「鄉亭之職」條，第474頁。

難矣。〔註69〕

通過引用這段魏玄同關於吏部選官制度的論述，顧炎武指出了明朝吏部選官制度的弊端，他希望恢復漢代「舉孝廉」，即由地方有名望的人物推舉人才到中央做官。這樣才能選拔出真正適於地方管理的人才。

在卷8「吏胥」條中，顧炎武通過引述明朝謝肇淛的《五雜組》的話說明了明朝行政體制的主要目的在於從百官手中奪權。

> 謝肇淛曰：「從來仁宦法周之密，無如今日者，上自宰輔，下至驛遞倉巡，莫不以虛文相酬應。而京官猶可，外吏則愈甚矣。大抵官不留意政事，一切付之胥曹；而胥曹之所奉行者，不過已往之舊牘，歷年之成規，不敢分毫逾越。而上之人既以是責下，則下之人亦不得不以故事虛文應之；一有不應，則上之胥曹又乘隙而繩以法矣。故郡縣之吏宵旦竭蹶，惟日不足，而吏治卒以不振者，職此之由也。」

> 又曰：「國朝立法太嚴，如戶部官不許蘇松、浙江人為之，以其地多賦稅，恐飛詭為奸也。然弊孔盡實皆由吏胥，堂司官遷轉不常，何知之有？今戶部十三司胥算，皆紹興人，可謂目察秋毫，而不見其睫者矣。」〔註70〕

通過引述這段材料，顧炎武說明了，由於明朝君主通過嚴苛的法令從官員手中奪權，地方官無權管理地方事務，致使地方社會矛盾積聚並惡化。

顧炎武的《日知錄》雖然採用了「條目式」的著述形式，但它不是一般瑣節考據之書，而是一部具有完整體系的「通家大著」〔註71〕。如果只是揭示了《日知錄》是一部抄集資料的書籍，那麼無異於掩蓋了《日知錄》抄集資料背後蘊含著顧炎武的深刻思想。顧炎武對現實問題的深刻認識、對歷史問題以及經學思想的系統把握正是通過這些抄集的資料而表現出來的。

二、「下學而上達」：顧炎武的研究方法

顧炎武提出了「下學而上達」的研究方法。他說：

> 「形而上者謂之道，形而下者謂之器。」非器則道無所寓，說

〔註69〕《日知錄集釋》卷8，「掾屬」條，第481頁。
〔註70〕《日知錄集釋》卷8，「吏胥」條，第487頁。
〔註71〕趙儷生：《顧炎武〈日知錄〉研究》，《趙儷生文集》第三冊，蘭州大學出版社2002年版，第358頁。

在乎孔子之學琴於師襄也。已習其數，然後可以得其志；已習其志，然後可以得其為人。是雖孔子之天縱，未嘗不求之象數也，故其自言曰：「下學而上達」。〔註72〕

「下學而上達」出自《論語・憲問》。原話是「子曰：『莫我知也夫。』子貢曰：『何為其莫知子也。』子曰：『不怨天、不尤人，下學而上達。』知我者其天乎」。顧炎武在歷史上第一次將孔子的「下學而上達」上升到方法論的高度。何晏的《論語注疏》僅僅將「下學而上達」解釋為「下學人事，上知天命」〔註73〕，而朱熹的《四書章句集注》雖然在一定程度上說明了「下學」與「上達」之間的關係，但論述的重點在於強調孔子天命思想的玄妙，朱熹說：「不得於天而不怨天，不合於人而不尤人，但知下學而自然上達。此但自言其反己自修，循序漸進耳，無以其異於人而致其知也。然深味其語意，則見其中自有人不及知而天獨知之之妙。蓋在孔門，惟子貢之智幾足以及此，故特語以發之。惜乎其猶有所未達也！」〔註74〕朱熹的解釋將孔子思想看得玄妙而高深莫測。顧炎武摒棄了朱熹玄妙化的解釋，認為孔子所說的「下學而上達」是強調具體的社會實踐是獲得上達的途徑。他說：「『不怨天，不尤人，下學而上達』，其孔子之困而亨者乎？」〔註75〕他認為「由器入道」是孔子為後人所提供的治學方法，並非是如朱熹所認為的那樣，只有像子貢這樣有著特殊才能的人才能掌握的方法。

顧炎武通過考訂儒家經典的名詞語句，尤其是被心學家用來談論心性的依據儒學經典語句，來論證儒家思想核心方法是「下學而上達」。通過引述材料和考證，顧炎武論證了，心學家用以談心論性的依據「忠恕」，其實是指日常生活中所應該遵守的做人道理。他引述《延平先生答問》說道：「夫子之道，不離乎日用之間。自其盡己而言，則謂之忠，自其及物而言，則謂之恕，莫非大道之全體。雖變化萬殊，於事為之末，而所以貫之者，未嘗不一也」。儒家經學從沒有將主觀與客觀分為二途的說法。而是認為主觀的「忠恕」就蘊含在客觀的活動中，「盡己之謂忠，推己及人之謂恕」。孔子「忠恕」思想重心是「由己推而達之家國天下」，在於有利於治國平天下。孔子是通過「孝悌

〔註72〕《日知錄集釋》卷1，「形而下者謂之器」條，第42頁。
〔註73〕何晏：《論語注疏》，上海古籍出版社1990年版，第128頁。
〔註74〕朱熹：《四書章句集注》中華書局1983年版，第157頁。
〔註75〕《日知錄集釋》卷1，「困德之辨也」條，第43頁。

忠信，持守誦習」〔註76〕這些「下學之本」現實中人際交往的活動來展現「性與天道」的，「夫子之道」即在於夫子所講的「文、行、忠、信」之中。

孔子的思想是「下學而上達」的思想，儒家經典是「下學而上達」的著作，以《易》為例，《易》是儒家經典中探討天命的書，而《易》卻是通過可以觀察的現象來描述天道的。他說：「聖人神以知來，知以藏往，作為《易》書，以前民用。」「若不本於八卦已成之迹，亦安所觀其會通而繫之爻象乎？」「劉汝佳曰：『天地間一理也，聖人因其理而畫為卦以象之，因其象而著為變以占之。象者，體也，象其已然者也。占者，用也，占其未然者也。……』」〔註77〕《易》要揭示的道並不玄妙，它是通過現象來表現出來的。顧炎武認為儒家的六經就是在繼承了前代優秀的文化傳統，記載人們的生活，這就是在揭示「上達」之道。儒家思想的主要目的是在引導人們去從事社會實踐，作符合道德規範的事情，這就是天道。他說：「是知夫子平日不言《易》，而其言《詩》、《書》、執禮者，皆言《易》也。人苟循乎《詩》、《書》、執禮之常而不越焉，則自天祐之，吉無不利」，圖像只是為揭示道理而作的比喻，目的在於「庸言庸行」，即日常的社會實踐。而像宋代邵雍那樣脫離社會實踐終日推演圖像，將圖像作為追求的目標，違背了儒家設立圖像的本意。顧炎武認為，儒家思想的主旨就是要通過可直觀感受的事物來揭示天道從社會實踐中把握天道。他說：「有周之治，垂拱仰成而無所事矣。『周監於二代，郁郁乎文哉。』而孔子之聖，但曰『述而不作，信而好古』，又曰『文武之道未墜於地，在人』。是故六經之業，集群聖之大成，而無所創矣。雖然，有始之作之者，而無終之述之者……」描述歷史、敘述歷史並不斷地去實踐，作這些下學的工作就是在揭示「上達」的「道」。

所以「下學」與「上達」是一種認識的兩個不同層面。「下學」是感性認識，「上達」是理性認識。「非器則道無所寓」，「道」要通過「器」來加以表現。因此，顧炎武認為，儒家孔子的思想並不玄妙，它來自於現實生活的經驗，是易於掌握、獲取「道」的基本方法。

顧炎武認為事物的抽象認識都是通過感性層面的活動表現出來的。他在《日知錄》中以條目的形式，對具體事物的內涵、表象進行分析，通過份析表象、內涵，進而認識事物的規則，從而達到「上達」的目的，並通過表象，

〔註76〕《日知錄集釋》卷7，「夫子之言性與天道」條，第399頁。
〔註77〕《日知錄集釋》卷1，「易逆數也」條，第45頁。

即顯而易見的事物來表現事物的內涵。顧炎武這樣的做法避免了惟經驗論。如在「秘書國史」條中，顧炎武欲揭示明朝君主對士人的文化專制，所引述的材料都是在著力表現明朝君主是如何進行文化專制的。顧炎武引述《漢書·藝文志》劉歆說，漢朝「外則有太常、太史、博士之藏，內則有延閣、廣內、秘室之府」，引述《史記·太史公自序》中所言，司馬遷為太史令，「紬石室金匱之書」，以及出自楊雄《答劉歆書》的典故，「劉向、楊雄校書天祿閣」，以及《後漢書·竇章傳》、《後漢書·黃香傳》等說明，「漢時天子所藏之書，皆令人臣得觀之」〔註78〕，並引魏晉、唐代著名人物左思、王儉、魏徵、虞世南、岑文本、褚遂良、顏師古的事跡；又引述「宋有史館、昭文館、集賢院，謂之三館。太宗別建崇文院，中為秘府，藏三館真本書籍萬餘卷，置直閣校理。仁宗覆命繕寫校勘，以參知政事一人領之，書成，藏於太清樓，而范仲淹等嘗為提舉。且求書之詔，無代不下，故民間之書得上之天子，而天子之書亦往往傳之士大夫」，通過這些史料，顧炎武說明「晉、宋以下，此典不廢」，即漢朝一直到宋代，朝廷讓士人讀國家所藏的書籍是歷史傳統。而顧炎武又將以上歷史與明朝的做法作了對比，說：

> 自洪武平元，所收多南宋以來，所收南宋以來舊本，藏之秘府，垂三百年，無人得見。而昔時取士，一史、三史之科又皆停廢，天下之士於是乎不知古。

> 今則《實錄》之進，焚草於太液池，藏真於皇史宬，在朝之臣，非預纂修，皆不得見，而野史、家傳遂得以孤行於世，天下之士於是乎不知今。

指出朝廷令士人無書可讀，學術空疏是必然的。他據此得出結論：

> 是雖以夫子之聖起於今世，學夏、殷禮而無從，學周禮而又無從也，況其下焉者乎！豈非密於禁史而疏於作人，工於藏書而拙於敷教者邪？遂使帷囊同毀，空聞《七略》之名；冢壁皆殘，不睹六經之字。〔註79〕

在這個條目中，顧炎武對具體的歷史敘述的非常細緻，每一段歷史都有它的出處或典故。他在認識具體事物的基礎上，在對比中，揭示了明朝封建文化專制的弊端，揭示了封建專制對士人空疏學風的影響，把批判的矛頭直指明朝

〔註78〕 《日知錄集釋》卷18，「秘書國史」條，第1024頁。
〔註79〕 《日知錄集釋》卷18，「秘書國史」條，第1025頁。

的專制君主。與黃宗羲《明夷待訪錄》中揭示的道理一樣：顧炎武在這一條目中具體說明了即封建君主是如何「敲剝天下之骨髓，離散天下之子女，以奉我一人之淫樂」〔註80〕的，表達了顧炎武反對封建專制的思想。顧炎武反封建的「上達」思想正是通過敘述歷史這樣「下學」的形式表達出來的。

　　再如：在「四書五經大全」條中，顧炎武先是說明了對「四書」的注釋有很多，有朱熹的《大學、中庸章句或問》、《論語·孟子集注》，此後還有，黃勉齋的《論語通釋》、眞德秀的《大學集義》、祝洙的《四書附錄》、蔡模的《四書集疏》、趙順孫的《四書纂疏》、吳眞子的《四書集成》等等，倪剡將這些書作了編輯並作了刪正，成《四書輯釋》。顧炎武又將倪剡與《四書五經大全》作了對比，說道：「自永樂中命儒臣纂修《四書大全》頒之學官，而諸書皆廢」，他具體說明了《四書大全》的特點以此來說明諸書是如何皆廢的。他說：

　　　　倪氏《輯釋》今見於劉用章所刻《四書通義》中。永樂中所纂
　　　　《四書大全》特小有增刪，其詳其簡，或多不如倪氏。《大學、中庸
　　　　或問》則全不異，而間有舛誤。至《春秋大全》則全襲元人汪克寬
　　　　《胡傳纂疏》，但改其中「愚按」二字爲「汪氏曰」，及添盧陵李氏
　　　　等一二條而已。《詩經大全》則全襲元人劉瑾《詩傳通釋》，而改其
　　　　中「愚按」二字爲「安成劉氏曰」。其三經後人皆不見舊書，亦未必
　　　　不因而前人也。〔註81〕

顧炎武在這一條目中用事實說明了《四書五經大全》的特點，編纂的非常粗劣，對士人影響極壞，並由此引出了他對封建專製造成空疏學風盛行的批評，用它作科舉考試的範圍，使得士人不學無術，造成了明朝空疏學風的盛行。顧炎武以敘述歷史這樣下學的形式表達了他批判封建專制這一「上達」的看法，使得他對事物的分析認識有理有據。

　　顧炎武的研究之法遵循著「由小到大」、「由淺入深」的原則，他對宏觀問題的認識來源於對微觀問題的認識。他通過認識和探討微觀問題，逐漸擴大聯繫範圍，逐步深化而獲得對「道」的認識。

　　顧炎武主張「下學」但並不等於他因此否定上達的存在。有的學者認爲顧炎武所謂「一貫」不具有從經驗上升到原則的「上達」意義，指出，顧炎武所

〔註80〕《明夷待訪錄·原君》。
〔註81〕《日知錄集釋》卷18，「四書五經大全」條，第1042頁。

謂「一貫」，「只不過是『忠恕』」，並據此認為，這是顧炎武與朱熹之間的主要分界。「顧和朱在『一貫』上的分歧就在朱為『上達』，顧為『下學』。這關乎對孔子乃至全部儒家教義的根本理解，也正是原始儒學與宋代理學的主要分界。」顧炎武反對朱熹向上一層思辨，「然而對朱熹的『下學』塊，他是贊同的」〔註82〕。這種觀點實際是在說，顧炎武只有「下學」而沒有「上達」。

筆者認為，顧炎武重視材料積纍和史實的歸納，並不代表他否定「上達」的理性思維。作為一個高明的思想家，他的認識不應只停留在感性認識的層面上，更應到達理性認識的層面。《日知錄》闡釋的文字以及自身的著述結構都說明，顧炎武所作的工作並不僅僅是抄錄前人的資料，而且要通過彙編條目中的資料，闡釋「經世致用」的思想，因此《日知錄》確如梁啓超所講，它「是一種精製品，是籌燈底下纖纖玉手，親織出來的布」〔註83〕。

顧炎武將孔子的「不怨天，不尤人，下學而上達」作了充分地發揮，將之作為治學和作人的基本方法。他的治學的基本原則「博學於文」與做人的「行己有恥」與「下學而上達」本意上是一致的。顧炎武說：「愚所謂聖人之道者如之何？曰『博學於文』，曰『行己有恥』。自一身以至於天下國家，皆學之事也。」〔註84〕他特別強調「博學於文」與「行己有恥」的重要性，也是在說明踏實作學問、踏實做人是實現上達的基礎。顧炎武說：所謂「博學於文」意思是：

> 自身而至於家國天下，制之為度數，發之為音容，莫非文也。品節斯，斯之謂禮。〔註85〕

而所謂「行己有恥」意思是：

> 禮義廉恥，國之四維。四維不張，國乃滅亡。……然而四者之中，恥為尤要。故夫子之論士曰：「行己有恥」；孟子曰：「人不可以無恥，無恥之恥，無恥矣。」又曰：「恥之於人大矣。為機變之巧者，無所用恥焉。」所以然者，人之不廉而至於悖禮犯義，其原皆生於無恥也。故士大夫之無恥，謂之國恥。〔註86〕

〔註82〕 王茂：《清代哲學》，安徽人民出版社1992年版，第243～244頁。

〔註83〕 梁啓超：《中國近三百年學術史》，天津古籍出版社2003年版，第69頁。

〔註84〕 顧炎武：《與友人論學書》，《亭林文集》卷3，《顧亭林詩文集》中華書局1983年版，第40頁。

〔註85〕 《日知錄集釋》卷7，「博學於文」條，第403頁。

〔註86〕 《日知錄集釋》卷13，「廉恥」條，第772頁。

「博學於文」是講做學問，是通過「廣譬而求之」、「舉隅而反之」，以獲得「上達」的「道」，這個「道」是能夠「經世致用」的眞理。而「行己有恥」，表現爲對「行」的重視，顧炎武主張人不僅要有「恥」，而且要有行動去實踐「恥」，「行己有恥」所要達到的「道」，是實現治國平天下之「道」。

顧炎武一生都在踐行著「下學而上達」的治學方法。他早年在其嗣祖父顧紹芾的指導下，讀兵家《孫子》、《吳子》諸書，還有《左傳》、《國語》、《戰國策》、《史記》和《資治通鑑》，研求實學，凡天文、地理、兵農、水土及一代興革之書，均仔細閱讀，自 16 歲至 27 歲參加科舉考試，屢試不第。27 歲以後，顧炎武爲了開拓眼界，歷覽各朝斷代史、天下郡縣志書、各名家詩文集、以及名臣奏疏，作讀書整理資料、編寫《天下郡國利病書》。他關心民眾疾苦，他以友人所贈二馬二騾裝書卷〔註 87〕，一邊讀書，一邊到各地進行實地考察，瞭解當地的風土人情，並且遊歷江浙、山東、河北、河南、山西、陝西等地，搜集資料，充實《天下郡國利病書》，做到讀萬卷書行萬里路。顧炎武自己記述說：

> 比二十年間，周遊天下，所至名山、巨鎮、祠廟、伽藍之蹟，無不尋求。登危峰，探窈壑，捫落石，履荒榛，伐頹垣，備朽壤，其可讀者必手自鈔錄。

> 又以布衣之賤，出無僕馬，往往懷毫舐墨，躑躅於山林猿鳥之間。或偏於聞見，窘於日力，而山高水深，爲登涉之所不及者，亦豈無掛漏。〔註 88〕

他這麼做的目的是從現實生活的實際出發，去探尋產生明末社會矛盾的根源，從實踐中吸取有益於今後社會發展的經驗。他曾告訴他的外甥徐元文說：「必有體國經野之心，而後可以登山臨水；必有濟世安民之識，而後可以考古論今」〔註 89〕，即通過搜集資料、掌握治理國家知識以獲得歷史變化的規律。

顧炎武治學非常嚴謹。他對事物認識必須有充分的把握，才能提出觀點，他要求資料在量上要豐備，在質的方面要確實，對材料的印證上要做到書本

〔註 87〕陳祖武：《曠世大儒‧顧炎武》，河北人民出版社 2000 年版，第 112 頁。

〔註 88〕顧炎武：《〈金石文字記〉序》，《亭林文集》卷 1，《顧亭林詩文集》中華書局 1983 年版，第 28 頁。

〔註 89〕顧炎武：《與人書》，《亭林文集》卷 4，《顧亭林詩文集》中華書局 1983 年版，第 90 頁。

與實際的對照。全祖望說：「先生所至呼老兵逃卒，詢其曲折，或與平日所聞不合，則即坊肆中發書而對勘之」〔註90〕。可見顧炎武是尊重實踐的人，他在《日知錄》中的許多材料都不是只從書本所得，而是經過了他實地考察調研得出的。他要在充分瞭解事物真相的基礎上，才對事物作出判斷，因為只有通過科學嚴謹的方法，才能較為真實地認識客觀事物，據此撰成的著作才是有價值的。他說：

> 嘗謂今人纂輯之書，正如今人之鑄錢。古人採銅於山，今人則買舊錢，名之曰廢銅，以充鑄而已。所鑄之錢既以盡惡，而又將古人傳世之寶舂銼碎散，不存於後，豈不兩失之乎？承問《日知錄》又成幾卷，蓋期之以廢銅，而某自別來一載，早夜誦讀，反覆尋究，僅得十餘卷，然庶幾採山之銅也〔註91〕。

《日知錄》是在顧炎武不斷掌握反映客觀事物的資料，在對客觀事物有充分認識基礎上而完成的著作。他對自己過去的認識採取了非常審慎的態度，總是在不斷修正自己的看法，以使自己的看法貼近歷史真實，在自己的認識非常成熟的基礎上，再確定自己要發表的意見。他自己說：

> 蓋天下之理無窮，而君子之志於道也，不成章不達。故昔日之得，不足以為矜，後日之成，不容以自限。〔註92〕

他認為只有通過嚴謹的治學方式而得出的看法才能夠為有才能的人提供治國的依據。《日知錄》正是他不斷讀書，反覆思考，不斷從事社會實踐，千錘百鍊而形成的。這是他踐行「下學而上達」的治學之法最突出的表現。他為扭轉空疏學風，為後世實學思潮的建立起到了表率作用。

顧炎武不僅在做文章的學問上貫徹著「下學而上達」的精神，而且在做人上，仍然強調著「下學」中的行為的重要性。顧炎武將道德規範看作是社會存在和發展的基礎，指出了營造良好的社會風氣，維護社會秩序是每個人應盡的責任。

顧炎武著述活動主要在于歸納。他主張用歸納的方式來代替宋明理學的

〔註90〕 全祖望：《亭林先生神道表》，《鮚埼亭集》卷12，《全祖望集彙校集注》上海古籍出版社2000年版，第236頁。
〔註91〕 顧炎武：《又與人書》，《亭林文集》卷4，《顧亭林詩文集》中華書局1983年版，第90頁。
〔註92〕 顧炎武：《初刻日知錄自序》，《亭林文集》卷1，《顧亭林詩文集》中華書局1983年版，第27頁。

漫無邊際的演繹推理，用歸納的辦法來展現他的「上達」思想。他力求通過可見、可觀的感性認識來自然而然地表達「上達」的抽象思維。顧炎武所要揭示的「性與天道」是人的社會發展規律，「治國平天下」的道理，而非宋明理學家所追尋的空玄的、虛無縹緲的「性與天道」。他「把宋明儒以來所講的法寶，性命天道，從空虛形式拉到人生活動中，倡言經驗以外無超經驗的東西，人生以外無超人生的天道」，反對「今人則捨歷史制度（六經之所指）與客觀現實（當世之務）而空談性理」，主張像古人那樣「沒身於經世之學而明理」〔註93〕。

第四節　《天下郡國利病書》、《肇域志》的性質

　　《天下郡國利病書》和《肇域志》是顧炎武早年開始纂輯的兩部作品。與《日知錄》相比，這兩部作品不可以稱為具有完整著述體系的著作，屬於資料彙編性質。這是由於顧炎武著作這兩部書的時候，他所面臨的客觀社會形勢雖然已經非常嚴峻，但還沒有出現象著述《日知錄》時「天崩地解」的局面，因此從思想性、對問題認識的深入性上講，這兩部著作尚沒有《日知錄》那樣完整的體系和對問題的深刻認識，但其中反映出的當時的社會狀況對於我們認識當時的歷史具有很高的價值。

一、《天下郡國利病書》與《肇域志》的著述目的

　　《天下郡國利病書》和《肇域志》著述於顧炎武二十七歲時，起初二者是一部著作。趙儷生論證了這兩部著作的關係，指出，從顧炎武為《天下郡國利病書》和《肇域志》中所作的序言可以看到，「兩文是同時抑或隔時的。看起來，又非同時，又非相距甚遠」。「首先，寫作的動機是救亡，（挽救當時在各方戰火和建州威脅中的殘明統治。）這一點是很清楚的。其次，工作程序兩文所述雖稍有差別，但大體仍是一致的，即《一統志》、各地方各基層的志書、各朝正史，此外文集雖不像《皇明經世文編》搜集得那樣全備，然觀書中鈔錄邱濬、楊慎、何瑭、周宏謨、周嘉謨諸人的言論，可以證明文集還是動用了的。在這裡指出志書動用的數量，是一千餘部。再次是工作方法，兩文只提到兩點，其一是『不曾先定義例』，其二是『本行不盡，則注之旁；

〔註93〕侯外盧：《中國思想通史》第五卷，人民出版社1956年版，第216頁。

旁又不盡，則別爲一集曰「備錄」。觀《四部叢刊》三編本，此種情況，大體仍可窺見。再次，是作者對這一大批材料所表達的態度，希望後世同志不要泯滅了作者『二十餘年之苦心』，『斟酌去取』『續而傳之』，這也看得很清楚。最後一個問題，也是比較重要的問題，是《天下郡國利病書》和《肇域志》如何從這一大堆資料從鈔中『一分爲二』的？乾隆時，《天下郡國利病書》原稿的收藏者和校訂者黃丕烈在其『題詞』中曾經接觸到這一方面。他說，『……（《天下郡國利病書》）每本有備錄字，始猶未得其解。覆按《肇域志序》所云，本行不盡，則注之旁；旁又不盡，則別爲一集曰「備錄」，則此書與《肇域志》相出入，亦未可知。否則，如《天下郡國利病書序》所云，有得即錄，共成四十餘帙，一爲輿地之記，一爲利病之書，兩書本合而存之與？」《天下郡國利病書》「這部書是資料彙編，並且沒有定稿。但從這部書所收的資料來看，他的經世思想是相當深刻的；一直到現在，這還是一部研究明代政治經濟的重要的書」〔註94〕。

顧炎武在《天下郡國利病書序》中講述了他著述此書的目的，他說：

> 崇禎己卯，秋闈被擯，退而修書。感四國之多虞，恥經生之寡術，於是歷覽二十一史以及天下郡國志書、一代名公文集、及奏章文冊之類，有得即錄，共成四十餘帙。一爲輿地之記，一爲利病之書。亂後多有散佚，亦或增補。而其書本不曾先定義例，又多往代之言，地勢民風與今不盡合，年老善忘，不能一一刊正，姑以初稿存之匣中，以待後之君子斟酌去取云爾。

在年輕時，顧炎武一度熱衷於科舉考試，希望通過參加科舉考試來實現自己的政治抱負和人生理想。但顧炎武在科舉考試中屢試不第，而當時社會矛盾卻在急劇增加，他要「挽救當時在各方戰火和建州威脅中的殘明統治」〔註95〕，必須對社會發揮作用。從當時的情況而言，顧炎武對於社會問題、經濟問題等等方面的問題的認識還沒有達到他晚年時那樣的認識高度。因此，他希望通過搜集大量關於歷史、地理、生計、風俗等記載，獲取有益經世致用的知識，這對他自己日後對於事關國計民生的問題提出成熟的認識會

〔註94〕白壽彝主編：《中國史學史》第一卷（白壽彝著），上海人民出版社2006年版，第52頁。

〔註95〕趙儷生：《顧炎武〈天下郡國利病書〉研究》，《趙儷生文集》第三冊，蘭州大學出版社2002年版，第391頁。

有所幫助。顧炎武晚年的著作《日知錄》也正是得益於他早年著述《天下郡
國利病書》以及《肇域志》時所作的積纍材料和儲備知識的工作。

二、《天下郡國利病書》關注的重點問題

「感四國之多虞，恥經生之寡術」，顧炎武在《天下郡國利病書》中關注
了影響社會發展的種種現實問題。明朝的衰弱以及民生的疾苦都與這些實際
問題密切相關。明朝是一個以農業經濟爲支柱的皇朝，自給自足的自然經濟
受皇朝制訂和執行的賦役和屯田政策的影響很大。民眾所從事的實際社會生
產反映了這些政策對社會生產產生的影響。

（一）《天下郡國利病書》結合當地實際情況來整理材料

顧炎武按照當地的實際情況整理與當地相關的資料。東南長江中下游地
區是明朝財政收入的主要來源。顧炎武說：「丘濬《大學衍義補》曰：『臣按
韓愈謂賦出天下，而江南居十九。以今觀之，浙東西又居江南十九，而蘇、
松、常、嘉、湖又居兩浙十九也……』」〔註96〕可見江南地區在當時中國經濟
中的重要地位。顧炎武在「蘇」、「蘇松」部份中總結的資料都與當地的屯田
情況和賦稅情況有關。這些情況都直接影響到明朝經濟實力的強弱。

南方水網密集，而且南方田地主要是稻田，水利設施對屯田有著重要的
影響，而水利設施的問題又與賦稅徵收有關。徵收賦稅、興建水利設施、組
織民眾進行屯田都是朝廷需要履行的社會公共職能。顧炎武在「蘇、杭」部
份中，搜集了有關水利設施的資料，以及有關稻田的資料，如在《天下郡國
利病書》中的「蘇」部份中，顧炎武搜集了《吳江志》，其中講到「治田利害」：
即如何利用水利來促進農業生產，他主張用疏導的辦法來解決水災對農業生
產的影響。他認爲：

> ……倘效漢唐以來堤塘之法，修築吳淞江岸，則去水之患已十
> 九矣。震澤之大才三萬六千餘頃，而平江五縣積水幾四萬頃，然非
> 若太湖之深廣彌漫一區也；分在五縣，遠接民田，亦有高下之異，
> 淺深之殊。非皆積水不可治也，但與田相通，極目無際，所以風濤
> 一作，迴環四合，無非水者。既非全積之水，亦有可治之田；瀦瀉
> 之餘其淺淤者皆可修治，永爲良田。況五縣積水中所謂湖洋陂淹，

〔註96〕《天下郡國利病書》第四冊，「蘇」，上海科學技術文獻出版社 2001 年版，第
205 頁。

其間深者不過三四尺，淺者一二尺而已。今乞措置深者如練湖，大
作堤防以匱其水，復於堤防四傍設爲斗門水瀨。即大水之年，足以
瀦蓄湖裏之水，使不與外水相通，而水田之圩岸無沖激之患；大旱
之年，可以決斗門水瀨以浸灌民田，而旱田之溝洫有畎畝之利。其
餘淺者本是民田，皆可相視治爲良田。……〔註97〕

顧炎武做事情非常謹慎，他要在充分掌握材料的基礎上才能表達對事物
的看法，因此他著述《天下郡國利病書》只是在搜集資料，不做評價。但是
顧炎武搜集的這些資料已經說明了明朝履行社會公共職能水平的低下。

蘇杭地區是明朝主要經濟命脈。記述蘇杭地區生產狀況的材料反映了明朝
經濟發展狀況。經濟問題歸根結底是人的問題，由於當時自給自足的封建自然
經濟佔據主導地位，明朝廷是如何管理農業生產，影響了農業生產的效果，並
進而影響到了明朝的經濟發展水平。顧炎武通過引述蘇杭地區人民從事社會生
產的資料反映了明朝廷對農業生產管理活動對明朝農業生產的影響。他所引述
的金藻的《三江水利論》這一材料強調了興修水利建設水平的高低關鍵在於「任
得人」，他說：

金藻《三江水利論》曰：治水之道有六：曰探本源也，順形勢
也，正綱領也，循次序也，均財力也，勤省視也。所以行之者有一、
曰任人而已矣。任得人而六事不舉者，未之有也；六事舉矣，水不
爲利而爲害者，亦未之有也。……〔註98〕

在顧炎武看來，人爲因素在社會生產中起著非常重要的作用，是經濟發
展的決定因素。

在這一部份中，顧炎武批評了明朝行政干預對江南地區經濟發展的影
響。他指出，作爲明朝重要的經濟來源的江南地區承擔著過重的賦稅負擔，
而明朝委派的官員拘於成法，不能從當地生產實際出發進行施政，因此，顧
炎武主張「擇任巡撫大臣，假以便宜之權，任其從宜經制而不拘以文法，必
使上無虧於國計，下不殫於民力；一方得安，則四方咸賴之」〔註99〕。所以
顧炎武在此揭示出，賦稅政策不單是錢或物的問題，更重要的是人的問題。
賦稅政策的制定和執行表現了朝廷的施政能力。由於農業的生產狀況與朝廷

〔註97〕《天下郡國利病書》第四冊，「蘇」，第275頁。
〔註98〕《天下郡國利病書》第四冊，「蘇」，第282頁。
〔註99〕《天下郡國利病書》第四冊，蘇，第296頁。

制訂和執行的財政賦稅政策密切關係，顧炎武也著重搜集資料。

　　再如，河南是受黃河泛濫影響最大的地區，顧炎武在這部份所整理的資料都與朝廷如何治河和管理水利設施有關。炎武引述范守己的《豫譚》、《開封府志・河防》、《衛輝府志》、《漢河渠考》、《河渠書》、《南豐集》等資料反映出朝廷所承擔的管理水利的職能對當地經濟發展產生的影響。他引述丘濬的《大學衍義補》說：

　　　天地間爲民害者，在天有旱潦之災，在地有河海之患。然雨暘之爲旱潦也有時，而人猶可先事以爲備；若夫河海之患，則有非人力所能爲者矣。雖非人力所能爲，而人君有志於爲民者，其忍坐視而付之無可奈何哉？中國之水非一，而黃河爲大，其源流而高，其流大而疾，其質渾而濁，其爲患於中國也，視諸水爲甚焉。自禹疏九河之後，遷史《河渠書》述之詳矣〔註100〕。

　　顧炎武積纍這些資料的目的就是爲了找到治理水患的規律。而顧炎武尤著重地指出，作爲應該履行社會公共職能的朝廷大員尤應掌握治水之法，而管理水利的人若要掌握治水之法則需要通過總結歷史上治水的經驗教訓來獲得。

　　山東也是明朝主要經濟來源之一。黃河對山東也有著重要的影響。在這一部份中編輯的于愼行的《安平縣志序》就是包含大量關於治理黃河內容的資料。此外，顧炎武還積累了《沽頭舊河志略》、《兗州府志漕渠圖說》、《黃河圖說》、《曹州志・河防》、《曹縣志》、《浙雜誌》、《曹縣舊志》等記錄黃河決口事件的材料。顧炎武引述這些資料隱含著一個重要目的，即探討如何貫徹《禹貢》中所講到的，用疏導河流的辦法而不是堵的辦法來治理黃河〔註101〕。

　　由於山東是明朝重要的農業經濟來源之一，在其中，顧炎武反映了明朝一條鞭法的實施情況，其中的《賦役志》、《費志武城考》、《泗水縣志》都是反映一條鞭法執行情況的資料。通過這些資料，顧炎武又一次強調了管理者的重要性，說：「若夫酌量調劑，奉法而不膠於法，因時而不詭於時，不有今之良牧，幾何其民之不轉徙於溝壑也」〔註102〕。

　　顧炎武通過搜集反映各地生產狀況的資料都說明了明朝廷管理水平的高低決定了明朝經濟發展水平。

〔註100〕《天下郡國利病書》第十三冊（河南），第 995 頁。
〔註101〕《天下郡國利病書》第十五冊（山東），第 1147 頁。
〔註102〕《天下郡國利病書》第十五冊（山東），第 1193 頁。

（二）《天下郡國利病書》揭示的重點問題

張元濟在為《四部叢刊》為《天下郡國利病書》作《跋文》中對顧炎武《天下郡國利病書》的主要內容做了總結，指出「亭林嬰亡國之痛，所言萬端，而其所再三致意者不過數事，曰兵防、曰賦役、曰水利而已」〔註103〕。張元濟的總結基本概括了顧炎武在《天下郡國利病書》中所要反映的主要問題。這些都是顧炎武所處時代社會矛盾主要所在。顧炎武從當時的社會矛盾的實際以及當地狀況的實際出發去總結材料，反映實際的社會問題。

《天下郡國利病書》關注的主要問題有：京城防務及京畿重地的治理問題；賦稅、屯田、水利所反映出的朝廷對於社會經濟發展所產生的影響；顧炎武是結合當地的實際情況來組織相關材料的。

首先，重視積纍反映京城防務和京畿重地狀況的材料。

顧炎武在《天下郡國利病書》的「北直隸上」、「北直隸中」、「北直隸下」中的資料，涉及到京師的防務、周邊河流的情況、生產生活資源、交通運輸等等方面。這些都是事關京師安全和改善京師經濟狀況的資料。顧炎武按照「地脈、形勝、風土、百川考四個部份」〔註104〕對北京周圍情況的資料進行整理。如他搜集的資料周弘祖的《燕京論》講到了明朝京師防務的重心「急在東北，甘肅、寧夏為緩」〔註105〕，而搜集到的勞堪的《京都形勢說》對明朝京師周圍的防御情況都做了闡述，指出，相比於周漢以及宋朝而言，明朝定都於北京，在防禦上是有利的而搜集到的范守己的《燕譚》、《谷山筆塵》、王嘉謨的《北山遊記》等等都是反映北京周圍山川形勢的資料；而顧炎武搜集到的《大學衍義補》則是反映京師周圍林木起到限制游牧民族進攻作用的資料，顧炎武在其中主張「於邊關一帶，東起山海，以次而西，於其近邊內地，隨其地之廣狹險易，沿山種樹，一以備柴炭之用，一以為邊塞之蔽，於以限虜之馳騎，於以為官軍之伏地」〔註106〕。而交通運輸（即馬政）也是與京師防務密切相關的問題，在其中，顧炎武主張「馬政賦之於民，不若買之於邊；買之於邊，不若養之於官」〔註107〕，而其搜集的材料《順義志·馬政》

〔註103〕《天下郡國利病書》四部三編本49冊卷末張元濟跋。
〔註104〕白壽彝主編：《中國史學史》第五卷（向燕南、張越、羅炳良著），上海人民出版社2006年版，第128頁。
〔註105〕《天下郡國利病書》第一冊「北直隸上」，第23頁。
〔註106〕《天下郡國利病書》第一冊「北直隸上」，第34頁。
〔註107〕《天下郡國利病書》第一冊「北直隸上」，第35頁。

與如何實行馬政有關。

北京周圍的河流情況也是顧炎武在《天下郡國利病書》重點搜集的資料。《天下郡國利病書》中有反映御河、灤河、河間河、冶河、滹沱河、會通河等河流情況的資料，這些材料全面具體反映了這些河流的特點，而在這些資料之後顧炎武又引述《大學衍義補》闡述了應借鑒古代治理黃河的辦法：在河流「將盡之地，依《禹貢》逆河法截斷河流，橫開長河一帶，收其流而分其水，然後於沮洳之處，築為長堤。隨處各為水門，以司啓閉，外以截鹹水，俾其不得入；內以泄淡水，俾其不至漫。如此則田可成矣」〔註108〕。此外，一些具體闡述治河辦法的材料還收錄在《通州志・漕渠》中。而《三河縣志》、《昌平州志》、《文安縣志》也是包含著反映上述情況的材料。

顧炎武還搜集了京城周圍兵力配置的資料，分析應該如何配置保衛京師的兵力。這其中包括有汪道昆的《輔兵議》、葉夢熊的《戰車議》等等，這些材料表現出顧炎武主張車戰的傾向。

在明朝，北京周邊地區以及關隘是拱衛京師的重要屏障，顧炎武重視搜集涉及到這些地區的資料。涉及到北京周邊地區的資料包括有：《昌平府志》、《薊州志》、《玉田縣志》、《密雲志》、《遵化縣志・營制》，涉及到北京周邊關隘的資料：有《各路哨探說》、《平谷縣志・邊防》、《薊鎮守邊論》、昌鎮形勝、遼鎮形勝、《四鎮三關志・職官》等。這些材料都是得出如何組織京師防務的主要依據。

顧炎武這樣安排和組織資料反映出顧炎武對這些問題對這些問題已經有了一定規律性的認識。

其次，反映明朝行政力量對社會生產產生的影響。

明朝廷的行政體制和執行的經濟政策是造成民眾生計艱辛的主要原因。顧炎武從賦役的角度揭示了明朝弊政對經濟社會生活的影響。他揭示了蘇、松地區承擔著沉重賦稅，反映了明朝君主專制對民眾的殘酷壓榨給江南地區人民生活帶來的苦難。他說：

> 東南之米有軍運，有民運；軍運以充六軍之儲，民運以供百官之祿也。夫軍運以十軍僅運米四百石或五百石，民運以一民或運米四百石或五百石。軍運以軍法結為漕法，一呼百應，人莫敢犯；民運以田裏小民供役遠道，語言鄙俚，衣服村賤，人人得而凌之。軍

〔註108〕《天下郡國利病書》第一冊「北直隸上」，第42頁。

> 運經各該衙門，無抑勒需求；民運經各該衙門，動以遲違情由，間
> 擬工價並諸雜色使用，每一處輒費銀十五六兩，少亦不下十兩。軍
> 運過洪閘一錢不須，且洪夫、閘夫共與挽拽；民運每過一洪用銀十
> 餘兩，過一閘用銀五六錢，所過共三洪五十餘閘，而費可知矣。其
> 最苦者，船戶皆江淮奸民，慣造此船裝白糧，糧一入船，其驅使糧
> 長不啻奴隸；每日供奉船戶及撐駕夫不啻奉其父母。〔註109〕

顧炎武通過描述當時的人們的生活現象反映了明朝民窮國弱的狀況，批評了朝廷沒有起到促進民眾生產的積極作用，是造成明朝民窮國弱的原因。《天下郡國利病書》揭示出，朝廷對民眾的過份剝削，「利不歸於國，而害獨叢於民」，有人提出「寬東南百一之費。其說果行，誠萬世利，然而未易言也」。這個未易言的原因正是明朝的封建專制統治。賦稅是明朝影響社會經濟活動的主要手段，而這也是《天下郡國利病書》中所反映出的主要問題。在生動揭示了明朝賦稅對於經濟活動不良影響的同時，顧炎武也通過搜集資料如《武進縣志》對這一問題作了進一步的資料整理工作。

《天下郡國利病書》揭示了一些豪強依仗官府的勢力欺壓百姓，對社會生產造成不良影響的歷史。「萬曆二十一年，鄉人金某身為總書，一旦欺隱田六百餘畝，灑派各戶，己則陰食其糧，而令一縣窮民代之總計。同事者訟其奸，竟為一二縉紳所護脫。」〔註110〕「某官例得免田千畝，而自有田萬畝，或自無田而受詭寄田萬畝，則散萬畝於十甲，而歲免千畝，實則萬畝皆不當差也。」〔註111〕這些事實表明了明朝社會矛盾的增加，具體反映了明朝行政體制對明朝社會生產所產生的負面影響。

賦稅徵收的形式也是影響社會生產的重要因素。顧炎武在《天下郡國利病書》中也著意整理有關賦稅徵收形式的材料，力求找到徵收賦稅的合理形式，其中搜集的《應天府志》、《江寧縣志》、《上元縣志》、《句容縣志》、《高淳縣志》等等材料反映的都是賦稅徵收形式的內容。

顧炎武通過引述這些材料指出，賦稅徵收形式反映著朝廷是以怎樣的態度來對待民眾。朝廷關心民眾的社會生產，就會制訂有利於民眾生產的賦稅征收

〔註109〕《天下郡國利病書》第六冊，「蘇、松」，第411頁。
〔註110〕《天下郡國利病書》龍刻本卷23「江南十一」頁7～8，四部叢刊三編本第9
　　　　冊（原稿7冊頁5）。
〔註111〕《天下郡國利病書》龍刻本卷23「江南十一」頁18，四部叢刊三編本第9
　　　　冊（原稿7冊頁12）。

形式；而如果朝廷只顧搜刮民財，其采取的賦稅形式就會破壞社會生產，激化官民之間的矛盾，顧炎武指出，「正、嘉以來，事日增，役日繁，在小民利於官產，而官產則少；在優免人戶利於民田以省雜徭，而買者、賣者或以官作民，或以民作官，以各就其所利，於是民田減價出鬻者，日益多，而差役之並於佃戶者日益甚」〔註112〕。而隆慶中，海瑞按照統一的標準對官田和民田進行清丈，「糧差悉取一則，革現年之法爲條編，考成料價一應供辦俱概縣十甲人戶通融均派，而向來從弊爲之一清」〔註113〕。這說明朝廷是抱著與民爭利還是與民共利的目的，決定了采取的賦稅徵收形式能否促進社會生產。

顧炎武對於張居正改革以後採用「一條鞭之法」的賦稅征收形式，持「全盤肯定的態度」〔註114〕，但顧炎武認爲賦稅之法的好壞的關鍵不在於「法」的本身，而在於政策的執行者，如顧炎武引述的《條鞭總論》指出：

> 查得各處條鞭，不問丁之貧富，地之肥瘠，一概徵銀，殊失輕重。是以貧弱小民，多有不願；而富民田盈阡陌，多方詭計，營於下則者，反得藉口鼓惑小民騰謗官長，百計阻撓。官府動於浮言，牽制於毀譽，屢行屢止，致使忠實良民，田鬻大半，戶口尚高，經年累歲，獨當各樣重差，無息肩之日，苦累不可勝言。〔註115〕

由此可見，解決賦稅問題的關鍵不在於採用何種方法，關鍵是徵收賦稅的主體「人」，如果執行者能夠以有利於民眾的生產爲工作的根本出發點，採用「通變用中之政，則得聖賢之遺意，即以達於天下，似無不可行者」〔註116〕。

顧炎武對賦稅徵收形式的資料總結，反映著他對朝廷管理機制深層次問題的認識，即官與民是相互作用，有機統一的整體，國富民強，才能有力地使促進社會經濟持續建康發展。他說：

> 古人爲國，藏富於民，蓋民之富者，官府之緩急資焉，小民之貧困資焉，歲時之凶荒、兵戈之忽起資焉，蓋所恃以立國者也。平時使之應上戶重差，法已足矣。……豈必取盡所有，使之僅與小民之貧者相若，然後爲快哉！嗚呼！時使薄斂，先聖格言；繭絲保障，

〔註112〕《天下郡國利病書》第八冊，「江寧廬州安慶」，第608頁。
〔註113〕《天下郡國利病書》第八冊，「江寧廬州安慶」，第608頁。
〔註114〕趙儷生：《顧炎武〈天下郡國利病書〉研究》，《趙儷生文集》第三冊，蘭州大學出版社2002年版，第406頁。
〔註115〕《天下郡國利病書》第十五冊，「山東上」，第1203頁。
〔註116〕《天下郡國利病書》第十五冊，「山東上」，第1203頁。

後賢深慮，奈何今在位者之不思也？！〔註117〕

朝廷在財政支出上應該有所節制，因爲「民之力與地有盡，而國之所費無窮；苟不於其經費之際而品節之情實既開，必至於泛用無度；欲壑不盈，必至於苛取無厭……凡以均節財用，量吾之出，而不過責民間之所入，此周公理財意也。後世此意微矣。情慾日奢，徵輸百出，山澤之利，悉羅取無餘」，官與民是一個社會的統一體，「天地生財止有此數，不在民，則在官」，民是國的經濟來源，對民眾的過度剝削是消耗國家的生產能力，正所謂「皮之不存，毛將安附」〔註118〕。

朝廷影響社會經濟發展的另一個重要影響是朝廷制訂和執行的屯田政策。〔註119〕，這也是《天下郡國利病書》主要關注的問題之一。而在關於對明朝屯田政策的論述中，顧炎武通過引述材料揭示了「軍屯瓦解」的過程，指出了明朝缺乏對軍隊建設的保障。明朝軍隊紀律不嚴，影響了他們戰鬥力。

如顧炎武引進的關於陝西鞏昌方面的資料指出：

天下衛所屯田之無補於官也！凡郡縣之野，田之膏腴者，皆軍也，而歲無積，月無支，只懸一空籍耳！影射之奸，兌易之詭，夫何可勝言哉？！〔註120〕

而關於岷州的資料則指出：

衛額五千，而現兵才半，餘皆安在乎？即半，亦未必盡在衛。一遇操閱，類倉卒雇市人以充額。……弊由請勾爲故事，而考課不嚴；徵調祉虛文，而稽核無法。加以屯糧兌之成風俗，軍無固志；主管以賣脫爲常規〔註121〕。

再如：

遼東、甘肅，設立衛所，不設府縣，以數百萬軍民，付之武牟之魚肉。顧武弁唏允屯餘之膏血，而播酷虐以開怨；屯餘深恨武弁

〔註117〕《天下郡國利病書》龍刻本卷54（河南五）頁28，四部叢刊三編本第17頁（原稿13冊頁111～112）。

〔註118〕《天下郡國利病書》第十五冊，「山東上」，第1195頁。

〔註119〕趙儷生：《顧炎武〈天下郡國利病書〉研究》，《趙儷生文集》第三冊，蘭州大學出版社2002年版，第408頁。

〔註120〕《天下郡國利病書》龍刻本卷58（陝西四）頁3～4；四部叢刊三編本26冊（原稿18冊頁99）。

〔註121〕《天下郡國利病書》龍刻本卷58（陝西四）頁28；四部叢刊三編本27冊（原稿19冊頁16）。

之凌轢，而懷反側以釀亂階。〔註122〕

《天下郡國利病書》反映了當時軍屯瓦解的歷史過程，反映了地主階級對民眾的殘酷壓榨，有著非常豐富的歷史價值。

顧炎武的《天下郡國利病書》主要部份是反映明朝賦役和屯田情況的材料，而其它方面的材料如漕運、海運、馬政、鹽政、水利、灌溉等等也與賦役和屯田問題有關。《天下郡國利病書》的主要內容說明賦役和屯田是顧炎武《天下郡國利病書》所以反映的重點問題。

「顧炎武著意地去收集這些資料，揭露社會病痛，從廣闊的地域反映明代農村的諸多積弊，展示了他早年講求經世實學的努力和以天下為己任的博大襟懷。」〔註123〕並為日後系統闡述封建專制導致的一系列阻礙社會發展的弊政，以及針對這些弊政而提出的改革主張，做了充分的前期調查研究，積累了大量第一手的資料。

三、《天下郡國利病書》和《肇域志》的性質

《天下郡國利病書》和《肇域志》都屬於有「相當系統的」資料彙編的性質的書籍。這兩部書在顧炎武早期是同一部著作，後來顧炎武根據書籍記載的側重點不同而分別整理成冊。《天下郡國利病書》雖然也有關於地理方面的內容，但它的側重點主要反映明朝經濟社會生活、以及朝廷對民眾的過度剝削，以及民眾生活艱辛等情況，帶有明確地總結治國經驗教訓的目的。因此，正如趙儷生所說的那樣，《天下郡國利病書》「主要不是一部地理書，而是一部明代社會經濟資料書」，是對正史的有力補充，它反映了正史所看不到的歷史，彌補「《實錄》自上而下材料的片面性，並且可以恰好看作對中央政令的一些反映」〔註124〕。「全書對於各地區所佔篇幅並不平均，大體上以江南、北直隸、山東、陝西最多，其次是浙江、廣東、四川、湖廣，再其次是福建、雲南、山西、河南、江西，最少的是廣西、貴州。這裡的原因，一方面是與所纂輯的材料本身詳略各異，作者本人是否親臨其地等因素有關，另一方面也一定程度地客觀反映出了各地區在明代政治、經濟中的不同地位。這與以往同類史書講食貨、地理時必首推關

〔註122〕《天下郡國利病書》龍刻本62（陝西八）頁18；四部叢刊三編本關。
〔註123〕陳祖武：《曠世大儒‧顧炎武》，河北人民出版社2000年版，第42頁。
〔註124〕趙儷生：《顧炎武〈天下郡國利病書〉研究》，《趙儷生文集》第三冊，蘭州大學出版社2002年版，第390頁、第418頁、第395頁。

中的做法相比，有其進步的地方」〔註 125〕。這對於把握那個時代的特點是有著重要意義的。

《天下郡國利病書》是一部反映明朝社會經濟狀況的「大型資料書」〔註 126〕，揭示出當時統治階級通過不法手段將賦役轉嫁到農民身上的種種事實，列舉了不同地域中的賦役改革者各自採取的一些大同小異的改革措施，揭示了一條鞭法實施的後果；提出了「有治人，無治法」的論調，體現了顧炎武的「經驗主義哲學」的特點，因此可以將《天下郡國利病書》看作是反映明朝社會經濟狀況、「透視出整個明代社會的變遷」〔註 127〕的長編性質的史書。「『天下郡國利病書』不僅關注於江浙內地，也關注於邊疆地區，兼及中國與有關國家的地理關係和貿易關係。它記各地自然環境政區劃分狀況和戍守形勢等，而以記各地經濟狀況為主，這使它在地理書中獨具特色，反映了明代各地政治經濟情況和風土人情。」〔註 128〕

而《肇域志》則完全是地理方面的書籍，他是顧炎武在明亡以前，「先取《一統志》，後取各省府州縣志，後取二十一史參互書之，凡閱志書一千餘部」而成的，是對各地方的轄區地域的描述和概括，是關於明朝地理區劃的志書，兩部書成書「又非同時，又非相距甚遠」，其目的都是「挽救當時在各方戰火和建州威脅種的殘明統治」〔註 129〕。顧炎武自 27 歲，搜集了大批資料，「其中既有興地內容，又有利病內容，統擬名曰《肇域志》，「囊括《一統志》、二十一史、及天下府州縣之志書而成者也。繼又摘其有關政事者，為《天下郡國利病書》……」〔註 130〕而將有關興地的資料編纂為《肇域志》。這是《天下郡國利病書》和《肇域志》之間的區別。

顧炎武說：「必有濟世安民之識，而後可以考古論今」，顧炎武著述《天下郡國利病書》和《肇域志》正是在獲取「濟世安民之識」，通過積纍「下學」

〔註 125〕白壽彝主編：《中國史學史》第五卷（向燕南、張越、羅炳良著），上海人民出版社 2006 年版，第 180 頁。

〔註 126〕趙儷生：《顧炎武〈天下郡國利病書〉研究》，《趙儷生文集》第三冊，蘭州大學出版社 2002 年版，第 402 頁。

〔註 127〕白壽彝主編《中國史學史》第五卷（向燕南、張越、羅炳良著），上海人民出版社 2006 年版，第 181 頁。

〔註 128〕瞿林東：《中國史學史綱》，北京出版社 2005 年版，第 699 頁。

〔註 129〕趙儷生：《顧炎武〈天下郡國利病書〉研究》，《趙儷生文集》第三冊，蘭州大學出版社 2002 年版，第 391 頁。

〔註 130〕顧炎武：《歷代宅京記》卷首，徐元文作序。

的材料，來實現「考古論今」，形成對古今變化大勢的規律性的認識。這兩部書是顧炎武在《日知錄》中形成對古今變化發展大勢認識的依據。因此，不能因為與《日知錄》相比，《天下郡國利病書》不是一部非常成熟有完整體系的著作，便否認它的價值。思想是逐漸深化和完善的過程，《天下郡國利病書》正是為日後不斷完善思想作的準備，隨處體現出作者對現實問題的深入思考。它是顧炎武思想發展到一定階段的產物。顧炎武的思想隨著他人生閱歷的豐富而不斷完善。正是因為有了《天下郡國利病書》的前期成果才能有《日知錄》這樣足以影響有清一代的重要著作的出現。

四、《歷代帝王宅京記》的主要內容

《歷代帝王宅京記》是顧炎武撰寫的一部關於歷代皇朝京師的歷史考證書。全書「所錄皆歷代建都之制。上起伏羲，下迄於元，仿雍錄長安志體例，備載其城郭宮室、都邑寺觀及建置年月事跡。前為總論二卷，後十八卷則各按時代詳載本末」〔註131〕，是顧炎武藉以總結建都經驗規律的地理書。顧炎武通過「於序事中寓論斷」來闡釋他對於都城選址的看法。

（一）都城應能起到有利於控制地方，而非受制於地方。

自西漢到唐朝的漫長歷史當中，長安和絡陽一直是歷代皇朝國都所在地。顧炎武借闡述中國歷史上關於定都長案還是定都洛陽的爭論，表明他主張定都長安的立場。

書中指出，漢高祖基本統一天下後，「左右大臣皆山東人，多勸上都洛陽：洛陽東有成皋，西有崤黽，倍河，向伊洛，其國亦足恃」，而以張良、婁敬為代表的謀士都指出「洛陽雖有此固，其中小，不過數百里，田地薄，四面受敵，此非用武之地」，相對而言，長安由於「左崤函，右隴蜀，沃野千里，南有巴蜀之饒，北有胡苑之利，阻三面而守，獨一面東制諸侯。諸侯安定，河渭漕挽天下，西給京師，諸侯有變，順流而下，足以委輸。此所謂金城千里，天府之國也」〔註132〕。這說明，選擇都城既要考慮京城交通發達，能夠使各地的資源暢通地集中到京城，同時都城在防禦上要非常穩固，易守難攻，能夠對地方形成有效的控制，同時還要有穩固的後方作為退路。顧炎武敘述了東漢定都洛陽，結果為地方豪強所控制的歷史，兩相對比，顧炎武指出在漢

〔註131〕《四庫全書總目提要》卷68。
〔註132〕《歷代宅京記》卷一，總序上，中華書局1984年版，第12頁。

朝長安更適宜作爲皇朝的首都。但是唐朝自唐高祖開始，到武則天、唐代宗一直都有遷都到洛陽的議論，如唐代宗時受到了吐蕃的威脅，想「都洛陽以避蕃寇」，遭到了平定「安史之亂」有功的郭子儀的反對，郭子儀指出了長安作爲都城的有利條件：

> 臣聞雍州之地，古稱天府，右控隴、蜀，左扼崤、函，前有終南、太華之險，後有清渭、濁河之固，神明之奧，王者所都。地方數千里，帶甲十餘萬，兵強士勇，雄視八方，有利則出攻，無利則入守，此用武之國，非諸夏所同，」並以歷史經驗作爲根據，「秦、漢因之，辛成帝業，其後或處之而泰，去之而亡，前史所書，不惟一姓。及隋氏季末，煬帝南遷，河、洛丘墟，兵戈亂起。高祖倡議，亦先入關，惟能翦滅奸雄，底定區宇。以至於太宗、高宗之盛，中宗、玄宗之明，多在秦川，鮮居東洛……〔註133〕

雖然自西漢直到唐朝，遷都洛陽的意見一直存在，但是當朝廷的主政者堅持定都長安時，這些皇朝基本上都能保持中央對地方的權威。而到唐朝末年，由于唐朝的權力爲朱溫所把持。朱溫爲了控制唐昭宗，脅迫唐昭宗「車駕都洛陽」。而朱溫在唐昭宗離開長安後，「以其將張廷範爲御營使，毀長安宮室百司及民間廬舍，取其材，浮渭沿河而下，長安自此遂丘墟矣」〔註134〕。唐昭宗即位時，藩鎮勢力已經非常強大，唐昭宗已經失去了天時，而遷都洛陽後又失去了長安這個地利。唐朝基本喪失了立國的條件。漢朝到唐朝的歷史說明長安比洛陽更有利於強化中央對地方的權威，更適宜做封建王朝的首都。

（二）都城選址與當時社會主要矛盾有關。

從五代開始，長安就不再成爲皇朝的首都，歷朝歷代都在東部地區尋找可靠的定都之所。五代以及北宋，開封是皇朝的首都，而洛陽爲西京。顧炎武認爲，之所以要選擇在東部地區建都，主要是因爲中原王朝要集中軍事力量應對北方少數民族政權契丹的進攻。顧炎武引《宋史·呂夷簡傳》曰：「契丹聚兵幽、薊，聲言將入寇，議者請城洛陽。夷簡謂：契丹畏壯侮怯，遽城洛陽，亡以示威，景德之役，非乘輿濟河，則契丹未易服也」〔註135〕。顧炎武認爲，南宋定都臨安（今杭州）不利於提升南方軍民的士氣進取北方。顧

〔註133〕《歷代宅京記》卷一，總序下，中華書局 1984 年版，第 24 頁。

〔註134〕《歷代宅京記》卷一，總序下，中華書局 1984 年版，第 29 頁。

〔註135〕《歷代宅京記》卷一，總序下，中華書局 1984 年版，第 30 頁。

炎武引陳亮的話，指出這是因爲臨安一帶奢華之風盛行，士人意志消沉、缺乏鬥志，「錢塘終始五代，被兵最少，而二百年之間，人物日以繁盛，遂甲於東南。及建炎、紹興之間，爲六飛所駐之地，當時論者，固已疑其不足以張形勢而事恢復矣。秦檜又從而備百司庶府，以講禮樂於其中，其風俗固已華靡，士大夫又從而治園囿臺榭，以樂其生於干戈之餘，上下晏安，而錢塘爲樂國矣」〔註136〕。南宋的主要社會矛盾是外患，南宋政權立國方針應該是如何戰爭北方政權。而南宋定都臨安恰與當時社會主要矛盾相違背。南宋爲北方政權所滅與其定都臨安存在著一定的關聯。

顧炎武通過自漢朝以至於元朝都城的歷史梳理，指出都城選址是由當時社會的主要矛盾所決定的。

都城問題選址考驗著朝廷的決策者的執政能力。顧炎武在書中著重描述了各朝群臣商討建都選址的歷史，比如漢高祖時群臣對都城選址進行了爭論，東漢初年，杜篤作《論都賦》主張「先帝舊京，不宜改營洛邑」。東漢末年，董卓欲遷都長安，也引發了一系列的爭論。而晉武帝「受魏禪，都洛陽」，而晉惠帝時，「河間王顒，使其將張方劫帝幸長安，以征西府爲宮」。顧炎武著重描述了君臣之間對於遷都問題的看法，反映朝廷執政能力的重要性。有的時候眞理掌握在少數人手中，如在唐朝初年面臨著突厥的威脅，唐高祖和群臣商議遷都，只有秦王李世民堅決反對，他說：「『夷狄自古爲中國患，未聞周、漢爲遷也。願假數年，請取可汗以報。』帝乃止」〔註137〕，由於李世民力排眾議，都城選址正確，爲唐朝國力強盛奠定了基礎。

《歷代宅京記》是我國歷史上少有的以帝王都城和皇宮爲研究對象的史書，是後人研究歷朝皇宮建築史的重要史料。

《天下郡國利病書》、《肇域志》、《歷代宅京記》是有著明確經世意義的資料匯編。這些資料書具備了一定的體例，反映了顧炎武在當時條件下的歷史認識。它們爲顧炎武撰寫《日知錄》，提出系統化的認識作了必要的前期準備。

本章小結：

《日知錄》、《天下郡國利病書》、《肇域志》、《歷代宅京記》是集中體現

〔註136〕《歷代宅京記》卷一，總序下，中華書局 1984 年版，第 31 頁。
〔註137〕《歷代宅京記》卷一，總序下，中華書局 1984 年版，第 22 頁。

了顧炎武「經世致用」思想的著作。這些著作雖都有資料彙編的特點，但都有一定著述體例，反映了顧炎武編排這些資料的思路。而相比於《天下郡國利病書》與《肇域志》這些「下學」的著作而言，《日知錄》則是「下學而上達」的著作，它要闡述的是「治國之道」。顧炎武一生一以貫徹的「下學而上達」的思想在《日知錄》那裏得到了系統體現。它證明了顧炎武不僅是一位考據學者，更是一位貼近現實生活、對現實生活有著深刻認識的思想家。《日知錄》雖然只是顧炎武眾多著作中的一部，但卻是地位最高的一部。顧炎武的著作反映了顧炎武思想逐漸趨于成熟的過程。顧炎武前期研習屬於「小學」工夫的音韻學、文字學是在獲得從事經世學問研究的方法。而他自二十一歲，搜集有關民生疾苦的資料，是其形成經世思想的基礎。晚年思想業已成熟的顧炎武所著的《日知錄》正是基於前期積累的學術功底，經過思想升華之後，得出的思想結晶。以批判封建專制和理學空談爲兩條主線，通過對重大歷史問題和社會問題的分析，系統闡述了明朝何以會迅速滅亡，明末何以會出現「天崩地解」的歷史劇變。顧炎武的著述體系展現了顧炎武的思想體系。

第三章　顧炎武對重大歷史問題的看法

　　明朝何以會迅速滅亡、明末何以會出現天崩地解的歷史巨變是顧炎武思想主題，顧炎武對重大歷史問題的論述都是圍繞著這個主題而展開的。明末發生的歷史巨變是當時存在的各種歷史問題互相交織共同作用的結果。顧炎武通過對這些歷史問題的分析，指出了當時存在的各種歷史問題是如何形成的。這些歷史問題從根本上說都是明朝封建專制統治所造成的。

第一節　顧炎武的歷史情結

一、歷史是可以認識的

　　顧炎武認爲，歷史是可以認識的。歷史的發展是由人的現實活動所組成的，而人的主要現實活動是人與人之間交往的活動。而理即蘊含在人與人之間交往的活動中。顧炎武說：「『慈峪黃氏曰：『天下之理，無所不在，而人之未能貫通者，己私間之也。盡己之謂忠，推己及人之謂恕。忠恕既盡，己私乃克，此理所在，斯能貫通。故忠恕者，所以能一以貫之者也』」〔註1〕，並且認爲忠恕是「大道之全體」〔註2〕。顧炎武一方面承認了天下之理在於人與人交往，在於人對待其它人的態度，另一方面指出了人與人交往的的基本內涵即爲「忠恕」。「忠恕」的內涵表現在「日用之間」〔註3〕，「孝悌忠信，持守誦習之間」。顧炎武主張尊重歷史上的成功經驗，並切實履行這些經驗，以

〔註1〕《日知錄集釋》卷7，「忠恕」條，第397頁。
〔註2〕《日知錄集釋》卷7，「忠恕」條，第396頁。
〔註3〕《日知錄集釋》卷7，「忠恕」條，第396頁。

促進社會發展。他說：「服堯之服，誦堯之言，行堯之行，所謂『踐迹』也。」
〔註4〕。

顧炎武從「踐迹」分別從行政體制、賦稅、財政、風俗習慣、文化教育
制度等探究明朝滅亡的原因。這些具體內容的分析貫穿著一個中心的思想即
人的活動決定了歷史發展。明朝的滅亡是人在歷史當中一系列活動逐漸演進
的結果。在由人的活動所導致的一系列歷史變化中，明朝君主專制統治起到
了決定性的影響。正是明朝封建專制影響人們的生活軌跡走向衰亡。

顧炎武通過總結歷史經驗教訓，指出儒家所強調的人與人之間關係對社會
發展的有著重要意義。原始儒學主張「君君、臣臣、父父、子子」，君臣之間應
該相互尊重，君主應該檢點自己的行爲，顧炎武說：「古先王之爲後世戒也至矣。
欲其出而見之也，故『亡國之社以爲廟屏』。欲其居而思之也，故『子卯不樂』。
稷食菜羹，而太史奉之，以爲諱惡，此君子安而不忘危，存而不忘亡之義也」。
所以身居高位的人們應該「處滿不溢，富貴所以長守，邦國於焉乂安。故能承
天靜地，和民敬鬼，明並日月，道錯四時」〔註5〕。君主做出有利於百姓的事
情並不意味著一定會損害自己的利益，「有天下而欲厚民之生，正民之德，豈
必自損以益人哉。『不違農時，穀不可勝食也；數網不入誇池，魚鼈不可勝食
也；斧斤以時入山林，材木不可勝用也』」〔註6〕，「人君有求多於物之心，於
是魚亂於下，鳥亂於上」〔註7〕，就會對社會生活產生影響。君主有責任和義
務協調社會關係顧炎武指出，《詩》云：「『上天之載，無聲無臭。儀刑文王，
萬邦作孚。』君子所以事天者如之何？亦曰『儀刑文王』而已。其『儀刑文王』
也如之何？『爲人君止於仁，爲人臣止於敬，爲人子止於孝，爲人父止於慈，
與國人交止於信而已』」。顧炎武通過對《詩經》中的「上天之載，無聲無臭。
儀刑文王，萬邦作孚」語的解釋，以說明人與人之間關係對社會發展所起到的
重要意義。

明朝的歷史恰恰映證了人與人之間關係的協調對社會發展有著多麼重要
的意義。顧炎武著重指出了明朝君主未能協調好與士大夫階層的關係，影響
到了社會穩定。明朝皇帝對士人所進行的嚴酷的文化專制，將古今的歷史書

〔註4〕 《日知錄集釋》卷7，「不踐迹」條，第408頁。
〔註5〕 《日知錄集釋》卷6，「子卯不樂」條，第353頁。
〔註6〕 《日知錄集釋》卷1，「上九弗損益之」條，第24頁。
〔註7〕 《日知錄集釋》卷1，「包無魚」條，第27頁。

束之高閣，士人不知今也不知古〔註8〕。顧炎武稱明朝皇帝的做法是「密於禁史而疏於作人，工於藏書而拙於敷教」，如此一來，士人既無能力，也無責任意識來維護社會穩定和發展。

顧炎武指出，明朝君主對大臣和士人極不信任，因此設立了嚴酷的法令來限制士人。士人受制於嚴酷的法令，不能發揮管理地方的積極性，從而影響到對社會矛盾的解決，影響到社會穩定。於是皇帝要獨自承擔滅亡的後果。顧炎武說：「夫萬里之遠，皆上所制命，則上誠利矣。百年之憂，一朝之患，皆上所獨當，而其害如之何？此夷狄所以憑陵而莫禦，讎恥所以最甚而莫報也」〔註9〕。可見協調人與人之間的關係對社會發展是多麼的重要。

顧炎武認為「道」是可以被描述和被把握的。他儒家經典所謂的道實際是「聖賢」對歷史規律的總結。顧炎武說：儒家的經典的道理「不離乎日用之間」，都體現在協調人與人之間的關係的社會實踐中，「自其盡己而言，則謂之忠，自其及物而言，則謂之恕，莫非大道之全體」〔註10〕。儒家的道理都是通過書籍來表現出來的，而作為史學著作的《春秋》雖然講的是現實生活中的活動，卻也是在講述大道的全體，無不是在說「性與天道」。

二、顧炎武的歷史理論依據

顧炎武的歷史理論來源於對儒家方法論的繼承和發展。顧炎武認為儒家治學的基本方法在於學習歷史並總結歷史經驗規律。儒家聖人孔子、孟子都遵循了踐迹的原則。他們的思想都是一點一滴社會實踐積纍的產物孔子、孟子在繼承上古文化和總結現實社會實踐的經驗教訓基礎上，根據自身所處時代特點，對社會存在和發展提出具體的認識。正如孔子所說：「夏因於殷禮，所損益可知也，周因於商禮，所損益可知也。十世可知也，雖百世可知也」。

在顧炎武看來，儒家把社會發展看成是人的活動逐漸演進的結果，因此人類社會發展規律要通過認識人的歷史活動來理解。顧炎武認為，孔子提出「由器入道」的治學方式〔註11〕，意在說明，歷史發展是各個歷史時期人物活動逐漸演進的結果，「人之為學，亦有病於憧憧往來者，故天下之不助苗長者寡矣。『過此以往，未之或知也。』『居之安，則資之深；資之深，則取之

〔註8〕　《日知錄集釋》卷18，「秘書國史」條，第1025頁。
〔註9〕　《日知錄集釋》卷8，「法制」條，第490頁。
〔註10〕　《日知錄集釋》卷7，「忠恕」條。第396頁。
〔註11〕　《日知錄集釋》卷1，「形而下者謂之器」條，第42頁。

左右逢其原』」〔註 12〕。「『數往者順』，造化人事之迹有常而可驗，順以考之於前也。『知來者逆』，變化云為之動日新而無窮，逆以推之於後也。聖人神以知來，知以藏往，作為《易》書，以前民用」〔註 13〕。通過對歷史迹象的把握，就可以預測未來社會的發展方向。

儒家經典來源於人們現實生活的經驗總結的就是歷史經驗。顧炎武認為，《易》本是卜筮之書，而儒家作《易傳》藉以闡發哲學思想，使人們舉一反三闡發有益于社會發展的思想。《易傳》是以人們現實活動映證《易》所闡釋應該如何做人的道理。如根據《艮》卦，顧炎武解釋道，《艮》卦的意思是為人處事、做學問都有其順其自然的原則，不能不顧實際的情況一意孤行，所以孔子說：「毋意，毋必，毋固，毋我」，「孔子惡果敢而窒者，非獨處事也，為學亦然。」，「君子之學不然，廓然而大公，物來而順應，故『聞一善言，見一善行，若決江河，沛然莫之能禦』」〔註 14〕。「心」是用來觀察世界和從事實際生活的，「心者，吾身之主宰，所以治事而非治於事，惟隨事謹省則心自存，不待治之而後齊一也。孔子之教人曰：『居處恭，執事敬，與人忠』」〔註 15〕。而在《易・旅》中，顧炎武認為其中體現了「人主之德，莫大乎下人」〔註 16〕的觀念。《易・益》卦說明君主與天下其它人之間的利益不存在著必然的衝突，順應客觀的規律，做事情符合農時，「穀不可勝食也」，做事情符合捕魚的時機，那麼「魚鼈不可勝食」，砍伐森林復合樹木成長的規律，那麼「材木不可勝用」〔註 17〕也。正是由於《易》揭示了人們日常生活中的道理，所以它才是一部能夠指導人們生活的重要經典。

《尚書》是古代的文獻彙編，而顧炎武將之看作是通過史實來闡釋治國的原則的書。顧炎武認為《尚書》闡釋了人決定著歷史發展，並不存在神明控制的報應之說，並非「真有上帝司其禍福，如道家所謂天神察人善惡，釋氏所謂地獄果報者」。吉慶與災禍是人們行為與實際環境相適應與否而產生的結果，「孔子言：『積善之家必有餘慶，積不善之家必有餘殃』」，「善與不善，一氣之相感，如水之流濕，火之就燥，不期然而然，無不感也。無不應也。

〔註 12〕 《日知錄集釋》卷 1，「過此以往未之或知也」條，第 43 頁。
〔註 13〕 《日知錄集釋》卷 1，「易逆數也」條，第 45 頁。
〔註 14〕 《日知錄集釋》卷 1，「艮其限」條，第 31 頁。
〔註 15〕 《日知錄集釋》卷 1，「艮其限」條，第 31 頁。
〔註 16〕 《日知錄集釋》卷 1，「鳥焚其巢」條，第 34 頁。
〔註 17〕 《日知錄集釋》卷 1，「上九弗損益之」條，第 25 頁。

古人將「孝親」作爲「治之始也」〔註18〕。社會關係是否協調事關能否實現
天下大治。管理天下的人必須是具有協調社會關係的能力的人。顧炎武說:「義
和尸官,慢天也;葛伯不祀,亡祖也。至於動六師之誅,興鄰國之伐,古之
聖人其敬天尊祖也至矣。故《王制》:天子巡守,其削絀諸侯,必先於不敬不
孝。」〔註19〕古代王朝滅亡的根本原因在於社會關係的破壞,這是「殷紂之
所以亡」的原因所在,顧炎武認爲將商朝的滅亡歸結爲商紂王這樣的認識是
不全面的,「商之衰也久矣。一變而《盤庚》之書則卿大夫不從君令,再變而
《微子》之書則小民不畏國法,至於『攘竊神祇之犧牲用,以容將食,無災』,
可謂民玩其上,而威刑不立者矣。即以中主守之,猶不能保,而況以紂之狂
酗昏虐,又祖伊奔告而不省乎」〔註20〕。社會上出現迷信鬼神報應之說,正
是由於未能協調好社會關係,使得「小民有情而不得申,有冤而不見理,於
是不得不訴之於神,而詛盟之事起矣」。如果能夠實行「王政」,那麼「人自
不復有求於神」〔註21〕。

　　《詩》同樣是關於現實生活的書籍,它反映了人們的生活狀況,說明了人們
以怎樣的方式生活,反映了國君管理社會的水平,也反映了未來社會發展趨勢。
顧炎武說,《詩經》描述了人們的生活狀況。「『民之質矣,日用飲食。』夫使機
智日生,而姦僞萌起,上下且不相安,神奚自而降福乎?」在一個「有道之世」
中,民風表現得非常純樸,無論是從事哪個行業的人,「皆有嘉德」〔註22〕,都
有自己的行業規範和道德良心。統治者與被統治者各自遵守自己的道德規範。
由此看來《詩》描述了現實生活,也通過描述現實生活揭示了歷史規律。

　　《春秋》本身就是史書,顧炎武說《春秋》講人與人之間關係的學問就
是在講性與天道。而《周禮》和《禮記》的主旨是在講述協調人與人之間關
係方法的原則。《論語》、《孟子》則是講聖人協調人與人之間關係方法的途徑
是「由器入道」,「下學而上達」。

　　顧炎武認爲,這些儒家經典著作實際是史學著作,它們都將人與人之間
關係的協調看作是社會和歷史發展的動力。經學闡釋了如何促進社會發展的
原則,而史學則是用生動的事例具體地表現了這些原則,表現了經學之中經

〔註18〕　《日知錄集釋》卷2,「九族」條,第63頁。
〔註19〕　《日知錄集釋》卷2,「胤征」條,第79頁。
〔註20〕　《日知錄集釋》卷2,「殷紂之所以亡」條,第82頁。
〔註21〕　《日知錄集釋》卷2,「罔中于信以覆詛盟」條,第108頁。
〔註22〕　《日知錄集釋》卷2,「民之質矣日用飲食」條,第150頁。

過「損益」的內容，爲經學闡釋的原則賦予了實際社會生活的內涵。

　　儒家思想成爲顧炎武認識明朝滅亡這一歷史劇變的理論依據。儒家思想要求通過總結歷史經驗去認識社會發展的規律。而顧炎武也遵循了儒家思想的基本原則，從總結歷史經驗教訓中去揭示明朝何以會迅速滅亡的原因。

第二節　顧炎武對明代行政體制弊端的反思

　　顧炎武對明朝的官僚體制有著比較深刻地認識。官僚體制是關係到王朝統治以及官僚運作狀況，及其對社會公共職能履行情況，關係到社會生活以及社會發展的重要制度。在顧炎武看來，明朝的官僚體制維護了君主權威，但是在維護社會秩序穩定上，不僅沒有起到積極作用，由於明朝皇帝設立的行政體制不利於社會矛盾的解決，致使社會矛盾愈積愈多。最終明朝在內憂外患下滅亡了。

一、明朝行政體制弊端具體表現

　　顧炎武認爲，設置官員職位應考慮到協調社會關係、促進社會矛盾的解決。協調社會關係的最佳辦法是設立「鄉亭之職」，即依照漢朝控制地方的方法，「十亭一鄉」，選擇在鄉里德高望重，能夠引導民眾向善的人，爲「鄉三老」，從「鄉三老」中選拔「縣三老」，「與縣令、丞、尉以事相教」〔註23〕，即民間選舉產生的三老與朝廷指派的地方官相互配合以處理民事問題。

　　如果由朝廷選派官員，爲了適應這些新變化必然要增加單位職務履行新的管理職能，但是這種被動的設置仍然跟不上實際的社會矛盾變化。「守令之不足任也，而多設之監司；監司之又不足任也，而重立之牧伯。積尊絫重，以居乎其上，而下無與分其職者。雖得公廉勤幹之吏，猶不能以爲治。」民間的矛盾得不到及時、有效地解決。這種自上而下的選派官員管理地方的體製造成地方官承擔著繁重的勞動。顧炎武指出，明朝早期也有過類似於漢代的鄉選制，前期還能選拔有助於處理民事問題的人才，但後期州縣長官用人失當。於是明仁宗下令，有「濫用匪人者，并州縣官皆置諸法。然自是里老之選輕而權亦替矣」〔註24〕。由於鄉選制推行的不得力，繁重的地方事務都要由地方官來承擔，

〔註23〕《日知錄集釋》卷8，「鄉亭之職」條，第471頁。
〔註24〕《日知錄集釋》卷8，「鄉亭之職」條，第474頁。

「公廉勤幹之吏，猶不能以爲治，而況託之非人者乎」〔註25〕。

　　明朝既不允許民間自行選拔管理民間的基層工作人員，又沒有合理的選拔人才的方式。明朝的官員以及地方衙門的屬員任用升遷的考核工作「皆由於吏部」。

　　由吏部來負責全國大面積的人才選拔確有很高的難度。他說：「天下之大，士人之眾，而可委之數人之手乎？假如平如權衡，明如水鏡，力有所極，照有所窮，銓綜既多，紊失斯廣。又以比居此任，時有非人，豈直愧彼清通，亦將竭其庸妄。情故既行，何所不至？賍私一啓，以及萬端。」〔註26〕明朝沒有根據才能選拔官員的標準，明朝吏部的考核條件只是官吏的資歷。顧炎武引述宋代孫洙的《資格論》說道：「今賢才之伏於下者，資格閣之也。職業之廢於官者，資格牽之也。士之寡廉鮮恥者，爭於資格也。民之困於虐政暴吏，資格之人眾也。」〔註27〕明朝皇帝不僅要求吏部尚書、侍郎根據官吏的資歷選拔地方官，而且還用「銓選之法」嚴格限制吏部尚書、侍郎具體的選官活動。「其人之賢否，其事之罪功，其地之遠近，其資之先後，其祿之厚薄，其闕之多少」，一切都要按照銓選之法。而所謂銓選之法就是用南北互選和掣籤的辦法選拔官員，「吏部以掣籤注之，是用其所不知也」。吏部官員的心思不在選拔賢才，而是爲了避免自己觸犯法令，「拙於知人，而巧於避事」〔註28〕，「存一避嫌之心，遂至以人牧爲嘗試」〔註29〕。在明朝，吏部尚書、侍郎的工作「不異於一吏」〔註30〕。而由吏部通過法令選派地方官，實際是將一個地方的命運交付給沒有實際才能的人。

　　由吏部選拔到地方任職的官員由於受到法令的嚴格約束無心履行社會公共職能，而是「一切付之胥曹，而胥曹之所奉行者，不過已往之舊牘，歷年之成規，不敢分毫逾越。而上之人既以是責下，則下之人亦不得不以故事虛文應之；一有不應，則上之胥曹又乘隙而繩以法矣。故郡縣之吏宵且竭蹶，惟日不足，而吏治卒以不振者，職此之由也」〔註31〕。明代的地方官都忙於

〔註25〕《日知錄集釋》卷8，「鄉亭之職」條，第471頁。
〔註26〕《日知錄集釋》卷8，「掾屬」條，第481頁。
〔註27〕《日知錄集釋》卷8，「停年格」條，第505頁。
〔註28〕《日知錄集釋》卷8，「選補」條，第496頁。
〔註29〕《日知錄集釋》卷8，「選補」條，第499頁。
〔註30〕《日知錄集釋》卷8，「銓選之害」條，第510頁。
〔註31〕《日知錄集釋》卷8，「吏胥」條，第486頁。

應付法令，規避風險哪裏還有精力去協調社會關係，解決社會問題。

顧炎武認爲明朝的國弱民窮都與明朝法令摧殘地方官發揮管理地方事務能力有關。明朝兵農分立。軍隊一方面需要地方提供糧餉，而另一方面又有自己的指揮系統，不受地方節制。維護地方穩定是地方官的重要職能，然而明朝地方官無法履行這一職能。明朝地方官「以錢糧爲重，不留贏餘，常俸至不能自給，故多贓吏。兵則自近戍遠，既爲客軍，尺籍伍符，各有統帥，但知坐食郡縣之租稅，然已不復繫守令事矣」〔註32〕。由於兵農分立，地方又要承擔軍隊的糧餉，因此當地方糧食減產，不能應付軍隊的需要時，軍隊就會「東那西挾，食廩空虛，而郡縣無復贏蓄以待用」。由此造成軍隊與地方的摩擦，同時也影響了軍隊自身戰鬥力。地方承擔著巨大的財政壓力，但受到法令的嚴格束縛，不能自行開源節流，因此到了災荒的年景，「農民菜色，而郡縣且不能以振救，而坐至流亡」。所以地方官想承擔管理地方的責任，而「事權不在於郡縣」，想促進地方經濟發展，而「利權不在於郡縣」，想提高軍隊的戰鬥力，而「兵權不在於郡縣」，「尚何以復論其富國裕民之道哉」。在顧炎武看來，明朝的衰敗和國弱民窮，與這種以強化皇帝權力爲目的，而忽視因時因地制宜、解決社會矛盾的行政體制有著密切的關係。

反思歷史是爲了更好地有利於現實問題的解決，爲以後的社會生活提供借鑒。針對這種行政體制的弊端，顧炎武提出了有助於提高官員因時因地制宜、協調社會矛盾的能力的行政體制的設想。

二、顧炎武行政管理體制改革的主張

顧炎武認爲一個政權在設計行政體制時不僅僅要考慮權力之間相互制約，更主要的是要能促進官員積極履行社會公共管理職能。這樣才能保持政權的穩固。顧炎武認爲，提高官員協調和處理地方事務的能力與維護皇帝權威並不矛盾。鑒於明朝的行政體制在控制社會矛盾上並不成功，顧炎武提出通過設立中央監察機制和「寓封建於郡縣」相結合的行政管理體制，提高地方官履行地方事務和社會公共職能的熱情和積極性，希冀以此來解決由於明朝官員缺乏積極性造成社會矛盾積聚的弊端。

首先，通過中央監察權來規範地方長官。

顧炎武主張君主派遣監察官巡視地方長官，監督的內容大體上包括以下

〔註32〕《日知錄集釋》卷9，「守令」條，第543頁。

六方面：即在地方，（一）是否有地方豪強侵佔民間土地「以強淩弱，以眾暴寡」的行爲；（二）是否存在地方長官以權謀私，中飽私囊的行爲；（三）是否存在地方長官胡亂斷案，「不恤疑獄，風厲殺人，怒則任刑，喜則任賞，煩擾刻暴，剝削黎元」的情形；（四）是否存在著地方長官任人唯親，「蔽賢寵頑」的情況；（五）是否存在有地方長官的親屬依靠長官的權勢「怙倚榮勢，請託所監」的行爲；（六）是否存在著地方長官「違公下比，阿附豪強，通行貨賄，割損政令」的情形。〔註33〕這六條的核心內容是：地方官能否起到有效履行社會公共職能、解決社會矛盾的作用，即「吏安民之效」。監察官在這六點上對地方長官表現作出評估。君主根據監察官的評估對地方長官進行獎懲，以控制地方官提高行政管理的能力。但是同時，又不能因爲監察官的設立對郡縣長官解決社會問題產生負面影響，故而要協調好監察官與地方長官之間的關係。顧炎武指出，朝廷應該保持地方長官官位的長久，這樣才能使其治理地方的效果得到顯現，而監察官員到地方巡視的時間不能太長，「久則情親而弊生，望輕而法玩」。監察官員的品級要比郡縣長官低，使其不能干涉郡縣長官對社會的治理，「方伯權重則易專，大夫位卑則不敢肆，此大小相維、內外相統之微意」。監察官員在考察「吏安民之效」，即協調社會關係，履行社會公共職能的內容之外，「不當與守令事」〔註34〕，不對郡縣長官的施政進行干預。

顧炎武這種制度設計不完全是主觀設想，而是有歷史依據的。他指出，創立了封建王朝盛世「貞觀之治」的唐太宗非常頻繁地派遣監察「分道巡按天下風俗及黜陟官吏」〔註35〕，提拔賢明的地方官員，淘汰有罪的官員。而唐玄宗開元年間，也「置十道採訪處置使」〔註36〕巡視地方，顧炎武選擇了這兩個封建王朝的「盛世」，爲他論證監察制度的可行性提供了依據。

其次，通過「寓封建於郡縣」促使地方官提高工作效率。

由於明朝皇帝管理官員的行政體制阻礙了官員履行協調社會關係的公共職能，顧炎武提出了「寓封建於郡縣」管理體制。

〔註33〕　《日知錄集釋》卷9，「部刺史」條，第532頁。
〔註34〕　《日知錄集釋》卷10，「六條之外不察」條，第533頁。
〔註35〕　《日知錄集釋》卷9，「部刺史」，第531頁。
〔註36〕　《日知錄集釋》卷9，「部刺史」，第531頁。

有的學者認為「寓封建於郡縣」是一種「地方分權論」，表達了顧炎武「反對君主專制的思想」〔註37〕，是「地方自治之先步」〔註38〕。然而顧炎武集中闡述「寓封建於郡縣」的《郡縣論》的主旨卻不存在闡述「地方自治」的觀點，而是談如何增強官員管理地方事務的積極性，協調提高官員管理地方事務積極性與加強朝廷權威之間的矛盾。顧炎武說：「今之君人者，盡四海之內為我郡縣猶不足也，人人而疑之，事事而制之，科條文簿日多於一日，而又設之監司，設之督撫，以為如此，守令不得以殘害其民矣。不知有司之官，凜凜焉救過之不給，以得代為幸，而無肯為其民興一日之利者，民烏得而不窮，國烏得而不弱？率此不變，雖千百年，而吾知其與亂同事，日甚一日矣。」〔註39〕這很明顯是一種提高官員管理水平的主張。再有，顧炎武提出的「尊令長之秩，而予之以生財治人之權，罷監司之任，設世官之獎，行辟屬之法」〔註40〕主張雖然意味著增加了地方官員的管理權限，但皇帝對官員的控制力並沒有削弱。

「尊令長之秩，而予之以生財治人之權，罷監司之任」，意思是提高地方官的級別和待遇，給予他們管理地方財政和地方屬吏的權力，而不是使他們擁有地方財富和地方屬吏，這與秦朝以前的分封制不同，沒有改變「郡縣制」的實質。「罷監司之任」意思是裁撤地方的中央直屬機關，避免他們影響地方官治理地方。顧炎武主張由朝廷不定期的派遣監察官巡視地方，以此監督地方官，並不主張朝廷對地方政務放任自流。

「設世官之獎」是君主控制地方官的一種手段。這個辦法的主旨是根據地方政績，來確定地方官的官職，政績越大，地方官獲得的獎勵越大，甚至可以終身任職，「千里以內習其風土之士。其初曰試令，三年，稱職，為真，又三年，稱職，封父母；又三年，稱職，璽書勞問；又三年，稱職，進階益祿，任之終身」，也就是經過十二年的考察才有可能享有終身制。官員可以推薦自己的接班人，仍然要經過十二年四個階段的考察，才可能任職。地方官的任命權仍然掌握在皇帝之手。皇帝對地方官的控制不僅有獎勵，而且還有懲罰。「令有得罪於民者，小則流，大則殺；其稱職者，既家於縣，則除其本

〔註37〕 侯外廬：《中國思想通史》第五卷，人民出版社 1957 年版，第 247 頁。
〔註38〕 錢穆：《中國近三百年學術史》，商務印書館 1997 年版，第 163 頁。
〔註39〕 顧炎武：《郡縣論一》，《亭林文集》卷 1，《顧亭林詩文集》中華書局 1983 年版，第 12 頁。
〔註40〕 顧炎武：《郡縣論一》，《亭林文集》卷 1，《顧亭林詩文集》中華書局 1983 年版，第 12 頁。

籍」，也就是說皇帝不僅可以任命官員，還可以罷免官員。顧炎武說：這種獎懲措施在於使為官德任「勉而為良吏者哉」〔註41〕。

而「行辟屬之法」也不是地方可以隨意任免自己的屬吏，而是由地方推薦，由朝廷選擇任命，所以地方只有推薦權。該法的目的與「設世官之獎」的內涵一樣，都是在提高官員的工作效率。顧炎武說：「縣舉賢能之士，間歲一人試於部。上者為郎，無定員，郎之高第得出而補令；次者為丞，於其近郡用之，又次者歸其本縣，署為簿尉之屬。」「行辟屬之法」的目的在於使「天下之士，有道德而不願仕者，則為人師；有學術才能而思見世者，其縣令得而舉之，三府得而辟之，其亦可以無失士矣」，「化天下之士使不競於功名」，其含義不是要地方實行自治。

通過對「寓封建於郡縣」的具體內涵的分析，筆者認為，將地方官員獲得行動自主權定義為「地方分權」略嫌失據。首先，地方官員的任免仍受到皇帝的控制，只是原先受到法令的強制性約束，而如今是受到了皇帝誘導性權威的約束。從約束的實質角度來說，二者並無區別。其次，地方官擁有在行政管理上的自主權與中央權力不是此消彼長的關係。清代的地方長官相對於明朝地方長官，管理權限有所增加，但並未因而導致中央集權的削弱。地方官是皇帝用來控制社會的工具。地方官控制地方的能力在增強，意味著朝廷擴大了控制範圍，增強了皇帝控制社會的能力。顧炎武認為通過中央監察權的實施和獎懲措施的執行，已經足可控制地方官，只是控制地方官的手段發生了變化，由過去一味的強制轉變為誘導性控制，使地方官有了工作的動力和熱情，這是一種更為高明的控制手段。「寓封建於郡縣」所分之權乃是「行政管理權」，而不是使地方官獲得地方所有權，更不是「地方自治」。這實是顧炎武鑒於明朝官員受法令約束造成社會矛盾增加的弊端，而提出的「抑制和修補中央集權」〔註42〕的措施。其三、就顧炎武的本意而言，他認為在「寓封建於郡縣」體制下地方官的權力沒有增加。顧炎武說：

> 無監司，令不已重乎？子弟代，無乃專乎？千里以內之人，不私其親故乎？夫吏職之所以多為親故撓者，以其遠也。使並處一城之內，則雖欲撓之而有不可者。自漢以來，守鄉郡者多矣。

〔註41〕顧炎武：《郡縣論二》，《亭林文集》卷1，《顧亭林詩文集》中華書局1983年版，第13頁。
〔註42〕趙儷生：《顧炎武〈日知錄〉研究》，《蘭州大學學報》1964年第1期。

曲阜之令鮮以貪酷敗者，非孔氏之子獨賢，其勢然也。若以子弟
得代而慮其專，叢爾之縣，其能稱兵以叛乎？上有太守，不能舉
旁縣之兵以討之乎？太守欲反，其五六縣者肯捨其可傳子弟之官
而從亂乎？〔註43〕

在顧炎武闡述的這番道理下，「寓封建於郡縣」不是一種對抗中央集權的地方自治論，而是君主通過每個地方官關注自己的利益，使地方官之間形成了一種無形的制衡，從而維護了中央集權。君主把握住地方官重視私利之心，以此促使他們實現「為天子為百姓之心」〔註44〕，「使一班有官守的人，不得託故卸責，不得推諉它人，非竭盡才力，勉為好官不可」〔註45〕。這與限制君主權力的理論和體制的出發點和論述重點都是不同的，屬於行政管理學範疇的理論。

有的學者指出：顧炎武主張通過「『眾治』來替代『獨治』具有近代民主主義的思想色彩」〔註46〕，「他認為中國幅員廣大，人口眾多，這樣繁多和複雜的政務靠皇帝一人是根本無法理好地。封建君主專權危害甚大」〔註47〕。筆者認為，顧炎武的確主張通過「『眾治』來代替『獨治』」，但需要對「眾治」作進一步的解釋。顧炎武說：

所謂天子者，執天下之大權者也。其執大權奈何？以天下之權
寄之天下之人，而權乃歸之天子。自公卿大夫至於百里之宰，一命
之官，莫不分天子之權，以各治其事，而天子之權乃益尊。後世有
不善治者出焉，盡天下一切之權而收之在上，而萬幾之廣，固非一
人所能操也，而權乃移於法，於是多為之法以禁防之。雖大奸有所
不能逾，而賢智之臣亦無能效尺寸於法之外，相與兢兢奉法，以求
無過而已，於是天子之權不寄之人臣，而寄之吏胥。是故天下之尤
急者，守令親民之官，而今日之尤無權者，莫過於守令。守令無權，
而民之疾苦不聞於上，安望其致太平而延國命乎！《書》曰：「元首

〔註43〕 顧炎武：《郡縣論四》，《亭林文集》卷1，《顧亭林詩文集》中華書局1983年版，第14頁。

〔註44〕 顧炎武：《郡縣論五》，《亭林文集》卷1，《顧亭林詩文集》中華書局1983年版，第15頁。

〔註45〕 繆鎮藩：《顧炎武的經世思想》，《經世》第1卷 第9期 1937年5月。

〔註46〕 盧興基：《顧炎武》，上海古籍出版社1985年版，第17頁。

〔註47〕 葛榮晉、魏長寶：《一代儒宗顧亭林》，臺北文津出版社2000年版，第315頁。

蕞脞哉，股肱惰哉，萬事墮哉。」蓋至於守令日輕，而胥吏日重，
則天子之權已奪，而國非其國矣，尚何政令之可言耶！削考功之繁
科，循久任之成效，必得其人，而與之以權，庶乎守令賢而民事理，
此今日之急務也。〔註48〕

在這段話中，顧炎武批評了君主不信任大臣，不給予大臣臨機決斷的自
主權，並且以繁瑣和嚴苛的法令來限制官員的行動，使得官員遇事總要詢問
掌握法典的吏胥，於是地方官的權力掌握在吏胥之手，官員無事可做，但求
無過而已。顧炎武對「眾治」和「獨治」含義的闡釋正如趙儷生所指出的那
樣，顧炎武主張把權力以縣為單位下放到地方上的地主豪紳及其代言人的手
裏，用這些人的「人制」去代替中央集權的「法制」〔註49〕。而顧炎武提
出提高地方官管理地方的權限的初衷是由於「政治制度之弊病的根本原因在
於，一方面在中央政權與其在各省的代理人之間、另一方面在統治者與民眾
之間都出現了分裂，對官吏們的懷疑，典章制度數量膨脹控制和監督層次的
成倍劇增，都使行政官員們的權威到了微不足道的程度，而且也迫使他們依
靠一個知識分子的小官僚機構，而這些知識分子都相當熟悉地方環境，以及
一種能使任何行動都陷於癱瘓複雜的局面」〔註50〕，顧炎武所闡釋的「寓
封建於郡縣」的益處即可以使皇帝有效地控制地方，改變由吏控制地方的局
面。

通過對「寓封建於郡縣」內涵的分析，我們可知，顧炎武的「寓封建於
郡縣」是其為增強官員管理地方的積極性、協調中央集權與地方官員主動性
的關係而提出的行政管理模式。行政體制不僅應考慮維護皇帝權威，還應該
考慮促使地方官員積極履行社會公共職能。如何使官員能夠切實履行社會公
共職能對維護政權穩定、樹立君主權威具有非常重要意義。顧炎武不想無限
制限制皇帝的權力，無限制地提高地方官的權力，他說：「陳亮上孝宗書曰：
『五代之際，兵財之炳倒持於下，藝祖皇帝束之於上，以定禍亂。後世不原
其意，束之不已，故郡縣空虛，而本末俱弱。』」〔註51〕其目的只想提高官員
管理地方事務的責任心。

〔註48〕《日知錄集釋》卷9，「守令」條，第541頁。
〔註49〕趙儷生：《顧炎武〈日知錄〉研究》《蘭州大學學報》1964年第1期。
〔註50〕謝和耐（法）：《中國社會史》，江蘇人民出版社1995年版。第256頁。
〔註51〕《日知錄集釋》卷8，「法制」條，第491頁。

顧炎武的「監察權」和「寓封建於郡縣」的理論表達了他主張維護中央集權，同時用有效地手段控制地方，提高地方工作效率的理念。提高地方官的行政管理權並不意味著一定要削弱和抑制中央集權。它只會擴大中央的控制範圍，使中央集權政體對社會控制更爲有效。地方官員擁有一定行動自主權，但這個限度不能超出皇帝所規定的監察六條原則，否則就會遭到皇帝懲罰。這種制度使得地方官員自覺地聽命於朝廷的指揮。嚴酷的專制只能控制地方官的行爲，而不能控制地方官的心。顯然顧炎武設想的體制是要控制地方官的心，因此在顧炎武看來，「寓封建於郡縣」下的專制君主更具有控制力，與明代行政管理體制相比，它是一種更爲高明的控制官員的手段。

有的學者認爲，顧炎武的「寓封建於郡縣」表明他「主張恢復唐代方鎮制度，而加以變通的思想」〔註52〕，筆者認爲，這違背了顧炎武的「寓封建於郡縣」的含義，同時也不是《日知錄》卷9中「藩鎮」條的本意。他認爲，藩鎮於唐朝統治有害，並不代表宋朝過份削弱地方就是對宋朝統治有利。正如，顧炎武引述文天祥的話所指出的那樣：

> 本朝（北宋）懲五季之亂，削除藩鎮，一時雖足以矯尾大之弊，然國以寖弱，故敵至一州則一州破，至一縣則一縣殘。今宜分境內爲四鎮，使其地大力眾，足以抗敵，約日齊奮，有進無退。彼備多力分，疲於奔命，而吾民之豪傑者又伺間出於其中，則敵不難卻也。

〔註53〕

我們不能機械地認爲顧炎武反對一種觀點，就意味著他會同意與之對立的觀點。清代的總督和巡撫相對於明朝的地方官有很大的權力，並不能因此推導出清代是「地方自治」，同理，也不能因爲顧炎武主張提高地方官的權力就是要恢復唐代的方鎮制度。

趙儷生指出，顧炎武對中央集權的制度不是反對，是出於修補的目的才提出了「地方分權論」。顧炎武在《郡縣論》中提出：「尊令長之秩」、「設世官之獎」、「行辟屬之法」，這說明，他主張把權力以縣爲單位下放到地方上的地主豪紳及其代言人的手裏去，用這些人的「人制」去代替中央集權的「法制」〔註54〕。筆者認爲，趙儷生的闡釋符合顧炎武思想。這種體制是克服封

〔註52〕鄭萬耕：《明清之際三大思想家》，新華出版社1993年版，第47頁。
〔註53〕《日知錄集釋》卷9，「藩鎮」條，第559頁。
〔註54〕趙儷生：《顧炎武〈日知錄〉研究》，《蘭州大學學報》1964年第1期。

建制「其專在下」與郡縣制「其專在上」的弊端,「而使封建、郡縣兩種制度達到某種程度的調和,確是具有理性主義的天才設想」〔註55〕,「使地方官吏可以自主地發揮作用」〔註56〕。

三、顧炎武行政體制改革思想的實質及其對後世的影響

封建王朝的行政體制主要是規範君主與官員之間的關係。君主與大臣之間是一種權力關係,又存在著相互協作以履行社會管理職能的關係。顧炎武認為士人不是皇帝的附庸,他們承擔著「拯斯人於塗炭,為萬世開太平」〔註57〕的歷史使命的。明朝君主通過嚴苛的法令限制士人發揮管理社會公共事務的才能,對明朝社會矛盾激化產生了影響。可見顧炎武批判君主專制,並非因為君主專制觸犯了他所代表的階層利益,而是由於君主過份專權從而對整個社會生活和皇朝自身統治造成了不利的影響。

顧炎武對明朝君主過份專權的批判是對於明朝中後期在東南沿海地區出現的「資本主義萌芽的曲折反映」〔註58〕。但是其思想產生的原因不是由於資產階級與封建地主階級之間的階級衝突和利益矛盾。這一政治思想並不是以推翻君主專制政體,建立代表資產階級利益的政府為目的的思想。

批評君主過份專權從而不利於履行社會公共職能這一思想,並非資本主義萌芽出現才會產生。在春秋戰國時代,以孔子、孟子為代表的原始儒學都認為君主有履行公共職能的責任。孔子說:「為政以德,居其所,而眾星拱之。」〔註59〕孟子提出了著名的「民貴君輕論」,並提出「君視臣如草芥,臣視君如寇讎」〔註60〕的理念。顧炎武對於君主過份專權的批判思想來源於他的社會現實生活的體驗。相比於東南沿海出現的資本主義萌芽而言,在當時社會生產生活中,占統治地位的自然經濟決定的封建專制統治對顧炎武生活的影響更大。

顧炎武自幼生活在封建專制制度的影響之下,接受了封建時代思想的教育,對明代君主過份專權的後果深有感觸,尤其它親自經歷抗清鬥爭,親眼

〔註55〕 瞿林東:《中國史學史綱》,北京出版社 2005 年版,第 700 頁。
〔註56〕 李書增:《中國明代哲學》,河南人民出版社 2002 年版,第 1635 頁。
〔註57〕 顧炎武:《病起與薊門當事書》,《亭林文集》卷3,《顧亭林詩文集》中華書局 1983 年版,第 49 頁。
〔註58〕 陳其泰:《史學與中國文化傳統》,學苑出版社 1999 年版,第 11 頁。
〔註59〕 《論語・為政》,《四書章句集注》中華書局 1983 年版。
〔註60〕 《孟子・離婁下》,《四書章句集注》中華書局 1983 年版。

目睹了明朝在清軍的進攻面前不堪一擊的現實，使他對明朝君主過份壓制士人、地方官員的職權和能力發揮以及由此帶來的負面後果，有了更進一步的認識。

在中國歷史上，少數民族政權入主中原不乏先例，但像明朝這樣面對少數民族政權不堪一擊的情況實屬罕見。在魏晉南北朝時期，少數民族政權活躍在北方，南方仍然長期爲漢族政權所控制，並且北方政權也視南朝爲「正統」。兩宋時期，雖然兩宋長期與少數民族政權較量處於下風，但是仍然對遼、金、元形成了有效地抵抗。但自清軍入關以來，明朝對清軍的抵抗便變得不堪一擊。面對強敵，南明小朝廷內部仍然在爭權奪利。「大臣之中始終不能團結成爲統一的集體，將領之中，儘管也有赤心爲國的，但是絕大多數所想到的只是在得意的時候，擴充地盤；及至一經失敗，竟是束手投敵，不以爲恥。」〔註61〕顧炎武在清軍入關以後，積極參加了南明政權的抗清鬥爭，並作詩表達了收拾山河的信心：

> 白羽出揚州，黃旗下石頭。六雙歸雁落，千里射蛟浮。河上三軍合，神京一戰收。祖生多意氣，擊楫正中流。」

> 大將臨江日，中原望捷時。兩河通詔旨，三輔急王師。轉戰收銅馬，還兵飲月支。從軍無限樂，早賦仲宣詩。〔註62〕

然而，不可收拾的抗清鬥爭形勢促使顧炎武將明朝末年的情形看作是「仁義充塞，以至於率獸食人」的「亡天下」的局面。《日知錄》是顧炎武大約五十歲時開始撰述的著作，此時的顧炎武已經不再是簡單的反清復明，他在《日知錄》卷十三「正始」條中，已經認識到明末的形勢要遠比「亡國」複雜、嚴重得多。明代士人沒有廉恥、社會缺乏良好的道德風尚。這一切都與明朝君主嚴格控制士人、對士人——官員似家奴以待有著密切的關係。他說：「朝廷有教化，則士人有廉恥，士人有廉恥，則國家有風俗」〔註63〕。士人的無恥、天下風俗的敗壞，「亡天下」局面的形成，正是君主對士人實行專橫控制造成的結果。明朝君主不重視對民間品評道德的引導，以「法令」對士人進

〔註61〕 《中國歷代著名文學家評傳（第四卷）》，朱東潤作「陳子龍」傳，山東教育出版社 1985 年版，第 568 頁。

〔註62〕 顧炎武：《京口即事》，《亭林詩集》卷 1，《顧亭林詩文集》中華書局 1983 年版，第 261 頁。

〔註63〕 《日知錄集釋》卷 13，「廉恥」條，第 773 頁。

行嚴格約束,「風紀之官但以刑名爲事,而於弼教新民之意若不相關,無惑乎江河之日下」〔註64〕。顧炎武參與了抗清活動,親眼目睹明末士人的表現和種種心態。這些生活經歷才是顧炎武有針對性提出批判君主過份專權思想產生的原因所在。

　　顧炎武的思想對清末的資產階級革命起到了某些思想資源啓蒙的作用。民主啓蒙思想家嚴復從顧炎武的「寓封建於郡縣」的行政體制改革思想中發揮出「合天下之私以爲公」〔註65〕的理念,提出了通過利用每一個人的私心來調動他們行使公民權的積極性的主張。這是對顧炎武的「寓封建於郡縣」理論中「用天下之私,以成一人之公而天下治」思想的創新性的發揮。「寓封建於郡縣」的指向對象是郡縣長官。顧炎武說:「天下之人各懷其家,各私其子,其常情也。爲天子爲百姓之心,必不如其自爲,此在三代以上已然矣,聖人者因而用之,用天下之私,以成一人之公而天下治。夫使縣令得私其百里之地,則縣之人民皆其子姓,縣之土地皆其田疇,縣之城郭皆其藩垣,縣之倉廩皆其困窌」,「爲子姓,則必愛之而勿傷,爲田疇,則必治之而勿棄;爲藩垣困窌,則必繕之而勿損」。「自令言之,私也。自天子言之,公也。所求乎治天下者,如是焉上矣」〔註66〕。這是爲了提高地方官吏的責任感而設想的。而嚴復從顧炎武提高官員管理社會的積極性的主張中,發展出提高公民參與社會管理積極性的主張,這被看成是顧炎武對清末民主啓蒙思想的啓迪性的貢獻。但是他的這種貢獻有如古希臘和古羅馬文化在西歐資產階級文藝復興運動所扮演的角色一樣,它是被動地,而不是主動地產生影響,「客觀上有限制君主專制之意」〔註67〕。

　　顧炎武繼承和發展了中國的傳統文化,在他親身經歷的君主專制控制的社會生活和抗清生活的影響下,形成了他對於君主過度專權破壞社會穩定的批判。他的政治思想在客觀上爲後代資產階級革命家推翻君主專制政體,提供了某些思想資源啓蒙的武器。而他的關於行政管理體制的主張在今天仍然有管理學方面的借鑒意義。

〔註64〕　《日知錄集釋》卷13,「清議」條,第765頁。

〔註65〕　嚴復:《原強修訂稿》,《嚴復集》,中華書局1986年版。

〔註66〕　顧炎武:《郡縣論四》,《亭林文集》卷1,《顧亭林詩文集》中華書局1983年版,第14頁。

〔註67〕　張豈之:《顧炎武》中華書局1982年,第52頁。

第三節　明代財政與賦稅問題

　　明朝推行的貨幣賦稅政策，對明朝最終滅亡產生了一定的影響。明朝制訂和執行的財政賦稅政策是明朝廷履行社會公共管理能力的體現。明朝制定和執行的貨幣政策和賦稅政策積纍了社會矛盾，是導致明朝滅亡重要原因之一。

一、明代的君主缺乏基本的貨幣常識

　　明朝的君主們忙于控制權力，對其應承擔的管理社會公共事業的職能缺乏深入地了解。明朝君主對於經濟學的無知，主要體現在他們所制定和執行的貨幣政策和賦稅政策上。

　　貨幣本身是國家維持正常的商品交換活動，而發行的一種價格符號。它本身的價值在於流通。顧炎武說：「古人制幣，以權百貨之輕重。錢者，幣之一也。將以導利而布之上下，非以爲人主之私藏也。」其意思是說，貨幣是一種價格符號，是一種商品流通的媒介。貨幣的作用，在於「民有餘則輕之，故人君斂之以輕；民不足則重之，故人君散之以重。凡輕重斂散之以時，則準平」〔註68〕。當社會中流通的貨幣數量多的時候，錢多物少，那麼貨幣就要貶值，而當錢少物多的時候，錢的價值就會增加。

　　貨幣代表著一種信用。顧炎武說：「錢者，歷代通行之貨，雖易姓改命，而不得變古。後之人主不知此義，而以年號鑄之錢文，於是易代之君，遂以爲勝國之物而銷毀之，自錢文之有年號始也」〔註69〕，即很多改朝換代的君主沒有意識到錢幣自身的一些規律和錢法的意義，便憑藉自己主觀的好惡，隨意變更。由於錢幣的質量、大小、重量都代表著一定的價值，不能隨意進行變更，隨意的變更的結果是使人民對貨幣失去信心，從而導致他們的生活總是處於變動不安之中，隨之帶來的是對社會生產的影響。

　　顧炎武指出，明朝皇帝是不懂得貨幣的意義。他們制訂和執行的貨幣政策違背了貨幣規律，破壞了經濟秩序。

　　顧炎武指出，明初明太祖隨意廢止金屬貨幣，強制推行紙幣。由於明朝紙幣印刷質量的低下，沒有規範的貨幣製造技術和金融管理秩序，因此造成了紙幣得不到民間的信任，顧炎武指出：在紙鈔與金銀同時流通的時代，由於紙鈔的質地容易破損，容易出現「昏爛倒換出入之弊」，逐漸「弗順於人情，而卒

〔註68〕　《日知錄集釋》卷12，「財用」條，第691頁。
〔註69〕　《日知錄集釋》卷11，「錢法之變」條，第665頁。

至於滯閣」〔註70〕。雖然三令五申，「洪武二十七年八月丙戌，禁用銅錢矣。三十年三月甲子，禁用金銀矣。三十五年十二月甲寅，命俸米折支鈔者，每石增五貫爲十貫」，但是紙鈔取代金銀仍然是不成功的，「是國初造鈔之後，不過數年，而其法已漸壞不行」〔註71〕。

　　萬曆皇帝不知道增加財富的關鍵在於促進生產，卻將增加貨幣作爲增加財富的方法。他派遣礦監稅使四處開礦，掠奪當地的金屬和貨幣，並把它儲存起來，不僅因開礦活動影響了正常的社會生產，還因開採了大量貨幣，破壞了正常的金融秩序。顧炎武指出，「自萬曆中礦稅以來，求利之方紛紛且數十年，而民生愈貧，國計亦愈窘」〔註72〕。而明朝天啓皇帝將貨幣都集中在京師，「至天啓中，用操江范濟世之奏，一切外儲盡令解京，而搜括之令自此始矣」〔註73〕，這種做法破壞了地方乃至全國的經濟秩序，造成社會危機。明朝皇帝存儲貨幣的做法對全社會的生產不能起到推進作用。人們生產了產品，市場上沒有貨幣，錢重物輕，人們沒有生產的積極性，而又由於社會上缺少貨幣，商品無法進行流通，社會經濟秩序因而陷入癱瘓。他說：「今日之銀，猶夫前代之錢也。乃歲歲徵數百萬貯之京庫，而不知所以流通之術，於是銀之在下者至於竭涸，而無以繼上之求，然後民窮而盜起矣。」〔註74〕

　　顧炎武指出：明朝的君主「不知錢幣之本爲上下通共之財，而以爲一家之物也」〔註75〕，沒有意識到「百姓不足，君孰與足」的道理，在明朝君主的引導下，整個社會形成了汲汲於利益的社會風氣。顧炎武說：古代聖賢都認同「與天下同利者，天下持之，擅天下之利者，天下謀之。」他發出感歎：「嗚呼！崇禎末年之事，可爲永鑒也。已後之有天下者，其念之哉！」〔註76〕「崇禎之末，有云見銀尚有數十庫者，有云其說不者」〔註77〕。顧炎武通過以上的事例，論述了過份集權的明朝皇帝是社會矛盾激化的根源。

〔註70〕《日知錄集釋》卷11，「鈔」條，第685頁。
〔註71〕《日知錄集釋》卷11，「鈔」條，第685頁。
〔註72〕《日知錄集釋》卷12，「言利之臣」條，第704頁。
〔註73〕《日知錄集釋》卷12，「財用」條，第699頁。
〔註74〕《日知錄集釋》卷12，「財用」條，第700頁。
〔註75〕《日知錄集釋》卷12，「財用」條，第691頁。
〔註76〕《日知錄集釋》卷12，「財用」條，第693頁。
〔註77〕《日知錄集釋》卷12，「財用」條「財聚於上，是謂國之不祥……已後之憂天下者，其念之哉！」注二，上海古籍出版社2006年版，第693頁。

二、顧炎武對賦稅問題的認識

賦稅政策的制訂和執行對社會生產發展有著非常重要的影響。顧炎武分析的主要問題包括：賦稅徵收形式是指採用徵收金銀貨幣的形式，還是採用直接徵收糧食的形式；如何制訂徵收賦稅的標準；包括如何丈量土地，以作爲朝廷向農民徵收賦稅的依據。顧炎武分析了明朝制訂的賦稅政策的弊端，並論述了明朝在具體實施賦稅政策時出現的問題，指出賦稅政策對明朝社會矛盾激化產生了影響。

顧炎武對賦稅徵收問題的論述涉及到如下幾個方面：

（1）丈量土地的問題：在明朝，自然經濟占主導地位的時代，國家賦稅形式是農業稅。當時明朝採用的徵收稅收的方法是根據土地佔有的多少來收繳稅收。在收繳稅收的過程中，丈量土地是確定農民應繳納賦稅的標準，是關係賦稅非常重要的活動。顧炎武對當時出現的賦稅丈量問題進行了一番論述，他說：地分爲上、中、下三等，「以近郭爲上地，遠之爲中地、下地」，原因是自從金朝、元朝末年以來，「城邑丘墟，人民稀少。先耕者近郭；近郭，洪武之冊田也。後墾者遠郊；遠郊，繼代之新科也。故重輕殊也」〔註78〕，但一些地方政府不遵守原已達成的協議，對「永不起科者，有因跨下薄而無糧者，今一概量出作數，是以元額地少，而丈出之地反多。有司恐畝數增多，取劾於上而貽害於民，乃以大畝該小畝，取合元額之數」〔註79〕。這是由於，地方官員儆於嚴酷的法令，而不顧民意，所執行的政策對社會生產造成不利的影響。同時顧炎武也通過歷史證明，土地是可以進行合理分配的。他說：「《大名府》謂：『田賦必均而後可久，除沙茅之地別籍外，請檄諸州縣長吏，畫一而度之，以鈔準尺，以尺準步，以步準畝，以畝準賦，仿江南魚鱗冊式而編次之。均徭、里甲之類，率例視之以差。數百里之間，風土人煙同條共貫矣。』則知均丈之議，前人已嘗著之，而今可通於天下者也。」〔註80〕所以如何能夠使官員發揮協調人與人之間關係的能力是解決賦稅問題的關鍵。

（2）收繳賦稅的形式：即收繳稅收時，是採用貨幣的收繳形式，還是採用直接徵收稅糧的形式。顧炎武傾向於直接徵收稅糧，即採用本色徵收，而

〔註78〕《日知錄集釋》卷10，「地畝大小」條，第585頁。
〔註79〕《日知錄集釋》卷10，「地畝大小」條，第586頁。
〔註80〕《日知錄集釋》卷10，「地畝大小」條，第586頁。

不是稅銀。他敘述了明朝賦稅由徵收稅糧到徵收金銀的歷史。他說：「國初所
收天下田賦，未嘗用銀，而猶謂之錢糧。蓋承宋代之名，當時上下皆用錢也。」
明太祖禁止民間「以金銀爲物貨交易，違者治其罪。有告發者，就以物給之」。
顧炎武評價道：「其立法若是之嚴也。」到了洪武九年下詔，允許「民以銀鈔
錢絹代輸今年租稅」。十九年，又下詔「以今年秋糧及在倉所儲，通會其數，
除存留外，悉折收金銀布絹紗錠輸京師」。「此其折變之法，雖暫行，而交易
之禁亦少弛矣。」〔註 81〕到了明英宗正統年間，則全部採用稅銀作爲繳納賦
稅的形式。顧炎武說：「自折銀之後，不二三年，頻有水旱之災，而設法勸借
至千石以上賑凶荒者，謂之義民，詔復其家。至景泰間，納粟之例紛紛四出，
相傳至今，而國家所收之銀，不復知其爲米矣。」〔註 82〕

　　顧炎武認爲貨幣不適宜作爲賦稅徵收的形式。他指出金銀不是任何地方
都可以長出的，使用金銀作爲徵稅的對象，使社會經濟發展失去了大方向，
動搖了社會以農業爲經濟發展之根本的理念，破壞了社會風氣。他說：「夫田
野之氓，不爲商賈，不爲官，不爲盜賊，銀奚自而來。」「非任土以成賦，重
稼以帥民，而欲望教化之行、風俗之美，無是理矣。」〔註 83〕顧炎武說：在
豐收的時候，農民賤賣糧食，按照半價出售，不足以充須交納的稅銀，到了
凶年則「息利倍稱」，不足以償還所借的債務。「豐凶既若此，爲農者何所望
焉？是以商賈大族乘時射利者，日以富豪；田畯罷人望歲動力者，日以貧困。
勞逸既懸，利病相誘，則農夫之心盡思釋耒而倚市，織婦之手皆欲投杼而刺
文。」〔註 84〕人的思想情緒會影響到社會生產實踐。在明朝生產力低下的時
代，農業是立國的根本，是明朝那個時代的實體經濟。顧炎武認爲，明朝「以
錢爲賦」的賦稅徵收形式實際引導生產者放棄農業這個實體經濟，動搖了明
朝的經濟基礎。

　　顧炎武認爲之所以明朝賦稅政策出現了如此嚴重弊端，根源在於明朝廷主
持賦稅政策的都是楊國忠一流的人物。他說：「《唐書》言：『天寶中，海內豐
熾，州縣粟帛鉅萬。楊國忠判度支，因言『古者二十七年耕，餘九年食。今天
下太平，請在所出滯積，變輕齎，內富京師。又悉天下義倉及丁租地課，易布

〔註81〕《日知錄集釋》卷 11，「銀」條，第 646 頁。
〔註82〕《日知錄集釋》卷 11，「銀」條，第 646 頁
〔註83〕《日知錄集釋》卷 11，「以錢爲賦」條，第 652 頁。
〔註84〕《日知錄集釋》卷 11，「以錢爲賦」條，第 653 頁。

帛以充天子禁藏。』楊國忠是歷史上有名的搜刮民脂民膏、與民爭利的奸相。顧炎武指出，明朝廷還「踵事而行」，仿效楊國忠的做法以貨幣儀式徵收農業稅，其實還是追名逐利的心理在作怪。

三、財政賦稅政策反映出明朝封建專制與民爭利的實質

顧炎武認為，只有解決明代行政管理體制上的弊端，才能從根本上解決財政賦稅的問題。顧炎武認為，明朝行政體制政策背後所體現的君臣之間的緊張關係，是產生明朝與民爭利的賦稅政策原因。顧炎武指出，明朝皇帝缺乏對賦稅政策與社會生產發展關係的長遠規劃。他說：

> 國初，承元末大亂之後，山東、河南多是無人之地。洪武中，詔有能開墾者，即為己業，永不起科。至正統中，流民聚居，詔令占籍。景泰六年六月丙申，戶部尚書張鳳等奏：「山東、河南、北直隸並順天府無額田地，甲方開荒耕種，乙即告其不納稅糧。若不起科，爭競之塗終難杜塞。今後但告爭者，宜依本部所奏減輕起科則例，每畝科米三升三合，每糧一石科草二束，不惟永絕爭競之端，抑且少助倉廩之積。」從之。戶科都給事中成章等劾鳳等不守祖制，不恤民怨，帝不聽。然自古無永不起科之地。國初但以招徠墾民，立法之過，反以啓後日之爭端，而彼此告訐，投獻王府、勳戚及西天佛子，無怪乎經界之不正，賦稅之不均也。〔註85〕

顧炎武在這段話中說明了由於元末農民戰爭造成了明初出現了大量的無主荒地。明太祖下令開墾荒地的人擁有了對這塊地的所有權，並規定「永不起科」。明英宗正統年間出現了又一次允許流民佔籍的情況，這就為後代造成了麻煩。顧炎武指出「自古無永不起科之地」，這說明明朝的帝王們都缺乏對歷史經驗教訓的總結，對賦稅缺乏規律上的認識，結果造成了種種弊端。

顧炎武認為，明朝的君主才是造成明朝財政賦稅政策失敗的根本原因，他指出，在明代官田和民田要截然分開，一般情況下，沒有皇帝的特許，官田是不能轉化為民田的。而民田通過朝廷的沒收可以轉化為官田。而田地的問題又與賦稅有著密切的關係。所謂官田，即「官之田也，國家之所有，而耕者，猶人家之佃戶也。民田，民自有之田也。各為一冊而徵之，猶夫《宋史》所謂『一曰官田之賦，二曰民田之賦』，《金史》所謂『官田曰租，私田曰稅』者，而未

〔註85〕《日知錄集釋》卷9，「開墾荒地」條，第592頁。

嘗並也。相沿日久，版籍訛脫，疆界莫尋，村鄙之氓未嘗見冊，買賣過割之際，往往以官作民。而里胥之飛灑移換者，又百出而不可究。所謂官田者，非昔之官田矣，乃至訟端無窮而賦不理」，有的地方民田已經轉化爲官田，而該民田所有者已經成爲官田的佃戶，但卻還要由他承擔賦稅。官田和民田糾葛的矛盾使社會矛盾不斷增加。只有景泰帝分別於景泰二年「從浙江布政司右布政使楊瓚之言，將湖州府官田重租分派民田輕租之家承納及歸併則例。四年，詔巡撫直隸侍郎李敏，均定應天等府州縣官民田」〔註86〕，也是由於社會矛盾激化到一定程度萬不得已而爲之，這種舉措並沒有形成長期的制度，「嘉靖二十六年，嘉興知府趙瀛創議，田不分官民，稅不分等則，一切以三斗起徵」，但是面對當時的形勢，也無可奈何。「地力之盈虛，人事之贏絀，率數十年而一變，奈之何一入於官，而遂如山河界域之不可動也？」〔註87〕官田基本上是不可改變的。顧炎武認爲明朝皇帝是造成明朝終其一朝土地和賦稅困局的根本原因，他說：「嗚呼，以五代之君猶知此義，而況他日大有爲之主？必有朝聞而夕行之者矣」〔註88〕，五代十國時期武夫當皇帝的時代尙且能處理好土地問題，明代卻一朝都解決不好，原因在於明朝皇帝根本無心解決，因爲他們只想與民爭利。顧炎武認爲，官田和民田都是朝廷的土地，何必要截然分開，將官田轉化爲民田可以帶來更多的收入，他說：後周太祖郭威「用張凝、李谷之言，悉罷戶部營田，務以其民隸州縣，其田廬牛農器並賜見佃者爲永業，悉除租牛課。是歲，戶部增三萬餘戶。或言營田有肥饒者，不若鬻之，可得錢數十萬緡以資國。帝曰：『利在於民，猶在國也。朕用此錢何爲』」。與之對比，明朝皇帝顯然對天下國家缺乏深刻地認識。顧炎武對明代土地與賦稅政策弊端的批判，實際是顧炎武對明代君主目光短淺的揭露。

由於明朝皇帝引導官員與民爭利，明朝的社會公共管理水準非常低下。顧炎武說：「今日所以百事皆廢者，正緣國家取州縣之財，纖毫盡歸之於上，而吏與民交困，遂無以爲修舉之資。」〔註89〕顧炎武批評明朝街道修建和維護水平非常低劣。他說：「自天街不正，王路傾危，塗潦遍於郊關，污穢鍾於輦轂。《詩》曰：『周道如砥，其直如矢。君子所履，小人所視。眷言顧之，

〔註86〕《日知錄集釋》卷10，「蘇松二府田賦之重」條，第601頁。
〔註87〕《日知錄集釋》卷10，「蘇松二府田賦之重」條，第602頁。
〔註88〕《日知錄集釋》卷10，「蘇松二府田賦之重」條，第603頁。
〔註89〕《日知錄集釋》卷12，「館舍」條，第716頁。

潸焉出涕。』其今日之謂與？」〔註90〕再如，在「官樹」條，顧炎武指出，「古人於官道之旁必皆種樹，以記里至，以蔭行旅」，代表著「人存政舉之效」，「然則今日之官其無可懷之政也久矣」〔註91〕。明朝卻沒有這樣可以讓民眾記住其功績的舉動。此外，在「橋梁」條中，顧炎武指出，「今畿甸荒蕪，橋梁廢壞，雄、莫之間，秋水時至，年年陷絕，曳輪招舟，無賴之徒，藉以為利。潞河渡子，勒索客錢，至煩章劾。司空不修，長吏不問，亦已久矣」〔註92〕。官員無所作為。顧炎武又在「盜賊課」條，借漢朝治理盜賊的事情說明，如果僅僅用法令來控制官員，並不能使他能有效地履行職能。顧炎武說：

> 《史記·酷吏傳》：「武帝作沈命法，曰：『群盜起不發覺，發覺而捕弗滿品者，二千石以下至小吏，主者皆死。』其小吏畏誅，雖有盜不敢發，恐不能得，坐課累府亦使其不言，故盜賊浸多，上下相為匿，以文辭避法焉。」此漢世所名為『盜賊課』，而為法之敝已盡此數言中矣。《漢書》言：『張敞為山陽太守，渤海、膠東盜賊並起，上書自請治之。言山陽郡戶九萬三千，口五十萬以上，合計盜賊未得者七十七人，他課諸事亦略如此。久處閒郡，願徙治劇。』夫未得之盜猶有七十七人，而以為郡內清治。豈非宣帝之用法寬於武帝時乎？〔註93〕

漢朝既是如此，明朝也有共性，「是則治天下之道，有不恃法而行者，未可與刀筆筐匱之士議也」。顧炎武通過這些具體現象表明，明朝以控制權力為主要目的的行政體制妨礙官員履行社會公共職能。

明朝皇帝主要的精力用於對權力的控制，而對於貨幣和賦稅自身的規律沒有多少瞭解，明朝制訂和執行的貨幣政策和賦稅政策產生了嚴重的社會矛盾，並進而導致了明朝滅亡。

第四節　顧炎武對宦官問題的歷史思考

宦官專權是對明朝政治生活產生嚴重後果的歷史問題。在中國歷史上，東漢、唐朝、明朝是宦官專權最為嚴重的三個朝代。與東漢、唐朝宦官操縱

〔註90〕《日知錄集釋》卷12，「街道」條，第717頁。
〔註91〕《日知錄集釋》卷12，「官樹」條，第718頁。
〔註92〕《日知錄集釋》卷12，「橋梁」條，第720頁。
〔註93〕《日知錄集釋》卷12，「盜賊課」條，第724頁。

皇帝廢立不同，明朝的宦官雖然有很大的政治影響力，但是卻沒有對明朝皇帝的專制統治產生影響。顧炎武對宦官專權這一造成明朝滅亡的歷史問題作了比較深刻地分析。他論述了宦官專權形成的過程，並分析了產生宦官專權的原因。

　　顧炎武認爲宦官專權產生的根本原因在於君主。就宦官自身因素而言，明朝宦官專權與其識字、有文化、有智慧，具備干預政治活動的條件有關。顧炎武說：東漢宦官專權非常嚴重，與漢和帝「詔中官近臣於東觀受讀經傳，以教授宮人」不無關係。此外，宦官的興盛也與宮嬪數量過多有關。顧炎武說，唐太宗規定內侍省官員不能超過三品，內侍地位較低，且「不任以事」〔註94〕，只是處理日常生活的瑣事。而武則天時期、中宗時期宦官數量都在增加，「玄宗時，宮嬪大率至四萬，宦官黃衣以上三千員」。顧炎武由此得出結論，「是知宦官之盛，繇於宮嬪之多」。皇帝「當以遠色爲本」也是有效防止宦官專權有效因素。〔註95〕由此，顧炎武揭示出君主才是決定宦官專權與否的根本因素。

　　明朝的宦官專權是明朝君主縱容的結果。顧炎武認爲明朝宦官專權的猖獗是從明成祖時期開始的。他說：「高帝時，中人不得預外事，見公侯大臣叩首惟謹。至永樂初，狗兒諸奄稍稍見馬上之績，後以倦勤朝事，漸寄筆箚，久乃稍稱肺腑矣。」〔註96〕成祖時還有太監鄭和下西洋的壯舉，而由於西北帶兵將領是洪武舊臣，不能不引發篡奪明建文帝的皇權的明成祖的懷疑，「意不能無疑，思以腹心參之，而中人有鎮守者」，從明英宗之後，很多君主都不上朝接見大臣，宦官掌握「票擬」，控制朝政。

　　明朝宦官在經濟、財政、軍事活動等方面無孔不入。明朝有派遣宦官採辦貨物的歷史，「永樂五年六月，內使李進往山西採天花，詐傳詔旨，擅役軍民，此即弄權之漸」，採辦的範圍涉及到「寶石、金珠香貨、鐵黎木」等多種貴重物品。至明神宗時，派遣礦監稅使搜刮民財，達到了登峰造極的程度，「至於萬曆中年，礦稅之使旁午四出，而藉口於祖宗之成例，則外廷之臣交章爭之，而無可如何矣」〔註97〕。除財政事務以外，明朝宦官還干涉到軍事活動，自從明成祖永樂年間開始，出現了「中官典兵」的情況。宦官操縱軍隊，對

〔註94〕《日知錄集釋》卷9，「宦官」條，第569頁。
〔註95〕《日知錄集釋》卷9，「宦官」條，第569頁。
〔註96〕《日知錄集釋》卷9，「宦官」條，第570頁。
〔註97〕《日知錄集釋》卷9，「宦官」條，第572頁。

軍事指揮官形成掣肘。軍事指揮官「不能專斷軍政，悉聽中官指使」〔註98〕，影響了戰鬥力，如《宣宗實錄》言：「交阯左參政馮貴，善用人。嘗得土軍五百人，勁勇善戰。貴撫育甚厚，每率之討賊，所向成功。後為中官馬騏奪去，貴與賊戰不利，遂死之」。宦官專權得到了皇帝的信任，因為皇帝對大臣不信任，權衡利弊，認為寧可戰爭失利，也不能使地方將領掌握軍隊實權，因此「交阯之失，實本於中官，而仁、宣二宗亦但加之譙責而已」〔註99〕。這為自明英宗時期開始的宦官專權埋下了伏筆。

明朝皇帝始終沒有將宦官專權作為嚴重的政治事件，這體現在「《實錄》不盡書」〔註100〕上。明成祖對宦官不加以控制，為明朝以后皇帝放縱宦官，做出了不好的榜樣。顧炎武說：「成祖天威遠加，無思不服。邇密未幾，遂棄交阯」。明英宗時期，由於王振專權，將宦官派往軍事要塞控制軍隊定為成例。「正統九年正月辛未，（王振）命成國公朱勇、興安伯徐亨、都督馬亮、陳懷等，統兵出境，剿兀良哈三衛。勇同太監僧保出喜峰口，亨同太監曹吉祥出界嶺口，亮同太監劉永誠出劉家口，懷同太監但出古北口。是時王振擅權，乃有此遣，而後遂以為例。」〔註101〕明英宗前後兩次信任宦官，結果均品味失敗苦果。第一次是正統年間，他信任宦官王振，導致了「土木之變」的發生，第二次是天順年間，他重用「奪門」有功的曹吉祥，曹吉祥險些再次發動宮廷政變成功，推翻明英宗的帝位。明英宗親嘗宦官專權的惡果，但是仍然對宦官專權的危害沒有足夠的認識。相比於宦官而言，他更不信任大臣。「曹石之變」後，有的大臣用明英宗親身經歷來勸說明英宗警惕宦官的危害，且言語非常懇切，但是卻被明英宗斥責為「妄言要譽，命吏部俱調州判官」〔註102〕。剛剛經歷了重大政治變動，宦官有所收斂，但不到一年，「監守之遣四出，以外廷無人甚也」〔註103〕。

顧炎武認為明朝宦官專權與明朝中後期士大夫缺乏廉恥心之間有一定的聯繫。由於明朝士大夫有著種種陋習，不堪重用，即使皇帝認識到宦官的危害，棄用宦官，「而士大夫又果不足用也，於是乎再任宦者，而國事已不可為」

〔註98〕《日知錄集釋》卷9，「宦官」條，第572頁。
〔註99〕《日知錄集釋》卷9，「宦官」條，第572頁。
〔註100〕《日知錄集釋》卷9，「宦官」條，第573頁。
〔註101〕《日知錄集釋》卷9，「宦官」條，第573頁。
〔註102〕《日知錄集釋》卷9，「宦官」條，第574頁。
〔註103〕《日知錄集釋》卷9，「宦官」條，第576頁。

〔註104〕。宦官正是以士大夫貪污腐化不足用作爲自己專權的理由。他們說,「南牙文臣贓動至鉅萬,而謂我曹濁亂天下,豈非欺罔邪?」〔註105〕因此,顧炎武認爲應加強對士大夫氣節觀和管理能力的培養,這是防範宦官專權最有效的方法,同時加強對宦官的控制,不使宦官有功。顧炎武說:「自無竊炳之患;嘗令畏法,實杜亂政之階。故委腹心則威福移,寄耳目則羅織啓。遵典章則職守自恪,嚴內外則侵越不生。」

　　此外,君主要加強對社會風氣的引導,杜絕社會上人們將入宮做宦官作爲獲得財富和榮耀的階梯。顧炎武指出,明朝對「自宮」當宦官的做法不加禁止。「朝廷雖暫罪之,而終收以爲用。故近畿之民,畏避徭役、希冀富貴者,仿傚成風,往往自戕其身及其子孫,日赴禮部投進。自是以後,日積月累,千百成章,其爲國之蠹害甚矣。」〔註106〕顧炎武主張對這種自宮入宮爲宦官的社會風氣應該予以嚴厲的懲罰,以杜絕這種風氣的蔓延。

　　顧炎武對明朝宦官問題的論述,揭示了宦官專權的實質是明朝君主對大臣不信任造成的。明朝君臣之間的緊張關係自明朝建國之初就存在著。明太祖表現出對大臣的不信任,對大臣的一舉一動都要進行嚴格控制。他的政治舉措如嚴懲貪官,起到了整肅吏治的作用,但一些舉措也確打擊了官員管理社會事務的積極性。如他設立錦衣衛監視官員的一舉一動,甚至心理變化都要進行控制,通過設立廷杖打擊士人的尊嚴樹立皇帝絕對的權威。雖然他對宦官也有著嚴格的控制,但是皇帝與大臣之間並不和諧的關係爲宦官專權創造了條件。而明成祖發動靖難之役,針對的是有著廣泛士人基礎的建文帝。奪了建文帝的皇位以後,無論從當時普遍形成的正統觀而言,還是從士人對皇帝認同感上講,明成祖自感不能名正言順。因而,明成祖一方面殘酷殺戮建文帝舊臣,一方面通過文化專制對士人的思想進行嚴格的控制,造成了明朝學術空疏,士人鮮廉寡恥。明朝士人無論從實際能力上,還是從與皇帝的親近程度上說,都得不到皇帝的信任。這都是明朝宦官專權產生的政治條件。加之,皇帝對於宦官自身具備的專權條件控制不嚴,明朝宦官普遍具有一定的文化基礎,具備專權的個人素質。這些條件共同造成了明朝宦官專權的出現。

〔註104〕《日知錄集釋》卷9,「宦官」條,第576頁。
〔註105〕《日知錄集釋》卷9,「宦官」條,第576頁。
〔註106〕《日知錄集釋》卷9,「禁自宮」條,第580頁。

第五節　中原民族與邊疆游牧民族及周邊國家的關係

　　中原民族與邊疆游牧民族之間的矛盾問題是影響明朝歷史進程的重要問題，明朝的重要歷史轉折都與游牧民族之間的交往與戰爭有關。元順帝退往漠北之後，蒙古仍然保存了相當力量的軍事實力。明太祖在北部邊陲設立藩王，一個主要的意圖便是防備元朝殘餘勢力。後來北元分裂為瓦剌、韃靼、兀良哈三部。明成祖在位期間，就將蒙古視為心腹大患，他五次御駕親征漠北，其中有三次打擊當時強盛的韃靼，但並沒有徹底解決蒙古問題。在明英宗正統年間，瓦剌強盛，瓦剌首領也先在土木堡俘虜了明英宗，並且使明朝五十萬精銳部隊全軍覆沒。土木之變成為明朝由盛轉衰的轉折點。瓦剌軍隊一直攻到北京城下。在嘉靖年間，韃靼部落的俺答汗一度深入明朝腹地，對中原地區京畿重地進行了瘋狂的劫掠。而明朝最終也亡於少數民族之手。建州女眞在努爾哈赤的領導下，迅速崛起。努爾哈赤統一了女眞各部，並且在與明朝軍隊的交鋒中，所向披靡，只有當袁崇煥主持遼東防禦時，明朝與後金的較量才有所改觀。然最後，給予明王朝以最為沉重打擊的也正是少數民族女眞族。顧炎武作為明朝遺民，自然也一定要思考中原民族與游牧民族的關係問題，從中總結經驗教訓。

一、文化在中原民族與游牧民族戰爭中的影響

　　顧炎武認為，游牧民族與中原民族的較量中獲勝，主要是戰鬥力的問題。而決定戰鬥力的因素不僅僅是身體的力量上的差異，更重要的是心態和意志品質的差異。游牧民族能夠在起初與中原民族的較量中獲勝，與其保持了良好的風氣有關。顧炎武說：「歷九州之風俗，考前代之史書，中國之不如夷狄者有之矣。」契丹的民風淳樸，保持樸素的本性，不因為「紛華異物而遷」，「故家給人足，戎備整完，卒之虎視四方，強朝弱附」〔註107〕。而女眞舊風是「祭天地，敬親戚，尊耆老，接賓客，信朋友，禮意款曲，皆出自然」〔註108〕。游牧民族社會關係比較簡單，不像中原民族有著較為複雜的社會關係牽扯精力，所以有較為強大的戰鬥力。顧炎武認為這是其游牧民族可以迅速崛起的原因所在。他說：「宋鄧肅對高宗言：『外夷之巧在文書簡，簡故速。中國之患在文書繁，繁故遲。』《遼史》言：『朝廷之上，事簡職專，此遼之所

〔註107〕　《日知錄集釋》卷29，「夷狄」條，第1652頁。
〔註108〕　《日知錄集釋》卷29，「夷狄」條，第1652頁。

以興也。』然則戎狄之能勝於中國者，惟其簡易而已。」〔註109〕他引述金代的歷史說明，金代力圖保持游牧部落的生活習性，拒絕農耕文明，但同時又採取嚴刑峻法、嚴密法令來控制社會，以至於「百年之內」迅速滅亡，顧炎武認爲《金史‧食貨志》「論金時之弊至爲明切。今之爲金者有甚於此」〔註110〕。顧炎武描述這段歷史有借古諷今的意思，暗指顧炎武所處時代鼇拜輔政大臣所進行的「圈地」活動。簡單純樸是游牧民族的優勢，而游牧民族能否在中原立足，則取決於他們能否採取中原的優秀文化，或者保持其純樸的作風。游牧民族與中原民族同化，則與中原文明無異，而不與中國同，則會導致其對中原民族統治失敗。

顧炎武指出前代游牧民族當進入中原之後，吸取了中華古代文明中的糟粕，而沒有吸取其中的精華，很快就覆滅了。他說：「薦居日久，漸染華風，不務《詩》、《書》，唯徵玩好，服飾競於無等，財賄溢於靡用，驕淫矜誇，浸以成習，於是中行有變俗之議。」顧炎武指出，要想摧毀少數民族的戰鬥力，就在於以物質和奢華的風氣來消磨其鬥志。「此固人情之所必至，而戎狄之敗特速於中華者」，「後之君子誠監於斯，則知所以勝之之道矣」〔註111〕。由此，顧炎武看到了戰勝滿洲貴族的希望。

因此，在顧炎武看來，文化對於游牧民族與中原民族之間的較量是至關重要的決定因素。游牧民族即使入主中原也需要對中原的生活方式和文化予以認同，這是其在中原立足的根本，而被征服的中原民族也正由此才能推翻游牧民族的統治。

二、中原王朝民族政策的失誤

顧炎武認爲游牧民族進攻中原王朝能夠進展的如此順利，主要原因是，中原王朝允許游牧民族自由地深入中原腹地，這有利於游牧民族「遍觀中國形勢」〔註112〕，搜集中原王朝地方的情報，「識邊塞之盈虛，知山川之險易」，爲進攻中原、掠奪財富作準備。中原王朝向游牧民族傳授製造武器的技術，使他們「處之中國而使之習見」。游牧民族從中原民族的身上學習了先進的武器製造技術，而他們以這種技術反之應用到中原民族身上，給中原民族的戰

〔註109〕《日知錄集釋》卷29，「夷狄」條，第1654頁。
〔註110〕《日知錄集釋》卷29，「夷狄」條，第1654頁。
〔註111〕《日知錄集釋》卷29，「夷狄」條，第1654頁。
〔註112〕《日知錄集釋》卷29，「徙戎」條，第1656頁。

爭造成了損害。顧炎武說，匈奴冒頓單于能夠有力量將劉邦圍在平城，卻沒有深入中原，即在於「不習中土之風，不安中國之美」。

在明朝，游牧民族對中原王朝造成了巨大的傷害，都與明朝民族政策有著密切的關係。顧炎武說，在「永樂、宣德間，韃靼來降」，明朝皇帝都授予他們「指揮、千百戶之職，賜之俸祿及銀鈔、衣服、房屋、什器，安插居住，名曰『達官』」〔註113〕，使他們長久地留在內地，並且給予他們優厚的待遇，爲了保證這些優厚的待遇，往往是要損害中原地區人民的利益。顧炎武認爲這是「奪赤子之食」來供養與自己關係疏遠的人。這對中原地區的人民來說是一種沉重的負擔。而這種以中原人民巨大傷害換來對游牧民族的引誘，並不能眞正達到控制游牧民族的作用。游牧民族與中原王朝的關係是利益關係，游牧民族爲了中原王朝的利益「乍臣乍叛，荒忽無常。彼來降者，非心悅而誠服也，實慕中國之利」〔註114〕。顧炎武認爲與其綏靖邊疆游牧民族，不如以這些錢來充實軍備。

由此，顧炎武論證了游牧民族對中原民族造成傷害，是中原皇朝作繭自縛造成的。

三、邊境少數民族的由來

顧炎武對少數民族由來也進行了深入的考察，這對於身處民族矛盾激化時代的顧炎武來說同樣具有現實意義。

顧炎武認爲中原農耕民族與邊疆少數民族共同存在的格局是歷史原因造成的。他說：「自古用四夷攻中國者，始自周武王，牧野之師有庸、蜀、羌、矛、微、盧、彭、濮。而晉襄公敗秦於殽，實用姜戎爲犄角之勢。大者王，小者霸，於是武靈王踵此，用以謀秦，而鮮卑、突厥、迴紇、沙陀自此不絕於中國矣。」〔註115〕

顧炎武說明了迴紇的由來。迴紇即畏兀兒，「《元史》有畏兀兒部，畏即回，兀即鶻也。其曰回回者，亦回鶻之轉聲也」，「自唐會昌中迴紇衰弱，降幽州者前後三種雜居」。顧炎武指出，進入中原的回民受到了漢族文化的影響，生活風俗與中原的漢民族沒有區別。福建漳州是阿拉伯由海上登陸中國

〔註113〕《日知錄集釋》卷29，「徙戎」條，第1659頁。
〔註114〕《日知錄集釋》卷29，「徙戎」條，第1661頁。
〔註115〕《日知錄集釋》卷29，「樓煩」條，第1663頁。

地方，是回民的發祥地。以後的回民「文教涵濡，夷風漸革」，有的通過科舉考試及第做官。但也保持了本民族的特點，在宗教信仰問題、生活習俗特點上，有獨特的特點，發生了一定的衝突。顧炎武指出，西域的少數民族在外國的科學技術傳入中國起到了媒介的作用。西域傳播的天文技術「雖其術不與中國古法同，然以其多驗，故近代多用之」〔註116〕。

顧炎武談到了另一個國家是大秦。他通過考證證實由於佛經盛行，人們將「大秦」與「姚興國」混爲一談。大秦是古羅馬，即羅馬帝國。

顧炎武描述這些重要的少數民族與國家而是希望通過準確瞭解這些民族和國家的歷史，正確處理與少數民族和邊境國家關係。

顧炎武重視防範邊境少數民族政權對中原王朝的侵擾，但是邊境少數民族政權不是決定王朝盛衰的根本原因。王朝的盛衰從根本上說決定于中原王朝能否履行社會公共職能，協調好社會關係，促進社會生產。

第六節　顧炎武論明代的科舉制度的弊端及反思

顧炎武對明代科舉制度的論述集中體現在《日知錄》卷16、卷17、卷18，以及《亭林文集》的《生員論》當中。顧炎武分別從科舉考試制度的考試方法、生員制度、以及科舉考試內容等方面論述了科舉制度的弊端。

一、明代科舉制度的弊端

顧炎武指出：明朝的科舉考試形式最容易造就空疏無用之人。明朝採用秀才、舉人、進士三級考試，實際只相當於唐朝的「明經」一科。明經科是唐代六科考試中的一科，「唐制有六科，一曰秀才，二曰明經，三曰進士，四曰明法，五曰書，六曰算。當時以詩賦取者謂之進士，以經義取者謂之明經。今罷詩賦用經義，則今之進士乃唐之明經也。」〔註117〕秀才在明初曾作爲明代科舉考試的一科，士子通過秀才科可以直接爲官。顧炎武說：「國初嘗舉秀才」，如《太祖實錄》洪武四年四月辛丑，「以秀才丁士梅爲蘇州知府，童權爲揚州府知州，俱賜冠帶……」〔註118〕而舉人的本意是「舉到之人」，非「一定之名」，在唐朝，士人參加科舉考試，「登科則除官，不復謂

〔註116〕《日知錄集釋》卷29，「西域天文」條，第1668頁。
〔註117〕《日知錄集釋》卷16，「明經」條，第921頁。
〔註118〕《日知錄集釋》卷16，「秀才」條，第924頁。

之舉人。而不第則須再舉，不若今人以舉人爲一定之名」，「自朝廷言之，謂之舉人。進士即是舉人，不若今人以鄉試榜謂之舉人，會試榜謂之進士也」〔註119〕。在這裡，顧炎武指出，明朝通過三級考試選拔的人才僅相當於唐朝的明經一科選拔的人才，而且還不如唐朝的「明經」科，反映出明朝培養人才體制的落後。

顧炎武指出，名爲「進士」科，實則「明經」科的考試方式弊端叢生。明代對「經義論策」考試要求並不嚴格。明朝起初分三場考試，「雖有先後而無輕重」，只重視第一場對於「經」的考察，而「略於考古」，主持考試的人也只關心「初場所中之卷」，這便爲士人投機取巧大開方便之門。「今則務求捷得，不過於《四書》一經之中擬題一二百道，竊取他人之文記之，入場之日，抄謄一過，便可僥倖中式，而本經之全文有不讀者矣。率天下而爲欲速成之童子，學問由此而衰，心術由此而壞。」〔註120〕明代士人以背誦擬定的題目參加科舉考試，因爲「以經文言之，初場試所習本經義四道，而本經之中，場屋可出之題不過數十」，於是「富家巨族延請名士館於家塾，將此數十題各撰一篇，計篇酬價，令其子弟及童奴之俊慧者記誦熟習。入場命題，十符八九，即以所記之文抄謄上卷，較之風檐結構，難易迥殊」〔註121〕。

顧炎武說：「今之經義、論、策，其名雖正，而最便於空疏不學之人」。顧炎武對這種考試方式進行了考證，說明爲什麼它「最便於空疏無用之人」，他說：「今之經義始於宋熙寧中王安石所立之法」。

> 元祐八年三月庚子，中書省言：「進士御試答策，多係在外準備之文，工拙不甚相遠，難於考較。祖宗舊制：御試進士賦、詩、論三題，施行已遠，前後得人不少。況今朝廷見行文字，多係聲律對偶，非學問該洽，不能成章。請行祖宗三題舊法，詔來年御試，將詩賦舉人復試三題，經義舉人且令試策，此後全試三題。」是當時即以經義爲在外準備之文矣。陳後山《談業》言：「荊公經義行，舉子專誦王氏章句而不解義。荊公悔之，曰：『本欲變學究爲秀才，不謂秀才爲學究也。』」豈知數百年之後，並學究而非其本質乎？此法不變，則人才日至於消耗，中國日至於衰弱，而五帝三王以來之天

〔註119〕《日知錄集釋》卷16，「舉人」條，第925頁。
〔註120〕《日知錄集釋》卷16，「三場」條，第944頁。
〔註121〕《日知錄集釋》卷16，「擬題」條，第945頁。

下，將不知其所終矣。〔註122〕

顧炎武引述這段歷史說明，造成空疏無用之人，不是王安石有意為之，而是這項制度所產生的客觀效果。朝廷通過這種考試獲得的人才，「十人之中，其八九皆為白徒。而一舉於鄉，即以營求關說為治生之計」，這些人有地位，卻沒有真才實學，而且由於不懂儒家經典，缺乏道德理想，只顧爭權謀勢，缺少責任心，「於是在州里則無人非勢豪，適四方則無地非遊客，而欲求天下之安寧，斯民之淳厚，豈非欲行而求及前人者哉」〔註123〕。明朝採用這樣的科舉考試的辦法造就的只能是空疏無用之人。

顧炎武不僅指出了明代的經義論策造成了空疏無用之人，而且具體說明了明朝空疏無用之人的形成過程。他指出，在明太祖時期，「經、義、論、策」的考試形式已經逐漸表現出缺乏對真才實學嚴格要求的特點。顧炎武引《太祖實錄》說：

> 洪武三年八月，京師及各行省開鄉試。初場四書疑問，本經義及四書義各一道，第二場論一道，第三場策一道。中式者，後十日，復以五事試之，曰騎、射、書、算、律。騎觀其馳驅便捷，射觀其中之多寡，書通於六義，算通於九法，律觀其決斷。詔文有曰：「朕特設科舉，以起懷才抱德之士，務在經明行修，博通古今，文質得中，名實相稱。其中選者，朕將親策於廷，觀其學識，第其高下，而任之以官。」伏讀此制，真所謂求實用之士者矣。至十七年，「命禮部頒行科舉成式，第一場四書義三道，經義四道，未能者許減一道。第二場論一道，詔、誥、表內科一道，判語五條。第三場經、史策五道。」文辭增而實事廢，蓋與初詔求賢之法稍有不同。而行之三百餘年，非所以善述祖宗之意也。〔註124〕

顧炎武在結尾畫龍點睛式地指出，明太祖創立「經義論策」的科舉考試之法沒有為後代起到表率的作用。明太祖希望獲得具有真才實學的人才，但是由於他選擇了錯誤的考試辦法，結果事與願違。顧炎武說：

> 《實錄》言：「洪武十四年六月丙辰，詔於國子諸生中，選才學優等聰明俊偉之士，得三十七人。命之博極群書，講明道德經濟之

〔註122〕《日知錄集釋》卷16，「經義論策」條，第938頁。
〔註123〕《日知錄集釋》卷16，「經義論策」條，第940頁。
〔註124〕《日知錄集釋》卷16，「經義論策」條，第940頁。

　　　　學，以期大用，稱之曰老秀才。累賜羅綺、襲衣、巾靴，禮遇甚厚。」
　　　　是則聖祖所望於諸生者，固不僅以帖括之文。而惜乎大臣無通經之
　　　　士，使一代俊之典，但止於斯，可歎也！〔註125〕

　　在洪武年間，科舉考試已經出現了學術空疏化的傾向。明代士人學術空
疏就是科舉考試制度效果逐漸疊加演化的結果。

　　顧炎武分析了明朝的科舉教育制度培養的人才過於單一，培養的是只會
背誦的人才，而且隨著科舉考試弊端日益凸現，士人的才學江河日下，從最
初背誦經典，到此後背誦科舉考試的範文。科舉考試制度已經失去了培養人
才的本意。

二、科舉制度弊端對人才的敗壞

　　科舉制度使得士人做學問日趨功利化。士人讀書不是爲了求經邦濟世的
才能，而是將之作爲進身的手段，如此一來，敗壞了人才。明朝的科舉考試
使得士人只需背誦範文就可以獲得功名。顧炎武說：

　　　　老成之士既以有用之歲月銷磨於場屋之中，而少年捷得之者又
　　　　易視天下國家之事，以爲人生之所以爲功名者惟此而已。故敗壞天
　　　　下之人才，而至於士不成士，官不成官，兵不成兵，將不成將，夫
　　　　然後寇賊奸得而乘之，敵國得而勝之。〔註126〕

　　明朝最終滅亡與人才的衰落有著直接的關係。而封建君主爲了維護專制而
採取的科舉制度，創造了空疏學風形成的條件。明代士人急功近利的學術取向
是在明朝科舉考試的指引下形成的。顧炎武說，科舉考試引導士人讀書的目的
在於獲取眼前利益，「所以勸之者，不過所謂『千種粟』、『黃金屋』，而一旦服
官，即求其所大欲。君臣上下懷利以相接，遂成風流，不可複製」〔註127〕。
這樣的教育制度培養出來的人所組成的社會是一個利益關係的社會。

　　顧炎武說，生員制度建立的初衷是爲國家積蓄有利於社會發展的人才，
而實際執行的生員制度卻是在培養追名逐利的人。生員制度成爲追名逐利之
徒進身的階梯。明朝的生員「縣以三百計，不下五十萬人」，「這五十萬人左
右的候補封建官僚，在州縣學校中只知道學做八股文，以獵取科舉功名，他

〔註125〕《日知錄集釋》卷16，「經義論策」條，第942頁。
〔註126〕顧炎武：《生員論》，《亭林文集》卷1，《顧亭林詩文集》中華書局1983年版，
　　　　第21頁。
〔註127〕《日知錄集釋》卷13，「名教」條，第767頁。

們對於『經世致用』的實際學問一竅不通」。他們「常佔有大量土地，而按照
當時法律的規定，他們卻都可免除賦役。結果是『雜泛之差，乃盡歸於小民』。
所以，『生員之於其邑人無秋毫之益，而有丘山之累』」。他們又是「地方上封
建官僚的爪牙和幫兇，有時甚至官僚也忌憚他們」〔註128〕。

　　　　今天下之出入公門以撓官府之政者，生員也；倚勢以武斷鄉里

　　者，生員也；與官吏為緣，甚有身自為胥吏者，生員也；官府一拂

　　其意，則群起而哄者，生員也。

　　明朝士人讀書的目的只是為了博取功名，而對「天下興亡」漠不關心。
社會矛盾愈積愈多，社會關係處於緊張對立的狀態之中，這些情況構成了明
朝末年「亡天下」的局面。顧炎武認為，讀書應「同整個社會、國家聯繫起
來，為利益天下而讀書，所謂『君子之為學也，非利己而已也，有明道淑人
之心，有撥亂反正之事，知天下之勢何以流極而至於此，則思起而有以救之』，
而當時一般舉子、文人卻都是把讀書視為私事，故『凡今之所以為學者，為
利而已，科舉是也。其進於此，而為文辭著書一切可傳之事者，為名而已，
有明三百年之文人是也』」。明朝的科舉制度以利益來引導士人，士人只是將
讀書作為獲取個人私利的階梯，毫無履行社會責任，沒有為社會、民族發展
作貢獻的強烈願望。

　　社會是一個有機聯繫的整體。「天下興亡，匹夫有責」，社會上每個人都
應對「天下」負責。對社會關係的漠視，只顧謀取個人私利，那麼都會對社
會發展造成傷害。顧炎武尊重個人的私利，他所反對的是君主為了維護自己
的利益，而侵佔整個社會發展的利益。他尊重的是社會每個成員的私利，所
以顧炎武所謂的私利實際是「公利」即儒家所謂的「義」。明代的空疏學風盛
行，士人喪失了為社會發展謀利的「義」，對國家民族的苦難視而不見、充耳
不聞，一心只顧談心論性，對明朝滅亡產生了極大的影響。

三、顧炎武改革科舉制度弊端的意見

　　顧炎武認為，科舉考試應該樹立明確的培養目標，最基本的目標就是要
使人們知道如何做人。他認為「今日欲革科舉之弊，必先示以讀書學問之法，
暫停考試數年而後行之，然後可以得人」。顧炎武所說的「讀書學問」，其實
就是指讀書人應學會儒家所講的做人之法。他認為這才是教育的根本目標。

―――――――――

〔註128〕張豈之：《顧炎武》，中華書局 1982 年版，第 50 頁。

教育的目標就是要培養一個人文社會，以實現治國而平天下儒家最高理想。他說：「國家之所以取生員而考之以經義、論、策、表、判者，欲其明六經之旨，通當世之務也。」科舉選拔的主要人才是「賢良方正、直言極諫，博通墳典、達於教化，軍謀宏遠、堪任將率，詳明政術、可以理人之類」〔註129〕，這些都應「列為定科」。科舉教育和選拔激勵的體制都應該圍繞這個原則來制定。

科舉選拔的辦法不是簡簡單單的形式問題，它會對人格塑造產生影響。人的思想意識一旦形成，就很難改變它。顧炎武認為，朝廷在設置教育體制之初必須非常慎重，他說：「王維楨欲於科舉之外仿漢、唐舊制，更設數科，以收天下之奇士。不知進士偏重之弊，積二三百年，非大破成格，雖有他材，亦無繇進用矣。」〔註130〕

顧炎武提出了改革科舉考試方式，通過建立規範合理的科舉考試方式杜絕士子不踏實做學問的風氣。他提出的科舉考試方法，其一、「簡汰之法」，即「分為二場，第一場令暗寫《四書》一千字，經一千字，脫誤本文及字不遵式者貼出除名。第二場乃考其文義，則瞿相之射，僅有存者矣」，顧炎武認為這不是「末節」，「足為才士累」〔註131〕。其二、反對拘泥於「程文格式」，他說：「欲振今日之文，在毋拘之以格式，而俊異之才出矣」〔註132〕。其三、科舉應試的文章應該切中時弊。他說：「古之人君，近則盡官師之規，遠則通鄉校之論，此義立而諍諫之途廣矣」。其四、重視史學在科舉考試中的作用；他認為，史書有「勸善懲惡」的作用，通過史書可以看到「進取之得失，守禦之當否，籌策之疏密，區處兵民之方，形勢成敗之迹，俾加討究，有補國家」〔註133〕。其地位僅次於「六經」〔註134〕。「史學」應該是科舉考試中的重要內容。明代「史學廢絕，又甚唐時」，顧炎武認為應設立「三史科及三傳科」，對《史記》、《漢書》、《後漢書》、《三國志》、《晉書》、《南史》、《北史》，宋以後的史書，由於「煩碎冗長」，「但聞政理成敗所因」，此外還應包括「國朝自高祖以下及睿宗《實錄》並《貞觀政要》

〔註129〕《日知錄集釋》，卷16，「制科」條，第933頁。
〔註130〕《日知錄集釋》，卷16，「科目」條，第929頁。
〔註131〕《日知錄集釋》，卷16，「經文字體」條，第956頁。
〔註132〕《日知錄集釋》，卷16，「程文」條，第953頁。
〔註133〕《日知錄集釋》，卷16，「史學」條，第957頁。
〔註134〕《日知錄集釋》，卷16，「史學」條，第957頁。

共為一史」，顧炎武認為「若能依此法舉之，十年之間，可得通達政體之士，未必無益於國家也」〔註135〕。其五、採用「制科」彌補常規考試的不足。他說：「唐制：天子自詔曰制舉，所以待非常之才。」皇帝臨時有疑問，可以隨時下詔訪求能夠解決問題的賢士，使有才能的士人「不為無得也」〔註136〕。明朝雖然也有制科之名，「今以殿試進士亦謬謂之制科」〔註137〕，而實際的意義大不相同。顧炎武認為制舉是欲實現平治天下的君主應該採用的辦法。

顧炎武更進一步指出了明朝科舉制度深層次的弊端。顧炎武認為，科舉制度在當時已經成為人們營生的手段，所以要改變人們浮躁的治學風氣，就不僅僅是改變選拔方法的問題，還應為人們生存謀出路。他指出，要改革科舉制度就需要有其它的相關措施配合實現，讀書人之所以想獲得生員的身份，是因為「一得為此，則免於編氓之役，不受侵於里胥；齒於衣冠，得於禮見官長，而無笞，捶之辱」。「人之情孰不為其身家者？故日夜求之，或至行關節，觸法抵罪而不止者，其勢然也。」顧炎武提出「立功名與保身家分為二途」之法，首先要提高成為生員的條件，具有生員資格的人必須是「五經兼通者」，而且掌握「二十一史與當世之務而後升之」，「養之於學者，不得過二十人之數，無則闕之」。其次，要為人們避免淪為「編氓」身份提供出路。他認為，如果民間自立之家，都不能保全，以免於流於「編氓」，「豈王者保息斯人之意乎」？可以仿照「秦漢賜爵之法」，實行「入粟拜爵」，讓這些人通過捐錢進入科舉學校學習，成為生員。「其名尚公，非若鬻諸生以亂學校者之為害也」〔註138〕。這樣既能保證國家的學校是人才匯聚之地，又能使其他人避免淪為「編氓」身份，解決了明朝科舉制度的弊端。

科舉是為國家聚集人才的制度保證。在封建專制時代，科舉制度制訂與執行的效果根本上取決於君主執政能力。因此，他認為，他所提出的改革科舉考試之法，需要待「後之君欲厚民生，強國勢」〔註139〕來實踐它。

〔註135〕《日知錄集釋》，卷16，「史學」條，第957頁。
〔註136〕《日知錄集釋》，卷16，「制科」條，第930頁。
〔註137〕《日知錄集釋》，卷16，「制科」條，第933頁。
〔註138〕顧炎武：《生員論上》，《亭林文集》卷1，《顧亭林詩文集》，中華書局1983年版，第21頁。
〔註139〕顧炎武：《郡縣論一》，《亭林文集》卷1，《顧亭林詩文集》，中華書局1983年版，第12頁。

本章小結：

顧炎武對重大歷史問題的反思都是針對明朝爲什麼會滅亡的歷史問題而展開的。顧炎武所處時代面臨的「亡天下」的窘境正是這些重大歷史問題影響的結果。而這些重大的歷史問題又不是孤立地對明朝滅亡產生影響。每一個重大問題之間都存在著密切的關係，它們既相互作用，又共同對明朝的社會生活和經濟發展產生影響。

縱觀顧炎武對明朝重大歷史問題的論述，我們發現顧炎武將明朝的封建君主專制看作是造成明朝重大歷史問題的最根本原因。明朝君主缺乏對管理社會公共事業的考慮，設計行政體制的初衷只是爲了維護君主專制，明朝官員缺乏管理社會公共事業的積極性，明朝採取的貨幣政策和賦稅政策反映了明朝君主缺乏基本的經濟常識，表現出明朝皇帝與民爭利的心理。這些經濟方面的政策導致了明朝生產能力的低下。而明朝採取的科舉制度使得進入明朝核心層官員都是空疏無用之才。明朝採取的一系列制度導致了明朝社會積累了各種各樣的矛盾，並使得明朝一步步衰落。顧炎武通過對這些重大問題的論述指出，明朝封建專制才是明朝社會矛盾產生的根源。顧炎武對明朝重大問題的分析全面深刻，對這些重大問題的複雜性也有所展現，避免了將複雜的政治問題公式化。

第四章　顧炎武對重要社會問題的認識

　　顧炎武認爲，明朝封建專制最根本的危害即在於它破壞了人與人之間的關係。它破壞了社會秩序，引發了一系列社會問題。這些社會問題是由歷史問題導致的，並且又一直影響到後世，演變成一種社會風氣。

第一節　「人心風俗」治亂之關

　　社會風俗是顧炎武關注的主要社會問題。他通過動態考察歷代社會風俗變化，來認識社會風俗對於社會發展的重要意義。

一、君主對社會風俗的決定影響

　　顧炎武指出，「人心風俗」是「治亂之關」。他說：「目擊世趨，方知治亂之關必在人心風俗，而所以轉移人心，整頓風俗，則教化紀綱爲不可闕矣。」「『風俗衰』是亂之源。」「『厚俗』是國家太平繁盛的基礎。」風俗的具體內容包括：「重流品」、「重厚抑浮」、「貴廉」、「倡耿介」、「倡儉約」、「愛國」〔註1〕等等，而社會風俗的好與壞最終決定于君主。

　　張豈之先生指出，顧炎武的「風俗」「其主要內容是所謂『清議』」，「他列舉了許多歷史事實去說明『清議』的重要性，他還徵引《宋史》中一段話，把從五代到宋朝的『風俗』之變同『清議』聯繫起來」〔註2〕。

　　　　士大夫忠義之氣，至於五季，變化殆盡。宋之初興，范質、王

〔註 1〕周文玖：《顧炎武論治亂興衰》，《史學史研究》1996 年第 1 期。
〔註 2〕張豈之：《儒學·理學·實學·新學》，陝西人民出版社 1991 年版，第 248 頁。

溥猶有餘憾。藝祖首褒韓通，次表衛融，以示意向。眞、仁之世，
田錫、王禹冉、范仲淹、歐陽修、唐介諸賢，以直言讜論倡於朝。
於是中外薦紳，知以名節爲高，廉恥相尚，盡去五季之陋。〔註3〕

在這段話中，顧炎武指出，清議局面的出現是君主崇尚儒學，尊重士人的結果。顧炎武在此意在說明君主對社會風俗起著決定作用。

社會風俗形成的根源在於君主，而產生的過程在於士人，「教化者，朝廷之先務；廉恥者，士人之美節；風俗者，天下之大事。朝廷有教化，則士人有廉恥；士人有廉恥，則天下有風俗」〔註4〕。「改善社會風氣的途徑，應當由朝廷帶頭行教化，倡導講求廉恥的社會風尚。」〔註5〕

君主立國之本在於建立社會的廉恥觀，「禮義廉恥，國之四維。四維不張，國乃滅亡」。當然，這一觀點是在揭露「明清易代之時，晚明士大夫多『反顏事仇』。他們的這種惡劣行徑及寡廉鮮恥、趨炎附勢之醜態」〔註6〕，批評他們「搖身一變而爲清朝的臣僚」〔註7〕，但正由於教化是朝廷之先務，禮義廉恥是朝廷的責任，如果不能使社會的人們普遍建立起道德約束，每個人不能找到自身利益與他人利益的平衡點，那麼社會秩序就會崩壞。「禮義，治人之大法；廉恥，立人之大節。蓋不廉則無所不取，不恥則無所不爲。人而如此，則禍敗亂亡亦無所不至。」君主以禮義廉恥爲國策，那麼士人則是這一國策的具體執行者。士人是文化的載體，而如果士人都沒有廉恥，「無所不取，無所不爲，則天下其有不亂，國家其有不亡者乎」〔註8〕？內心的羞恥感的建立是實現禮義廉恥的主要因素，在禮義廉恥中，「恥尤爲要。故夫子之論士，曰：『行己有恥。』孟子曰：『人不可以無恥，無恥之恥，無恥矣』」〔註9〕。君主引導士人建立起廉恥，再由士人影響社會，建立起良好的道德風尚。

顧炎武認爲，要建立起良好的社會風俗，君主首先要莊重嚴謹，以此來樹立威信。顧炎武說：「侯景數梁武帝十失，謂：『皇太子吐言止於輕薄，賦詠不

〔註3〕《日知錄集釋》卷13，「宋世風俗」條，第758頁。
〔註4〕《日知錄集釋》卷13，「廉恥」條，第773頁。
〔註5〕白壽彝主編：《中國史學史》第五卷（向燕南、張越、羅炳良著），上海人民出版社2006年版，第174頁。
〔註6〕林存陽：《顧炎武「明道救世」的禮學思想》，《中國社會科學院研究生院學報》2000年第3期。
〔註7〕周文玖：《顧炎武論治亂興衰》，《史學史研究》1996年第1期。
〔註8〕《日知錄集釋》卷13，「廉恥」條，第772頁。
〔註9〕《日知錄集釋》卷13，「廉恥」條，第772頁。

出《桑中》」〔註10〕，「魏文帝『體貌不重，風尙通脫，是以享國不永，後祚短促』」，「《揚子法言》曰：『言輕則招憂，行輕則招辜，貌輕則招辱，好輕則招淫』」〔註11〕。君主不能受其他人的影響，而應該是以身作則，影響世人，成爲世人的表率。顧炎武說：「讀屈子《離騷》之篇，乃知堯、舜所以行出乎人者，以其耿介。同乎流俗，合乎污世，則不可與入堯、舜之道矣。」〔註12〕

君主要加強對官吏的引導，對官員貪污懲處應非常嚴厲，以使貪官沒有僥倖的心理。顧炎武說，歷朝犯贓罪的人沒有好的下場，「漢時贓罪被劾，或死獄中，或道自殺。唐時贓吏多於朝堂決殺，其特宥者乃長流嶺南」〔註13〕，漢唐盛世皆由嚴厲打擊貪污獲得。在除貪的過程中，還會有具體情況，「有庸吏之貪，有才吏之貪」，對於有才能的人的貪污，懲罰要更爲嚴厲，因爲「不才者，持祿取容耳」，而有的人「以才過人，故亂天下」〔註14〕。對於貪官的子孫也需要予以懲罰，因爲「貪人敗類，其子必無廉清」〔註15〕，因此要對貪官的子孫予以禁錮。

懲處貪污並不以懲罰爲目的，目的在於樹立起良好的社會風氣。顧炎武「強調法制的作用，主張嚴懲敗壞世風的貪官、姦臣」，但他將法令的意義看作是樹立人們良好道德風尙的輔助手段，禁止一切有可能產生貪污後果的舉動和措施。

顧炎武說：漢朝「孝文皇帝時，貴廉潔，賤貪污，賈人贅婿及坐贓者皆禁錮，不得爲吏。賞善罰惡，不阿親戚。罪白者伏其誅，疑者以與民，亡贖罪之法。故令行禁止，海內大化」。〔註16〕而漢武帝因爲取得了很大的功績，放縱了自己的欲望，「用度不足，乃行一切之變，使犯法者贖罪，入穀者補吏，是以天下奢侈，官亂民貧，盜賊並起，亡命者眾」〔註17〕，這說明，一旦爲犯法者提供了以錢代罰的機會，那麼就會促成貪贓枉法者更大的貪污欲望，而使整個社會認同了這種不良的現象，那麼會釀成更大的社會危機。漢武帝

〔註10〕《日知錄集釋》卷13，「重厚」條，第777頁。
〔註11〕《日知錄集釋》卷13，「重厚」條，第778頁。
〔註12〕《日知錄集釋》卷13，「耿介」條，第779頁。
〔註13〕《日知錄集釋》卷13，「除貪」條，第785頁。
〔註14〕《日知錄集釋》卷13，「除貪」條，第786頁。
〔註15〕《日知錄集釋》卷13，「除貪」條，第788頁。
〔註16〕《日知錄集釋》卷13，「貴廉」條，第790頁。
〔註17〕《日知錄集釋》卷13，「貴廉」條，第790頁。

以後，社會風氣大壞，「故俗皆曰：『何以孝悌為，財多而光榮。何以禮義為，史書而仕宦。何以謹慎為，勇猛而臨官』」。當時社會上普遍稱「居官而置富者為雄傑，處奸而得利者為壯士。兄勸其弟，父勉其子，俗之敗壞，乃至於是」，顧炎武說：「察其所以然者，皆以犯法得贖罪，求士不得真賢，相守崇財利，誅不行之所致」〔註18〕。

社會風俗形成勢必難以逆轉，因此立國之君尤應「樹之風聲」〔註19〕，嚴厲懲罰朝廷內的害群之馬，以強化官員維護社會秩序的意識。顧炎武說：「唐太宗詔禁錮宇文化及、司馬德戡、裴虔通等子孫，不令齒敘。武后令楊素子孫不得任京官及侍衛。至德中，兩京平，大赦，惟祿山支黨及李林甫、楊國忠、王洪子孫不原。宋高宗即位，詔蔡京、童貫、王黼、朱勔、李彥、梁師成、譚稹皆誤國害民之人，子孫更不收敘，而章惇子孫亦不得仕入朝。」〔註20〕倘若對奸臣的打擊不夠嚴格，皇帝不能打擊奸佞，反而以醜為美，那麼必然會導致社會風俗的敗壞和社會動盪，而皇朝也因而面臨著覆滅的危機，顧炎武引述《舊唐書・太宗紀》說道：

> 貞觀二年六月辛卯詔曰：「天地定位，君臣之義以彰；卑高既陳，人倫之道斯著。是用篤厚風俗，化成天下。雖復時經治亂，主或昏明，疾風勁草，芬芳無絕，剖心焚體，赴蹈如歸。夫豈不愛七尺之軀，重百年之命？諒由君臣義重，名教所先，故能明大節於當時，立清風於身後。至如趙高之殞二世，董卓之鴆弘農，人神所疾，異代同憤。況凡庸小豎，有懷凶悖，遐觀典策，罔不誅夷。辰州刺史蛇縣男裴虔通，昔在隋代，委質晉藩，煬帝以舊邸之情，特相愛幸。遂乃忘蔑君親，潛圖弑逆，密伺間隙，招結群醜，長戟流矢，一朝竊發。天下之惡，孰云可忍！宜其夷宗焚首，以彰大戮。但年代異時，累逢赦令，可特免極刑，投之四裔，除名削爵，遷配瓛驩州。」〔註21〕

建立良好的道德對於樹立皇帝的威信、維持政權穩定，使社會處於穩定的狀態，都是有意義的。

君主負有建立社會風尚的責任，而和士大夫們則對家庭內部成員良好道

〔註18〕《日知錄集釋》卷13，「貴廉」條，第791頁。
〔註19〕《日知錄集釋》卷13，「禁錮奸臣子孫」條，第792頁。
〔註20〕《日知錄集釋》卷13，「禁錮奸臣子孫」條，第792頁。
〔註21〕《日知錄集釋》卷13，「禁錮奸臣子孫」條，第793頁。

德的建立負責。顧炎武說：「孔子曰：『居家理，故治可移於官。』子木問范武子之德於趙孟，對曰：『夫子之家事治，言於晉國，無隱情。其祝史陳信於鬼神，無愧辭。』子木歸以語王，王曰：『宜其光輔五君，以爲盟主也。』夫以一人家事之理，而致晉國之霸，士大夫之居家豈細行乎！」〔註 22〕每個人處理好家庭內部的關係就可以對整個朝廷的政治生態產生影響。如果能夠處理好家庭內部的關係，士大夫們可以保持富貴，得到君主的賞識，顧炎武引《史記》的記載爲例，說道：「宣曲任氏曰：『富人爭奢侈而任氏折節爲儉，力田畜。田畜，人爭取賤賈，任氏獨取貴善。富者數世。然任公家約：非田畜所出，弗衣食；公事不畢，則身不得飲酒食肉。以此爲閭里率，故富而主上重之」〔註 23〕。而《漢書》也有類似的記載，顧炎武引《漢書》的記載，說，張安世地位非常尊貴，但是非常儉樸，夫人親自紡織，而家童七百人，都有技藝做事情，正是因爲處理好家庭內部的關係，從而能夠積纍財富，「是以能殖其貨，富於大將軍光」〔註 24〕。通過引述《史記》、《漢書》這兩段史料，顧炎武指出人與人之間關係的協調有利於財富的增加。

顧炎武認爲，士人們協調好家庭成員之間的關係有助於家庭興旺，而如果不能協調好家庭成員之間的關係，嚴重的會使士大夫身敗名裂。顧炎武引《漢書·霍光傳》中，「『兩家奴爭道，霍氏奴入御史府，欲蹋大夫門』，此霍氏之所以亡也。『奴從賓客漿酒藿肉』，此董賢之所以敗也。然則今日之官評，其先考之《僮約》乎」〔註 25〕，語指出「以正色立朝之孔父，而豔妻行路，禍及其君。以小心謹愼之霍光，而陰妻邪謀，至於滅族。」〔註 26〕指出，霍光身居高位，而且做事小心謹愼，卻因家奴惹是生非，而遭遇滅族。而明朝的士大夫「才任一官，即以教戲唱曲爲事，官方民隱，置之不講，國安得不亡？身安得無敗」〔註 27〕。良好的社會風俗正是在君主的引導之下，在士人的協助下形成的。

二、儒家思想對建立良好社會風俗的意義

顧炎武以爲，歷代風俗的變化無不是君主在起著決定性的作用。而君主

〔註 22〕　《日知錄集釋》卷 13，「家事」條，第 796 頁。
〔註 23〕　《日知錄集釋》卷 13，「家事」條，第 796 頁。
〔註 24〕　《日知錄集釋》卷 13，「家事」條，第 796 頁。
〔註 25〕　《日知錄集釋》卷 13，「家事」條，第 797 頁。
〔註 26〕　《日知錄集釋》卷 13，「家事」條，第 797 頁。
〔註 27〕　《日知錄集釋》卷 13，「家事」條，第 798 頁。

能否建立起良好的社會風俗在於君主是否尊崇儒學。

他指出，「東漢風俗最好，因爲完全受儒家道術的支配」〔註 28〕，「漢自孝武表章六經之後，師儒雖盛，而大義未明，故新莽居攝，頌德獻符者遍於天下。光武有鑒於此，故尊崇節義，敦厲名實，所舉用者，莫非經明行修之人，而風俗爲之一變。」由於君主尊奉儒學，社會中形成了普遍的儒學風氣，形成了正直之氣，當東漢末年朝政昏暗，但士人們寧願冒著「黨錮之禍」，「依仁蹈義，捨命不渝」〔註 29〕。

而三國是社會風俗由盛轉衰的開始，因爲曹魏不重視對官員人品的考察，而只重技藝，「至於求『負污辱之名，見笑之行、不仁不孝而有治國用兵之術者』，於是權詐迭進，奸逆萌生」。當時的青年不「以學問爲本，專更以交遊爲業；國士不以孝悌清修爲首，乃以趨勢求利爲先」〔註 30〕，致使正始年間出現了風俗的崩壞，顧炎武說：「至正始之際，而一二浮誕之徒，騁其智識，蔑周、孔之書，習老、莊之教，風俗又爲之一變」。顧炎武認爲，魏晉以後社會風俗的敗壞正是曹操造成的，他說：「經術之治，節義之防，光武、明、章數世爲之而未足；毀方敗常之俗，孟德一人變之而有餘」〔註 31〕。正始是魏少帝曹芳的年號，在當時曹魏的政權已爲司馬昭所控制，當時士人們普遍缺乏社會責任感和做人的原則。「一時名士風流，盛於洛下。乃至棄經典而尚老、莊，蔑禮法而崇放達，視其主之顛危若路人然，即此諸賢爲之倡也。自此以後，競相祖述」〔註 32〕，「以致國亡於上，教淪於下，羌胡互僭，君臣屢易」。正因爲此，魏晉南北朝時期的中國出現了五胡亂華的局面。這種社會風氣一直影響到隋唐五代，「士大夫忠義之氣，至於五季，變化殆盡」〔註 33〕。

而到了宋朝初年，宋太祖趙匡胤愛好讀書，優待士人，尊崇儒學，「首褒韓通，次表衛融，以示意向」。在宋太祖的引導下，宋朝的社會風尚趨於完美。宋眞宗、宋仁宗年間出現了像田錫、王禹冉、范仲淹、歐陽修、唐介這樣正直且有才華的大臣，他們「以直言讜論倡於朝。於是中外薦紳，知以

〔註 28〕梁啓超：《飲冰室合集》專集之一百零三，《儒家哲學》，中華書局 1989 年版，第 15 頁。
〔註 29〕《日知錄集釋》卷 13，「兩漢風俗」條，第 753 頁。
〔註 30〕《日知錄集釋》卷 13，「兩漢風俗」條，第 753 頁。
〔註 31〕《日知錄集釋》卷 13，「兩漢風俗」條，第 753 頁。
〔註 32〕《日知錄集釋》卷 13，「正始」條，第 755 頁。
〔註 33〕《日知錄集釋》卷 13，「正始」條，第 756 頁。

名節爲高，廉恥相尙，盡去五季之陋。故靖康之變，志士投袂，起而勤王，臨難不屈，所在有之。及宋之亡，忠節相望」〔註34〕。但是，顧炎武指出，王安石變法存在著一些弊端。這些弊端助長著社會投機取巧的風氣，爲了迅速推行變法，王安石對提出不同意見的大臣予以打擊，對於贊成變法的大臣予以提拔，「王荊公秉政，更新天下之務，而宿望舊人議論不協，荊公遂選用新進，待以不次，故一時政事不日皆舉，而兩禁臺閣、內外要權莫非新進之士也」〔註35〕。這些贊成變法的大臣當中不乏投機政治、姦猾取巧的人物，如「鄧綰、李定、舒亶、蹇序辰、王子韶諸奸一時擢用」。這些人影響政治穩定，至「紹聖、崇寧，而黨禍大起，國事日非，膏肓之疾遂不可治」，整個朝廷陷入混亂之中，這樣混亂的朝廷不能有效履行社會公共職能，造成社會矛盾愈積愈多。王安石變法的弊端在於「移人心」，營造了投機取巧、虛僞浮誇的政治風氣，「輕薄書生，矯飾言行，坐作虛譽，奔走公卿之門者若市矣」〔註36〕，「變士習爲朝廷之害。其害於百姓者，可以一旦變更，而其害於朝廷者歷數十百年，滔滔之勢，一往而不可反矣」〔註37〕。

顧炎武重視儒家思想中崇尚道德實踐的內容，「儒家雖非宗教，但是講道德、講實踐的時候很多；並且所講道德實踐，與宗教家不同，偏於倫理方面，說明人與人相處之道。一般人的行動，受其影響極大」〔註38〕。顧炎武正是受到了儒家道德實踐思想的影響，認爲樹立人與人之間的關係的「道德」是促進社會發展的根本所在，因爲人是社會財富的創造者，是社會存在和發展的動力，「國家之所以存亡者，在道德之淺深，不在乎強與弱；曆數之所以長短者，在風俗之厚薄，不在乎富與貧」〔註39〕。因此推動社會發展首先要解決人的問題，尤其要解決人對待生活的態度、人以何種方式對待他人的問題。社會關係如果是良性的，就會對他人和自身有利，而如果是惡性的，則會對他人和自身生存和發展造成危害，正如顧炎武所引用的陸游的《歲暮感懷》詩所表達的那樣：「在昔祖宗時，風俗極粹美。人材兼南北，議論忘彼此。誰

〔註34〕　《日知錄集釋》卷13，「宋世風俗」條，第758頁。
〔註35〕　《日知錄集釋》卷13，「宋世風俗」條，第760頁。
〔註36〕　《日知錄集釋》卷13，「宋世風俗」條，第761頁。
〔註37〕　《日知錄集釋》卷13，「宋世風俗」條，第759頁。
〔註38〕　梁啓超：《飲冰室合集》專集之一百零三，《儒家哲學》，中華書局1989年版，第15頁。
〔註39〕　《日知錄集釋》卷13，「宋世風俗」條，第759頁。

令各樹黨，更僕而迭起。中更夷狄禍，此風猶未已。倘築太平基，請自厚俗始」〔註40〕。君主是否尊崇儒學對於能否形成良好社會風俗起著決定作用。

三、社會風俗與治亂興衰的關係

通過對歷朝歷代社會風俗的總結，顧炎武認為，良好社會風俗的形成關鍵在於君主。王安石變法的主持者雖然是王安石，但如果沒有宋神宗的支持是不可能實現的。由於顧炎武受到傳統倫理道德的約束，因此作為臣，他一方面不能明顯地批評君主專制，而另一方面又必須尊重事實，因為君主確是造成社會危機的禍首，於是他將對君主的批評隱含在敘述歷史當中。

顧炎武批評了君主敗壞人與人之間的關係。他說：「有亡國，有亡天下。亡國與亡天下奚辨？曰：易姓改號，謂之亡國；仁義充塞，而至於率獸食人，人將相食，謂之亡天下。魏、晉人之清談，何以亡天下？是《孟子》所謂楊、墨之言，至於使天下無父無君而入於禽獸也。」孟子說：楊朱的「拔一毛而利天下不為也」的絕對自私與墨子的「兼愛」的絕對無私都不利於社會關係的協調，會造成人與人之間的緊張關係。歷史證明楊朱的絕對自私與墨子的絕對無私都不是人與人之間正確的相處之道，魏晉之清談、明朝之清談產生的根源正是君主。由於君主造成本應承擔社會責任的士人未能履行這一職責，普通民眾本應是從事社會生產勞動，然而在道德淪喪、社會風俗大亂的局面下，普通民眾不得不擔負起「保天下」的責任。

社會風俗關係到「保天下」，顧炎武指出，為什麼說清談會導致「亡天下」，魏晉時期，稽康為司馬昭所殺，司馬昭的兒子司馬炎即位稱帝，召稽康的兒子稽紹入朝為官，「紹時屏居私門，欲辭不就」。山濤對稽紹說：「為君思之久矣，天地四時猶有消息，而況於人乎？」「一時傳誦，以為名言」，得到了人們的普遍認可，並使稽紹這樣的賢人，「且犯天下之不韙而不顧」，不顧殺父之仇，入了晉朝為官。顧炎武說，有這種普遍的社會風氣，那麼就無怪乎像王褒這樣的人會相繼「臣於劉聰、石勒，觀其故主青衣行酒而不以動其心者乎」。

人們沒有「保天下」的願望，那麼又何談「保國」，「是故知保天下，然後知保其國。」封建王朝的盛衰關係到一家一姓的利益，而社會風俗的敗壞導致了「率獸食人，人將相食」的「亡天下」的局面，則威脅到這個天下每一個人

〔註40〕《日知錄集釋》卷13，「宋世風俗」條，第763頁。

的利益。所以顧炎武說：「保國者，其君其臣肉食者謀之；保天下者，匹夫之賤
與有責焉矣」〔註41〕。「如果連『保天下』這樣的『匹夫之賤，與有責焉』的事
情都不知，怎麼能談得上『保其國』呢？所以，要保國，首先要『保天下』。」
〔註42〕因此將「國」與「天下」兩個概念說成是「一姓之私和『天下之公』，不
能認為是準確的」〔註43〕。

　　依據對歷史經驗教訓的總結，顧炎武認為明朝社會風俗的衰落是君主引
導士人，士人再傳導給社會造成的。顧炎武在《日知錄》卷13中的「清議」
條，批評明朝君主只重視嚴刑峻法，而不重視引導社會風氣的做法。他說：

　　　　古之哲王所以正百辟者，既已制官刑儆於有位矣，而又為之立
　　闇師，設鄉校，存清議於州里，以佐刑罰之窮。「移之郊遂」，載在
　　《禮經》；「殊厥井疆」，稱於《畢命》。兩漢以來，猶循此制，鄉舉
　　里選，必先考其生平，一沾清議，終身不齒。君子有懷刑之懼，小
　　人存恥格之風。教成於下而上不嚴，論定於鄉而民不犯。降及魏、
　　晉，而九品中正之設，雖多失實，遺意未亡。凡被糾彈付清議者，
　　即廢棄終身，同之禁錮……〔註44〕

　　　　洪武十五年八月乙酉，禮部議：「凡十惡、奸盜詐偽、干名犯義、
　　有傷風俗及犯贓至徒者，書其名於申明亭，以示懲戒。有私毀亭舍、
　　塗抹姓名者，監察御史、按察司官以時按規，罪如律。」制可。十
　　八年四月辛丑，命刑部錄內外諸司官之犯法罪狀明著者，書之申明
　　亭。此前代鄉議之遺意也。後之人視為文具，風紀之官但以刑名為
　　事，而於弼教新民之意若不相關，無惑乎江河之日下已。〔註45〕

　　社會風俗正是人與人之間關係的體現。而社會風俗的形成正是掌握政權
控制的君主所形成的。顧炎武希望通過君主提倡廉潔，打擊貪污，從而清正
廉明，使禮義廉成為朝廷上下的風氣，從而引導社會建立起良好的道德風尚。

〔註41〕《日知錄集釋》卷13，「正始」條，第757頁。
〔註42〕周文玖：《顧炎武論治亂興衰》，《史學史研究》1996年第1期。
〔註43〕王茂：《清代哲學》，安徽人民出版社1992年版，第238頁。
〔註44〕《日知錄集釋》卷13，「清議」條，第764頁。
〔註45〕《日知錄集釋》卷13，「清議」條，第766頁。注：有的學者認為「清議」
　　　　「是一種監督當權者的社會輿論」，從本條的內容看，對當權者的監督不是
　　　　那麼明顯。清議的對象是普通民眾，是對普通民眾的引導，作為刑罰的輔助
　　　　手段。

這才是治國的關鍵。然而明朝君主不重視社會風俗的建設，一味爭權奪利，使得明朝形成了不以道德爲美，以「財多而光榮」的社會風氣。社會上的人以「居官而置富者爲雄傑，處奸而得利者爲壯士。」顧炎武指出明朝社會形成的這種爲了財富毫無道德底線的社會風氣是在明朝皇帝引導下形成的。他說：。

自神宗以來，贖貨之風，日甚一日，國維不張，而人心大壞，數十年於此矣」〔註46〕。正是由於明神宗作爲皇帝對社會財富巧取豪奪，使得人心大壞，國維不張。

有的學者認爲，「清議」條表現了顧炎武要求對君主進行民主監督的思想。筆者認爲，條目中「天下風俗最壞之地，清議尚存，猶足以維持一二。至於清議亡而干戈至矣」〔註47〕一句確有監督之義，但從全條目的脈絡來看，顧炎武更著重強調了君主引導對社會風氣形成所產生的決定性影響的重要性。

由於君主引導與社會風俗之間有著密切的關係重大意義，明朝君主不善於引導社會風氣，致使明朝社會出現了很多陋習，而其中最爲嚴重的則是明朝中後期興起的空疏學風。

第二節　顧炎武論社會生活中的陋習

顧炎武不僅指出明朝君主專制是導致明朝社會風氣敗壞的根源，還具體闡述了明朝社會生活當中的種種陋習。

顧炎武指出，明朝出現豢養家奴的風氣，「江南士大夫多有此風，一登仕籍，此輩競來門下，謂之『投靠』，多者亦至千人」。而蓄奴的危害在於，有的地方出現主人受奴婢節制的局面，奴婢的出身各不相同，情況背景也各不相同，有的主人沉溺於其中有姿色者，這不利於士人自身的人格的塑造。顧炎武說：「士大夫之僕，多有以色而升，以妻而寵。夫上有漁色之主，則下必有烝弒之臣。清斯濯足，自取之也。是以欲清閨門，必自簡童僕始。」〔註48〕蓄奴之風體現了奢靡腐化的社會風氣。

〔註46〕《日知錄集釋》卷13，「貴廉」條，第791頁。
〔註47〕《日知錄集釋》卷13，「清議」條，第766頁。
〔註48〕《日知錄集釋》卷13，「奴僕」條，第800頁。

　　蓄奴除了會影響社風氣，還會影響到士人的社會形象。士人們能夠不分貴賤，廣交朋友，但是家奴往往會為士人樹立敵人，「失教之家，閹寺無禮，或以主君寢食嗔怒，拒客未通」〔註49〕，使士人們與之交往「深以為恥」。這樣以來影響士人的社會交往。因此，顧炎武主張，「有王者起，當悉免為良，而徙之以實遠方空虛之地」。

　　明朝有囤積田宅的風氣。顧炎武認為培養後代子孫懂得做人的道理，要遠比為後人囤積田宅更有利於後代子孫的發展。囤積土地往往會培養「無賴子弟」，為「無賴子弟作酒色之資」〔註50〕，而使「人情彌險」〔註51〕。積蓄田產者，其後人往往都落得個家破人亡的下場。

　　顧炎武指出，在明朝，父母還在世時，兄弟就分家，分財產，已經成為普遍現象。他認為這是一種社會陋習。明朝「士大夫父母在而兄弟異居，計十家而七。庶人父子殊產，八家而五。其甚者乃危亡不相知，飢寒不相恤，忌疾讒害，其間不可稱數」〔註52〕。「江南猶多此俗，人家兒子娶婦，輒求分異。而老成之士有謂二女同居，易生嫌競，莫如分者，豈君子之言與」〔註53〕，甚至有父子之間互相攻擊、互相毀譽的情況，明代「江、浙之間，多有此風，一入門戶，父子兄弟各樹黨援，兩不相下」。〔註54〕。

　　明朝還有在生日大肆慶祝的風氣。顧炎武以為，生日之禮本為使人們體會「反本樂生之意」，然而在明朝「自天子至於庶人」只是在吃飯飲酒，「酣暢聲樂，不知有所感傷」〔註55〕，這也反映了明朝社會人際關係的淡漠。

　　顧炎武指出，明朝社會有酗酒之風。酒會對人的日常生活產生危害。顧炎武說：

　　　　水為地險，酒為人險。故《易》爻之言酒者無非《坎》卦，而
　　　　『萍氏掌國之水禁』，水與酒同官。徐尚書石麒有云：『《傳》曰：水
　　　　懦弱，民狎而玩之，故多死焉。酒之禍烈於火，而其親人甚於水，
　　　　有以夫，世盡夭於酒而不覺也。〔註56〕

〔註49〕　《日知錄集釋》卷13，「閹人」條，第800頁。
〔註50〕　《日知錄集釋》卷13，「田宅」條，第802頁。
〔註51〕　《日知錄集釋》卷13，「田宅」條，第802頁。
〔註52〕　《日知錄集釋》卷13，「分居」條，第808頁。
〔註53〕　《日知錄集釋》卷13，「分居」條，第809頁。
〔註54〕　《日知錄集釋》卷13，「父子異部」條，第813頁。
〔註55〕　《日知錄集釋》卷13，「生日」條，第813頁。
〔註56〕　《日知錄集釋》卷13，「酒禁」條，第1068頁。

朝廷本應對酒的泛濫加以控制，然而明朝統治者將酒作爲獲利的手段，「設法勸飲，以斂民財」。明朝既不對酒徵收高額的稅收，也沒有對酤酒的禁令，「民間遂以酒爲日用之需」，如同每天所需的食物一樣不可缺少，「若水之流，滔滔皆是，而厚生正德之論莫有起而持之者矣」〔註57〕。

士人不僅酤酒，而且愛好賭博，顧炎武說：「萬曆之末，太平無事，士大夫無所用心，間有相從賭博者。至天啓中，始行馬弔之戲。而今之朝士，若江南、山東，幾於無人不爲此」。朝廷對賭博沒有起到禁止的作用，雖有禁止賭博的禁令，但是「百人之中未有一人坐罪者，上下相容而法不行故也」〔註58〕。賭博的實質是貪財。貪財不是促使社會發展的源泉。社會發展的根本在於重視人在社會發展中的作用。顧炎武指出，唐代姦臣楊國忠對於財利算計得細緻入微，「計算鉤畫，分銖不誤」，唐玄宗稱讚他是「度支郎才也」，但卻終於因爲「用之而敗」，而明朝的「士大夫不慕姚崇、宋璟，而學楊國忠，亦終必亡而已矣」〔註59〕。

顧炎武認爲社會風氣的變化是逐漸演變的結果。他以爲明朝爲「胡人」清軍所滅，正是歷史上崇尚胡服的結果。而人們之所以選擇了奇裝異服，正是「風俗狂慢」的表現。他說：「《漢書‧五行志》曰：『風俗狂慢，變節易度，則爲剽輕奇怪之服，故有服妖』。」明朝的穿戴的風氣已經與國初發生了很大的變化。在明朝初年，衣服上的「褶」都是「前七後八」，而到了明孝宗弘治年間，上衣長、下衣短，而且褶變得多了。到了明武宗正德年間，上衣短，下衣比弘治年間多出三分之一。「萬曆間，遼東興冶服，五彩炫爛，不三十年而淪」〔註60〕。明朝中後期，官員、士兵和普通民眾多有穿著「對襟衣」，這是一種胡人的服飾，不是漢民族的服裝。顧炎武認爲服飾反映了人們對於文化的認同，反映了民眾的文化趨勢，因此淪爲胡人的屬民也是必然的。他說：「自古承平日久，風氣之來，必有其漸，而變中夏爲夷狄，未必非一二好異之徒啓之也。」爲了論證這個道理，顧炎武引證了《春秋傳》、《後漢書‧五行志》、《晉書‧五行志》、《大唐新語》、《禮樂志》中的話作爲論據指出：《春秋傳》僖公二十二年：「初，平王之東遷也」，辛有到伊川去，看見那裏的人

〔註57〕 《日知錄集釋》卷13，「酒禁」條，第1606頁。
〔註58〕 《日知錄集釋》卷13，「賭博」條，第1068頁。
〔註59〕 《日知錄集釋》卷28，「賭博」條，第1610頁。
〔註60〕 《日知錄集釋》卷28，「冠服」條，第1586頁。

「被發而祭於野者，曰：『不及百年，此其戎乎？其禮亡矣』」，果然到了同年秋，「秦、晉遷陸渾之戎於伊川」。原先的漢民族文化爲戎狄文化所代替。《後漢·五行志》上說：漢靈帝喜好胡人的服飾和生活器具，「京都貴戚皆競爲之」，其後出現了「董卓多擁胡兵，填塞街衢，擄掠宮掖，發掘園陵」。《晉書·五行志》上說：泰始之初，中原人民都崇尚使用胡人的生活器具，講求胡人的生活方式，當時的「百姓相戲曰：『中國必爲胡所破。夫貉毛產於胡，而天下以爲泊頭、帶身、誇口，胡既三制之矣，能無敗乎』」？果然到了元康中，「氐羌互反」，「永嘉後，劉、石遂篡中都。自後四夷迭據華土，是服妖之應也」，出現了「五胡亂華」的局面；《大唐新語》上說：在武德、貞觀時代，宮廷之中人們還遵從漢人的服飾，但是到了高宗永徽之後，出現了一定的變化，「皆用帷帽施裙，到頸爲淺露」，到玄宗開元年間，「宮人馬上始著胡帽，靚妝露面，士庶咸倣之。天寶中，士流之妻，或衣丈夫服靴鞭帽，內外一貫矣」。顧炎武認爲唐朝中葉出現的「安史之亂」，「當時以爲服妖之應」〔註61〕。顧炎武通過歷史經驗的總結，指出，社會上流行的服飾潮流反映著社會的價值取向。明朝人的服飾潮流反映著明朝的統治必將爲異族人所取代。他說：「此皆已事之見於史書者也。嗚呼，可不戒哉！」〔註62〕

第三節 顧炎武論明代空疏學風

　　理學空談是造成明朝滅亡的重要原因。顧炎武對之進行了深入的探討。在與朋輩、學生討論學術問題的書信，如《與友人論學書》、《與友人論易書》、《與友人論門人書》、《病起與藹門當事書》、《與施愚山書》、《與彥和甥書》、《與戴楓仲書》、《答李紫瀾書》、《答曾庭聞書》、《答李子德書》、《與潘次耕書》，其主要內容，均爲大力針砭空洞浮泛學風的肆虐，分析其對社會、學術的危害，表達他扭轉空疏學風的強烈願望。同時，在《日知錄》中，顧炎武通過對大量史料的選擇組織、評析，不僅揭示了空疏學風的表現，並且深刻地論述了它與科舉制度、文化專制的關係。卷一、《朱子周易本義》條、《艮其限》條、卷十三、《正始》條、卷十六、卷十七、卷十八整卷等等都在論述這一問題。顧炎武對明代空疏學風的批評非常激烈，認爲它直接造成了明朝

〔註61〕《日知錄集釋》卷28，「胡服」條，第1588頁。
〔註62〕《日知錄集釋》卷28，「胡服」條，第1589頁。

的滅亡。他對明代空疏學風的認識是全面而系統的。揭露和批判空疏學風是其思想體系中的重要問題。

顧炎武展開了對空疏學風的批判，他不僅揭示了空疏學風的具體表現，並且論述了實質及其危害，更論述了空疏學風產生的深層原因，其分析切中要害，鞭闢入裏，因而極具震撼的力量。

一、明代空疏學風的具體表現與實質

明代士人崇尚空談、放棄實學已成普遍風氣。顧炎武對明代空疏學風的種種惡劣表現作了論述，概括而言有以下幾項：

首先，明代士人崇尚玄學清談，「飽食終日、無所用心」，「群居眾日，言不及義，好行小慧」〔註63〕；「以放言高論為神奇」，崇尚玄妙的語言，而放棄實在的處理社會問題的能力。明代士人對待「心」，「虛空以治之」，「至於齋心服形之老莊，一變而為坐脫立忘之禪學，乃瞑目靜坐，日夜仇視其心而治之。及治之愈急而心愈亂，則曰『易伏猛獸，難降寸心』」〔註64〕。他們用清談的辦法談孔孟，整日裏崇尚清談。「所謂『清談』，指談玄說妙的那種煩瑣思辨。」〔註65〕明代士人「舉堯、舜相傳所謂危微精一之說一切不道，而但曰：『允執其中，四海困窮，天祿永終』」。士人聚集在一起「譬諸草木，區以別矣」，談論心與性，而放棄努力學習知識，而力圖獲得「一貫之方」，而對四海生活在窮困中的人民置之不理。他們「終日講危微精一之說」，自認為自己的學說高過孔子，而認為其門人「賢於子貢」，放棄實際社會實踐。

他們拒絕從歷史書中尋求治亂興衰的道理，顧炎武說：「士而不先言恥，則為無本之人；非好古而多聞，則為空虛之學」〔註66〕。士人們不能通十三經，並且認為當時已有的書籍難讀，顧炎武說：「以一家之學，有限之書，人間之所共有者，而猶苦其難讀也，況進而求之儒者之林」〔註67〕。

明代士人學術空疏，他們「窮年所習，不過應試之文，而問以本經，猶茫

〔註63〕《日知錄集釋》卷13，「南北學者之病」條，上海古籍出版社2006年版，第804頁。

〔註64〕《日知錄集釋》卷1，「艮其限」條，第31頁。

〔註65〕王茂：《清代哲學》，安徽人民出版社1992年版，第246頁。

〔註66〕顧炎武：《與友人論學書》，《亭林文集》卷3，《顧亭林詩文集》，中華書局1983年版，第40頁。

〔註67〕顧炎武：《與友人論易書》，《亭林文集》卷3，《顧亭林詩文集》，中華書局1983年版，第41頁。

然不知爲何語。傳之非一世矣。引納貲之例行，而目不識字者，可爲郡邑博士；惟貧而不能徙業者，百人之中尚有一二讀書，而又皆躁競之徒，欲速成以名於世。語之以五經則不願學，語之以白沙、陽明之語錄則欣然矣，以其襲而取之易也。其中小有才華者頗好爲詩，而今日之詩，亦可以不學而作」〔註 68〕。這樣的學術毫無實際意義。「宋明道學家關於『心』、『性』之類的空談」，「他們既不全面研究，只是摘取儒家經典的字句加以利用，也不注意研究歷史，對於現實問題更爲漠視，只是一味宣揚『明心見性』之類神秘主義的言論」〔註 69〕，「不考百王之典，不綜當代之務，舉夫子論學論政之大端一切不問，而曰『一貫』，曰『無言』，以明心見性之空言，代修己治人之實學」〔註 70〕，士人們整日裏所談論的問題都是道家和佛教的思想。

其次，明代士人以儒家經典語錄作爲空談義理的文字依據，而實質上闡發的是道家和禪宗思想。他們將《孟子・告子上》中，「學問之道無他，求其放心而已矣」〔註 71〕，和《古文尚書》中的「人心惟危，道心惟微，惟精惟一，允執厥中」等語，作爲「但求放心」的依據，「取聖經有『空』字、『無』字者強同於禪教」〔註 72〕，是「內釋而外吾儒」〔註 73〕。

其三，明代士人以道家、禪宗爲宗，「以蕩軼規矩、掃滅是非廉恥爲廣大」，喪失了道德標準。明朝的士人無意於做學問，對儒學這一當時社會道德標準的來源不甚了了。士人們「窮年所習，不過應試之文，而問以本經，猶茫然不知爲何語」，能夠通「《十三經注疏》者」寥寥無幾，「聖人之道，不以是而中絕也」〔註 74〕？甚至連「百餘年以來」所言之「心」，所言之「性」，都「茫乎不得其解也」〔註 75〕。與佛、道相比，儒學更貼近於現實生活，是當時社會學說中唯一的「實學」。由於對經書的含義不能理解，隨之導致了道德標準的喪失，以至

〔註 68〕顧炎武：《與友人論門人書》，《亭林文集》卷 3，《顧亭林詩文集》，中華書局 1983 年版，第 47 頁。

〔註 69〕張豈之：《顧炎武》，中華書局 1982 年版，第 22～24 頁。

〔註 70〕《日知錄集釋》卷 7，「夫子之言性與天道」條，第 402 頁。

〔註 71〕《日知錄集釋》卷 7，「求其放心」條，第 437 頁。

〔註 72〕《日知錄集釋》卷 18，「科場禁約」條，第 1059 頁。

〔註 73〕《日知錄集釋》卷 18，「內典」條，第 1046 頁。

〔註 74〕顧炎武：《與友人論易書》，《亭林文集》卷 2，《顧亭林詩文集》，中華書局 1983 年版，第 42 頁。

〔註 75〕顧炎武：《與友人論學書》，《亭林文集》卷 2，《顧亭林詩文集》，中華書局 1983 年版，第 40 頁。

於在社會上出現了種種無恥的行爲。明代士人的著作抄襲成風,「前人之書而爲自作者矣,故得明人書百卷,不若得宋人書一卷也」〔註76〕。明代空疏學風的具體表現說明空疏學風的積弊已是非常嚴重。

空疏的學風嚴重脫離社會現實。這些具體表現的實質是士人們對於履行社會職責,解決社會現實問題的漠視,這是明代學風「虛」的含義。這裡尤應辨析的是,顧炎武批評空疏學風脫離現實,並非如有的學者所認爲的那樣,顧氏反對進行哲學思辨,是「哲學取消論」。顧炎武反對「終日言性與天道」,主要是因爲明代士人沒有做到「孝悌忠信,持守誦習」。他認爲「孝悌忠信,持守誦習」這些具體實踐活動才是「下學之本」。「器」與「道」是緊密聯繫的有機整體,「『形而上者謂之道,形而下者謂之器。』非器則道無所寓」,具備恰當的「器」,才能寓含「形而上」的「道」,「故曰:『下學而上達』」〔註77〕。「夫子之文章莫大乎《春秋》,《春秋》之義,尊天王,攘夷狄,誅亂臣賊子,皆性也,皆天道也。」〔註78〕心學家不顧現實的「器」,而只顧「形而上」的「道」,那麼「道」也是「不可得而聞」的。由此,顧炎武論證了「道」與「器」的關係,即「道」與「器」是一個事物的兩個不同層面。所以顧炎武重視「器」不能代表他反對「道」的存在。由以上論述可知,顧炎武認爲,明代學風之所以空疏即在於這種學風沒有通過社會關係的實踐去體現「道」,因而落入了禪學的套路,放棄了自己應承擔的社會責任。

再者,顧炎武認爲社會關係的協調對社會發展起著非常重要的作用。國家若能協調好社會關係,可以帶來文化繁榮和經濟發展。他認爲東漢是夏商周以後最爲完美的朝代,其原因是「光武躬行儉約,以化臣下。講論經義,常至夜分」,帶動了社會關係的協調。「以故東漢之世,雖人才之倜儻不及西京,而士風家法似有過於前代。」〔註79〕再作更加直觀的喻比,如果家庭內部能協調好關係,則會能長久保持家庭的富足。他說:「三世共財,子孫朝夕禮敬,常若公家。其管理產業,物無所棄,課役童隸,各得其宜,故能上下戮力,財利歲倍。」〔註80〕而明代士大夫知道這個道理的很少,崇尚「清談」,

〔註76〕顧炎武:《鈔書自序》,《亭林文集》卷 2,《顧亭林詩文集》,中華書局 1983 年版,第 29 頁。
〔註77〕《日知錄集釋》卷 1,「形而下者謂之器」條,第 42 頁。
〔註78〕《日知錄集釋》卷 7,「夫子言性與天道」條,第 400 頁。
〔註79〕《日知錄集釋》卷 13,「兩漢風俗」條,第 754 頁。
〔註80〕《日知錄集釋》卷 13,「家事」條,第 796 頁。

崇尙道家、佛家那種脫離社會生活，消極避世的思想，「故富貴不三四傳而衰替也」〔註81〕。

　　顧炎武以爲明代士人「不入於莊，則入於釋」，「是《孟子》所謂楊、墨之言，至於使天下無父無君而入於禽獸也。」〔註82〕崇尙逍遙自在，實是一種自私和不負責任的行爲。明代士人不知道「聖人之道」，乃是「博學於文」與「行己有恥」，不能在「往來、辭受、取與之間」的社會實踐中，作「有恥之事」〔註83〕，便是無本之人。由於「士人有廉恥，則天下有風俗」，士人尙且無恥，則敗壞社會風氣，故「士大夫之無恥，是謂國恥」〔註84〕。因此，「股肱惰而萬事荒，爪牙亡而四國亂，神州蕩覆，宗社丘虛」〔註85〕的慘禍是必然的。這是顧炎武對空疏學風實質性危害的認識，也是顧炎武對它深惡痛絕的原因所在。

　　顧炎武指出，明代士人學術是「內釋而外吾儒」〔註86〕。那麼爲什麼會出現「內釋而外吾儒」的情況？王陽明在空疏學風盛行中扮演了怎樣的角色？顧炎武並沒有簡單地指責王陽明應該承擔全部責任，陽明心學固然有責任，但禍首卻另有其源。

二、剖析封建專制與空疏學風的關係

　　關於顧炎武是如何看待空疏學風如何形成的問題，很多學者認爲陽明心學是空疏學風產生的原因。而引證的史料多爲顧炎武對陽明心學直接批評的一段話。他說：

> 　　以一人而易天下，其流風至於有百餘年之久者，古有之矣，王夷甫（衍）之清談、王介甫（安石）之新說；其在於今，則王伯安（守仁）之良知是也。孟子曰：「天下之生久矣，一治一亂。」撥亂世反諸正，豈不在後賢乎？〔註87〕

　　依據這段話，梁啟超指出「亭林既憤慨當時學風，以爲明亡實由於此，

〔註81〕《日知錄集釋》卷13，「家事」條，第796頁。
〔註82〕《日知錄集釋》卷13，「正始」條，第756頁。
〔註83〕顧炎武：《與友人論易書》，《亭林文集》卷3，《顧亭林詩文集》中華書局1983年版，第41頁。
〔註84〕《日知錄集釋》卷13，「廉恥」條，第772頁。
〔註85〕《日知錄集釋》卷7，「夫子之言性與天道」條，第402頁。
〔註86〕《日知錄集釋》卷18，「內典」條，第1045頁。
〔註87〕《日知錄集釋》卷18，「朱子晚年定論」條。

推原禍始，自然責備到陽明」〔註 88〕。梁啓超的觀點對於當前學界有關顧炎武是如何看待心學頗有影響。有的學者據此得出，顧炎武認為陽明心學造成了明代空疏學風，「王學確實把士大夫引向荒惰」〔註 89〕，使得「神州蕩覆，宗社丘墟」。筆者認為，這段話確實體現出顧炎武對陽明心學的指責，即陽明心學確應對空疏學風的形成負有責任，顧炎武在《朱子晚年定論》中指出，王陽明認為朱陸早異晚同，「專取朱子議論與象山合者，與《道一編》輔車之說正相唱和矣」，鼓動心學，倡導海內，對於心學的盛行起到了很大的作用，但卻不是心學產生的根源。事實上，顧炎武對空疏學風形成原因的分析，並非指明誰造成了空疏學風如此簡單，他指出了，空疏學風的前因後果、形成過程。在空疏學風的形成過程中，王陽明是一個重要的人物，但根本源頭則是明代君主專制統治及其實行的文化專制政策。

顧炎武認為王陽明的著名學說「致良知」，能夠像王衍的「清談」、王安石的「新說」那樣「以一人而異天下，其流風至於百有餘年之久者」〔註 90〕，有「迷眾之罪」〔註 91〕，他說：

> 《姑蘇志》言姚崇國著書一卷，名曰《道餘錄》，專詆程、朱。少師亡後，其友張洪謂人曰：「少師於我厚，今死矣，無以報之，但每見《道餘錄》輒為焚棄。」少師之才不下於文成，而不能行其說者，少師當道德一、風俗同之日，而文成在世衰道微、邪說又作之時也。〔註 92〕

王陽明正是趁著「弘治、正德之際，天下之士厭常喜新」社會心理，而「以絕世之資，倡其新說，鼓動海內」〔註 93〕。由此可見，顧炎武認為「世衰道微，邪說又作」的時代背景是陽明心學產生的條件。而陽明心學非產生「世衰道微，邪說又作」的原因。顧炎武恰當地評價了王陽明在晚明空疏學風盛行這一歷史進程中的地位。陽明心學既是空疏學風盛行的產物，同時又對空疏學風的盛行，起到了推動作用，但非空疏學風產生的真正源頭。

顧炎武指出，明代心學是通過明朝科舉考試的制度而成為士子們崇尚的

〔註 88〕 梁啓超：《中國近三百年學術史》，天津古籍出版社 2003 年版，第 6 頁。
〔註 89〕 王茂《清代哲學》，安徽人民出版社 1992 年版，第 246 頁。
〔註 90〕 《日知錄集釋》卷 18，「朱子晚年定論」條，第 1068 頁。
〔註 91〕 《日知錄集釋》卷 18，「朱子晚年定論」條，第 1067 頁。
〔註 92〕 《日知錄集釋》卷 18，「朱子晚年定論」條，第 1067 頁。
〔註 93〕 《日知錄集釋》卷 18，「朱子晚年定論」條，第 1065 頁。

學說。他引述東鄉艾南英的《皇明今文待序》說道：

> 國初，功令嚴密，匪程、朱之言弗遵也，蓋至摘取良知之說，而士稍異學矣。然予觀其書，不過師友講論、立教明宗而已，未嘗以入制舉業也。其徒龍谿、緒山闡明其師之說，而又過焉，亦未嘗以入制舉業也。龍谿之舉業不傳陽明、緒山班班可考矣。衡較其文，持詳矜重，若未始肆然自異於朱氏之學者。然則今之為此者，誰為之始與？

顧炎武指出：「國初，功令嚴密，匪程、朱之言弗遵也」。明朝中葉，王陽明創立心學，但「不過師友講論、立教明宗而已，未嘗以入制舉業也」。而王學門人如王畿、錢德洪「闡明其師之說，而又過焉，亦未嘗以入制舉業也」，「士子舉業尚守程、朱，無敢以禪竄聖者」。然而嘉靖八年，「興化、華亭兩執政尊王氏學，於是隆慶戊辰《論語程義》首開宗門，此後浸淫，無所底止。科試文字大半剽竊王氏門人之言，陰詆程、朱」〔註94〕。顧炎武認為主持科舉考試的官員崇尚心學，不是偶然的歷史現象。而是在明朝君主推行的科舉制度實施過程中逐漸演進的結果。

明成祖頒佈了《四書五經大全》，「並本義於程傳，去春秋之張傳及四經之古注疏，前人小注之文稍異於大注者不錄，欲道術之歸一，使博士弟子無不以大全為業」〔註95〕。除《大全》等科舉考試的書目之外，士人無書可讀。明太祖時，收「南宋以來舊本，藏之秘府，垂三百年，無人得見。而昔時取士，一史、三史之科又皆停廢，天下之士於是乎不知古」。明成祖推翻建文帝的統治後，修《太祖實錄》，「焚草於太液池，藏真於皇史宬，在朝之臣，非預纂修，皆不得見，而野史、家傳遂得以孤行於世，天下之士於是乎不知今」〔註96〕。他說：「是雖以夫子之聖起於今世，學夏、殷禮而無從，學周禮而又無從也，況其下焉者乎！豈非密於禁史而疏於作人，工於藏書而拙於敷教者邪？遂使帷幄同毀，空聞《七略》之名；冢壁皆殘，不睹六經之字。」〔註97〕明代的士人既不知古，也不知今，為學術走向空疏埋下了伏筆。

此外，心學家「明心見性」的依據，「人心惟危，道心惟微，惟精惟一，

〔註94〕《日知錄集釋》卷18，「舉業」條，第1055頁。
〔註95〕顧炎武：《與友人論易書》，《亭林文集》卷2，《顧亭林詩文集》中華書局1983年版，第41～42頁。
〔註96〕《日知錄集釋》卷18，「秘書國史」條，第1025頁。
〔註97〕《日知錄集釋》卷18，「秘書國史」條，第1023頁。

允執厥中」十六箴言，也起源於《四書五經大全》。這十六字出自《古文尚書》，顧炎武引述《黃氏日鈔》中的話指出「此章本堯命舜之辭，舜申之以命禹，而加詳焉耳」〔註98〕。「近世喜言心學，捨全章本旨而獨論人心、道心，甚者單拾『道心』二字，而直謂『即心是道』，蓋陷於禪學而不自知，其去堯、舜、禹授受天下之本旨遠矣。」這些誤解了全書本旨的人正是與明朝的文化專制有密切的關係。顧炎武指出，明太祖時期依據蔡九峰的著作《書傳》而編纂的《書傳會選》「至永樂中修《尚書大全》，不惟刪去異說，並音釋亦不存矣。」朱熹與蔡沈對《尚書・大禹謨》的解釋是大體上符合該章的本旨的，顧炎武說：「蔡九峰之作《書傳》，述朱子之言曰：『古之聖人將以爲天下與人，未嘗不以治之之法而並傳之。』可謂深得此章之本旨。九峰雖亦以是明帝王之心，而心者，治國平天下之本，其說固理之正也」。可見在顧炎武看來，無論是朱熹，還是蔡九峰都與明代空疏學風以及心學沒有關係。而南宋時「進此《書傳》於朝者，乃因以『三聖傳心』爲說。世之學者遂指此書十六字爲傳心之要，而禪學者藉以爲據依矣」〔註99〕，明成祖頒佈的《四書五經大全》所採用的正是這個注釋。士人無法通過其它渠道考證出這句話的眞實含義，只能遵從《四書五經大全》所作的解釋。由此，顧炎武揭示出明朝皇帝頒佈《四書五經大全》才是明代空疏學風的眞正源頭。而洪武、永樂之際（也就是明成祖發動「靖難」以後）是社會風氣變壞的開始。他說：「愚嘗謂自宋之末造以至有明之初年，經術人才於斯爲盛。自八股行而古學棄，《大全》出而經說亡，十族誅而臣節變，洪武、永樂之間，亦世道陞降之一會矣。」〔註100〕空疏學術風氣隨著封建科舉制度的推行，士人們不讀書習氣的養成，而逐漸形成。明代設立的科舉考試制度，實際只有「明經」一科。這種人才培養方式已經相當狹窄，而實施過程中又有很多弊端。明代科舉中有「經、義、論、策」，主考官可以出的題目不過數十道，於是富家聘請名家在家擬題，讓子弟背誦，去參加考試，「十符八九」〔註101〕，因此導致了科場文章「多係在外準備之文」。於是「天下之士，靡然從風，而本經亦可以不讀矣」〔註102〕。由於科舉考試出題規律已爲民間所掌握，於是有人將中舉的文章分類歸總，由作

〔註98〕《日知錄集釋》卷18，「心學」條，第1048頁。
〔註99〕《日知錄集釋》卷18，「心學」條，第1049頁。
〔註100〕《日知錄集釋》卷18，「書傳會選」條，第1045頁。
〔註101〕《日知錄集釋》卷16，「擬題」條，第945頁。
〔註102〕《日知錄集釋》卷16，「擬題」條，第945頁。

坊刊刻發行。士子們不用讀經書，只需要背誦「坊刻」的科舉考試文集，便可以中舉，使得「無知童子儼然與公卿相揖讓」。

　　科舉考試的內容是空疏的，而教授士子的內容也是空疏的，同時科舉考試的形式和辦法，也在造就著「空疏不學之人」。〔註103〕。士人們固然尊崇儒學，但儒學這一當時唯一與社會現實聯繫緊密的學說，由於明朝的文化專制而使人無從知曉其本來面目。道家、佛教思想卻毫髮未傷，且官方頒布的經典中潛伏著「內釋而外吾儒」的基因，隨著時間的延續，明代士人逐漸遠離經學，而禪學與經學的區別愈益不為人所知。王陽明正是將禪學與儒家思想緊密結合「集大成者」，他將人們固有的禪學與儒學結合的學術方式，在理論上進行了加強，故能「鼓動海內」〔註104〕，風靡全國。明朝士人空疏學風表現為「內釋而外吾儒」便是歷史的必然。以心學為題的科場主考便是這一歷史進程下的產物。

　　顧炎武在《日知錄》中多次強調明代專制君主推行的科舉制度造成了明代空疏學風局面的形成。在《日知錄》卷一「朱子周易本義」條中，他深痛地指出，「秦以焚書而五經亡，本朝以取士而五經亡。今之為科舉之學者，大率皆帖括熟爛之言，不能通大義者也」；卷十六，「十八房」條中說：「八股盛而六經微，十八房興而廿一史廢」；卷十八，「書傳會選」條中又再次強調了「八股興而古學棄，大全出而經說亡」，卷十六，「擬題」條中將八股試士與焚書、坑儒相比擬。他「以為八股之害，等於焚書，而敗壞人材，有甚於咸陽之郊所坑者但四百六十餘人也」〔註105〕。正是由於明代的專制君主們不以教化為「朝廷之先務」，由於朝廷無教化，以致於士人無廉恥，再由士人影響民眾，形成天下風俗，造成了「亡國」與「亡天下」的局面。因此，王陽明及其心學不過是在專制皇朝的影響之下，在晚明空疏學風的歷史進程中，扮演了推波助瀾的角色，而根源則是明代專制統治。尖銳地抨擊封建專制的黑暗和激烈批判明代空疏學風、力求挽救其頹勢，是顧炎武思想體系主線。

　　顧炎武認為，明朝的空疏學風正是由於明朝封建君主專制的產物。它創造了嚴酷的政治環境，力圖對士人的思想進行全面的控制，但卻令明皇朝始料未及的是：明朝專制皇朝推行的科舉制度本身就存在著空疏學風所奉行的

〔註103〕《日知錄集釋》卷18，「經義論策」條。第937頁。
〔註104〕《日知錄集釋》卷18，「朱子晚年定論」條，第1065頁。
〔註105〕《日知錄集釋》卷16，「擬題」條，第946頁。

依據。科舉教育制度對士人的學術活動起到了導向作用，促使了明朝末年空疏學風的形成。學術空疏與否的標準不在於是採用思辨的方式，還是採用實證歸納的方式，而在於是否關心社會生活，是否積極履行每個人應該履行的社會責任。

本章小結：

顧炎武對重要社會問題的認識，主要的中心思想即反映了人與人之間交往的方式，也就是社會風俗。社會風俗是一個非常複雜的社會問題，顧炎武作為一個成熟的思想家，他也不會孤立簡單地看待這一問題。社會風俗與封建君主、封建專制體制、科舉制度、封建士人、以「心學」為代表的社會思潮等等社會問題有關。它既不是由孤立的原因產生的，但又與每個孤立的原因息息相關。而這些原因又不是並列的關係。人類活動之間的關係不是像數學公式那樣簡單，這其中存在著複雜的關係和變化過程。顧炎武論述社會風俗是一個運動變化的過程。而在這個過程中，人起到了決定性的因素。如果不能解釋這個過程，那麼其結果就缺乏嚴密的邏輯鏈條。因此顧炎武雖然有專章對於某些人物和思想的評論，但這只是他認識社會問題的一部份。他闡釋這一問題時，主要是在闡釋這一社會問題形成的過程，正是這個人參與歷史運動的活動的過程決定了最終結果的出現。

顧炎武的這種認識以今天唯物史觀看來，當然是不科學的。人與人之間的關係當然不是社會發展的終極原因。馬克思主義認為「存在決定意識」，但是顧炎武的這一觀點也一定程度上揭示了歷史發展的實質。人如何看待別人，對別人採取怎樣的交往方式，都會對他人和自身帶來一系列的後果。如果有不良的認識，其採取的方式會帶來極端的後果，不利於社會發展和穩定。因此，顧炎武一定程度上認識到了社會發展的實質。

明朝社會風俗的敗壞雖然由每一個社會參與者共同來承擔，引導但總有被的過程。顧炎武自然也會分清其中的前因後果。他將造成這一局面的根源歸結為君主對士人的文化專制。士人本身脫離社會生產，是文化的載體，是溝通君主與普通民眾的橋樑。他們會對民眾的心理，社會交往方式產生直接的影響。因此，明朝士人的文化心理如何？什麼原因造成了明朝士人心理趨向消極、腐朽，其危害又如何？明朝士人的消極、腐朽心理是如何形成的？這些都是顧炎武這位思想家所要認真審視的問題。顧炎武也確對這一問題作出了回應，並得出了系統地認識。

第五章　顧炎武學術思想主要價值和歷史地位

第一節　對傳統儒家思想繼承和超越：「經學即理學」的思想

　　顧炎武對社會生活方方面面的問題都予以了關注，並且對這些問題形成了系統認識。而顧炎武對這些問題的闡釋又是圍繞著對封建專制的批判這一主題所展開的。在顧炎武看來，明朝的封建專制是造成明末社會危機「亡天下」局面的根源。針對封建專製造成的學術空疏的局面，他依據儒家經典並加以發揮提出了「下學而上達」的學術思想，主張恢復傳統的儒家思想，並將儒家思想與「經世致用」緊密聯繫起來。他重視考據的方法，用考據的方法來闡釋經典，闡釋「經世致用」的思想，提出規律性的認識。他提出用史學取代理學的思想，用實際的學問來影響社會，希冀以此來扭轉「天崩地解」的局面。

一、顧炎武對理學的批判

　　顧炎武在傳統學術文化上有很高的造詣，清代著名學術思想家全祖望將顧炎武的學術思想的特點歸納為「經學即理學」的思想。全祖望說：顧炎武「晚益篤志六經，謂古今安得別有所謂理學者，經學即理學也。自有捨經學以言理學者，而邪說以起，不知捨經學則其所謂理學者，禪學也。故其本朱子之說，

參之以慈谿黃東發日抄，所以歸咎於上蔡、橫浦、象山者其峻」〔註 1〕。顧炎武對先秦經學是肯定的，對明代的理學（心學）是否定的，這是顯而易見的。前人關於顧炎武的研究成果對這一點是沒有分歧的。前人的分歧在於顧炎武所說的古之理學是否包括宋代理學，這是我們探討顧炎武與朱熹理學之間關係時需要重點論述的內容。有的學者認爲，「一、『古之所謂理學』和『今之所謂理學』，按當時習慣用法，『古』指先秦，『今』指宋以下，因爲『理學』之名，宋人始有。而宋人並不把經學視爲理學。那麼，『古之所謂』的『理學』，就不是後來的含意，它只能解釋爲『義理之學』的泛指。二、此節譯意是：先秦所謂義理，都在經書裏，宋以下講的義理，其實是禪學。全祖望解云：『謂古今安得別有所謂理學者？經學即理學也。自有捨經學以言理學者，而邪說以起。不知捨經學則其所謂理學者，禪學也。』意思是：必須據經書講義理，捨經而別尋所謂義理，就走上邪路，而流爲禪學。這裡，『理學、經學也』，『經學、理學也』可以互訓，並無上下位概念之別。三、孔子也有語錄，就是《論語》，這是義理之『本』。講義理應據《論語》，而不要別求於後儒的語錄。他處又說，語錄『自宋二程子始有之』，則所謂『後儒』，當指程朱乃至陸王在內。由此可見，顧炎武對宋明哲學採否定態度，而所尊奉的乃是孔子的原始儒學。但是，顧炎武對朱熹所定伊洛道統，卻完全加以肯定。」〔註 2〕

而黃啓華則認爲顧炎武並非完全否定理學，「顧氏所不滿的只是已被禪學混雜，或流於空洞、不重實事實行的理學，所以他才要辯證理學應以何種學術爲內涵的問題。顧氏沒有全面否定理學的態度，與明代考據學者兼重漢宋二學頗相似，不過他卻正視理學內涵的問題，探討理學與經學的從屬關係，這是要深加注意的」〔註 3〕。

筆者認爲顧炎武對宋代理學的認識相比較於明代的理學態度是複雜的，因爲在顧炎武看來，宋代理學的成分複雜，對之既有肯定的內容，又有需要否定的內容。顧炎武肯定宋代理學中的經學成分，而否定宋代理學中佛學成分。

顧炎武將朱熹的理學看作是對經學的闡釋，它不能作爲獨立的學說。他

〔註 1〕全祖望：《亭林先生神道表》，《鮚埼亭集》卷 12，《全祖望集彙校集注》上海古籍出版社 2000 年版，第 236 頁。

〔註 2〕王茂：《清代哲學》，安徽人民出版社 1992 年版，第 237～238 頁。

〔註 3〕黃啓華：《乾嘉考據學興起的一些線索兼論顧炎武錢大昕學術思想的發展關係》，《故宮學術季刊》（臺灣），第八卷，第三期，第 114 頁。

說：「兩漢而下，雖多保殘守缺之人；六經所傳，未有繼往開來之哲。惟絕學首明於伊洛，而微言大闡於考亭，不徒羽翼聖功，亦乃發揮王道，啓百世之先覺，集諸儒之大成。」〔註4〕

這種認識在《日知錄》的很多條目中都有所反映，比如在「朱子周易本義」條的中心思想是在說明，朱熹著有《周易本義》本是一部有著完整著述體系的書，顧炎武說：

> 洪武初，頒五經天下儒學，而《易》兼用程、朱二氏，亦各自爲書。永樂中修《大全》，乃取朱子卷次割裂，附之程《傳》之後，而朱子所定之古文仍復淆亂……後來士子厭程《傳》之多，棄去不讀，專用《本義》。而《大全》之本乃朝廷所頒，不敢輒改，遂即監版《傳》、《義》之本刊去程《傳》，而以程之次序爲朱之次序，相傳且二百年矣。惜乎朱子定正之書竟不得見於世，豈非此經之不幸也夫？〔註5〕

由此可見，顧炎武是將朱熹所定《周易本義》看作是闡釋《易經》思想的重要書籍。而明代經學的廢弛，也與明代的文化專製造成朱熹作品編纂混亂有關，顧炎武於此發出感慨說明他認爲朱熹「所定之書」對於後人通經是非常重要的。

再如卷七的「夫子之言性與天道」條，顧炎武闡述了「下學」本身就是「上達」的思想。「夫子之教人『文、行、忠、信』，而性與天道在其中矣，故曰『不可得而聞』。」而朱熹對孔子「下學而上達」思想的闡釋，正表達了顧炎武對於「下學而上達」的看法，顧炎武說：

> 朱子曰：「聖人教人，不過孝悌忠信，持守誦習之間。」「此是下學之本。今之學者以爲鈍根，不足留意，其平居道說，無非子貢所謂『不可得而聞』者。」又曰：「近日學者病在好高。《論語》未問『學而時習』，便說『一貫』，《孟子》未言『梁惠王問利』，便說『盡心』。《易》未看六十四卦，便讀《繫辭》。」此皆「躐等之病」。又曰：「聖賢立言，本自平易，今推之使高，鑿之使深。」〔註6〕

〔註4〕顧炎武：《華陰縣朱子祠堂上梁文》，《亭林文集》卷5，《顧亭林詩文集》，中華書局1983年版，第121頁。

〔註5〕《日知錄集釋》卷1，「朱子周易本義」條，第4頁。

〔註6〕《日知錄集釋》卷7，「夫子之言性與天道」條，第401頁。

　　顧炎武引述的這些話都是出自朱熹的著作，而朱熹的這些話都是攻擊那些「遊談無根」的人，而且都切中這些人的要害。朱熹對《論語》、《孟子》語句的這些解釋，也正代表了顧炎武對儒家思想的理解。

　　在「經學即理學」的問題上，顧炎武界定了儒家經學的基本標準，即該學說是否以以儒家經典為依據。他反對明代理學（心學）脫離儒家經典而胡亂引申的做法。顧炎武的態度在《日知錄》卷 18「朱子晚年定論」條中表現的非常明顯。在這一條目中，顧炎武指出，朱熹的主張與陸九淵的思想有著本質的不同。他說：

> 朱子有朱子之定論，象山有象山之定論，不可強同。專務虛靜，完養精神，次象山之定論也。主敬涵養，以立其本；讀書窮理，以致其知；身體力行，以踐其實，三者交修並盡，此朱子之定論也。〔註7〕

　　在這段話中，顧炎武認為朱熹學說的總體特點與顧炎武所談的「下學而上達」的精神是一致的。

　　顧炎武是反對談論「性、理」的，這一點與宋儒和晚明理學家都是不同的，但明儒把心作為研究目標，又是與宋儒以心來觀察外在世界的認識是針鋒相對的。在宋代理學與明代理學的比較當中，顧炎武對於宋代理學要肯定一些。顧炎武肯定了宋儒將「理」和「道」作為追求的目標相比於晚明心學更為合理一些。顧炎武指出「理」的含義非常豐富。他說：「蓋天下之理無窮，而君子之志於道也，不成章不達。故昔日之得，不足以為矜，後日之成，不容以自限。」〔註8〕這是他對自己著述《日知錄》目的的集中概括，他認為，《日知錄》全書的目的就是要揭示那個無窮的「理」。就治學方式而言，顧炎武認為，朱熹的治學方式可資借鑒用以批駁「心學」。朱熹治學非常嚴謹。朱熹著書也經過了多次修改，六十九歲時，他對學生沈僴說：「某舊時看詩數十家之說，一一都從頭記得，初間那裏便敢判斷那說是，那說不是。看熟久之，方見得這說似是，那說似不是」〔註9〕，「他對《詩經》的基本觀點不斷變化，他的書稿也幾經修改。開始時多沿襲舊說，最後終於產生獨立

〔註7〕《日知錄集釋》卷18，「朱子晚年定論」條，第1064頁。
〔註8〕顧炎武：《初刻日知錄自序》，《亭林文集》卷1，《顧亭林詩文集》中華書局1983年版，第27頁。
〔註9〕《朱子語類》卷80，中華書局1986年版。

的新解。」〔註10〕這種對於著作反覆修改的嚴謹態度與顧炎武著述《日知錄》反覆增刪所表現的治學態度是一樣。

　　顧炎武肯定朱熹，是因其屬於經學的範疇。而對於宋儒學說中的弊端，顧炎武對其揭露也毫不留情。他反對宋儒將佛教思想引入儒家思想的做法。顧炎武看到了朱熹學說的缺陷，尤其是在明末空疏學風的思潮下，二程、朱熹進行的義理詮釋，會對業已形成空疏學風的士人造成誤導。因此，顧炎武借「於序事中寓論斷」，借敘述歷史來闡釋義理〔註11〕。而二程、朱熹的某些觀點也會產生歧義，比如程頤說：「道則自然生萬物」；朱熹說：「未有天地之先，畢竟先有此理」，程朱這兩句話是將道、理看作是產生萬物的原因，但這很容易使人「認爲『道』和『理』是獨立存在的」〔註12〕。事實上，顧炎武雖然在努力避免將「道」與「器」分立，但實際上也難以避免，他的某些話也有將道與器分離的意思，如顧炎武在「致知」條中，將倫理道德「仁」、「敬」、「孝」、「慈」、「信」作爲「致知」要到的目標。「致知，知止也。知止者何？爲人君止於仁，爲人臣止於敬，爲人子止於孝，爲人父止於慈，與國人交止於信，是之謂『止』，知止然後謂之『知』。」〔註13〕「止」的抽象「上達」的精神與「下學」的「知」是各自獨立的。再比如，顧炎武說：「子之孝，臣之忠，夫之貞，婦之信，此天之所命，而人受之爲性者也。故曰『天命之謂性』。求命於冥冥之表，則離而二之矣。」〔註14〕這些內容也似乎可以表明，顧炎武將「天」、「命」與「下學」看作是各自獨立的，且將天命作爲賦予人基本道德屬性的來源。顧炎武自己努力避免尚且如此，更何況二程、朱熹確有大量談論心性的言論。因此，他認爲二程、朱熹不是純道〔註15〕，不能徹底肯定，需要對之進行補充發展，所以他盡可能突出強調「下學」在實現「上達」中的作用。他「批判陸王心學，絕不是爲了恢復程朱理學，而是要大張經學之旗，恢復孔子經學的本來面目」〔註16〕。「雖然顧炎武屢次稱引朱熹，但細繹其文，多是稱其訓詁，明

〔註10〕鄧艾民：《朱熹與朱子語類》，《朱子語類》第一冊，中華書局 1986 年版，第 15 頁。

〔註11〕注：宋學的特點是重義理，漢學的特點是重訓詁考據，而顧炎武雖重視訓詁考據，但他的訓詁考據中蘊含著思想。

〔註12〕周文玖：《顧炎武的經學批評》，《齊魯學刊》1995 年第 1 期。

〔註13〕《日知錄集釋》卷 7，「致知」條，第 376 頁。

〔註14〕《日知錄集釋》卷 6，「顧是天之明命」條，第 378 頁。

〔註15〕周文玖：《顧炎武的經學批評》，《齊魯學刊》1995 年第 1 期。

〔註16〕周文玖：《顧炎武的經學批評》，《齊魯學刊》1995 年第 1 期。

於典章制度，而於其理學思想，則採取避而不談的態度。」〔註17〕

「他批評二程開啓宋明語錄之學援禪入儒的先河：『今之《語錄》幾於充棟矣，而淫於禪學者實多，然其說蓋出於陳門。』他批評程門大弟子謝良佐（上蔡）學儒而涉於禪：『夫學程子而涉於禪者，上蔡也，橫湧則以禪而入於儒。』他批評朱熹及其大弟子蔡沈（九峰）借用釋氏之言解經：『《中庸章句》引程子之言曰：此乃孔門傳授心法。亦是借用釋氏之言，不可無酌。『《論語》：仁者安仁。集注：謝氏曰：仁者心無內外、遠近、精粗之間，非有所存自不亡，非有所理而自不亂。此皆莊、列之言，非吾儒之學。」〔註18〕宋代理學雖然沒有像心學那樣變成了與經學完全不一樣的禪學，但畢竟援禪入儒是不對的，「批評陸王心學，顧炎武傾向程朱理學，依靠程朱理學。但程朱理學也非純道。顧炎武的目標是辨明源流，『知其異同離合之指』，以求恢復『流經』的本來面目」〔註19〕。

顧炎武與程朱理學的最主要的區別即在於「理」，「理，這是程朱之學的最高哲學範疇。顧炎武雖然也談理，但是，他並沒有脫離開具體的事物去空談玄理」。「理」在顧炎武看來「並不是一個不可捉摸的玄虛的精神實體，也絕非道德學範疇所能賅括，其中固然有倫理道德的內涵，但更是治國平天下的法則、標準。這樣的見解，不僅同標榜『心即理』的陸王心學異趣，而且與鼓吹『性即理』的程朱之學亦涇渭判然」〔註20〕。

有的學者雖然指出顧炎武是反對朱熹的，但所提出的論點和論據，尚值得商榷，現辨析如下：

觀點1、朱熹用北宋劉牧、邵雍關於河圖、洛書的象數之說，把他的『理』本體論引入《易》學，在其《周易本義》中首列九圖。顧《日知錄》卷一《朱子周易本義》條，對其易圖一字不提，而在同卷《卦爻外無別象》條，指出『荀爽、虞翻之徒穿鑿附會，象外生象』的謬妄，又同卷《孔子論易》更明斥圖書象數之不合經旨：〔註21〕

　　　　孔子論易，見於《論語》者，二章而已。……是則聖人之所以

〔註17〕侯外廬、邱漢生、張豈之：《宋明理學史》下（二），第877頁，

〔註18〕葛榮晉：《一代儒宗顧亭林》，臺北文津出版社2000年版，第219～220頁。

〔註19〕周文玖：《顧炎武的經學批評》，《齊魯學刊》1995年第1期。

〔註20〕陳祖武：《顧炎武研究中的幾個問題》，《中國社會科學院研究生院學報》1981年第6期。

〔註21〕王茂：《清代哲學》，安徽人民出版社1992年版，第240頁。

學易者，不過庸言庸行之間，而不在於圖書象數也。今之穿鑿圖像
以自為能者，叛也！（《孔子論易》）

　　十翼之中，無語不求其象，而易之大指荒矣。豈知聖人立言取
譬，固與後之文人同其體別，何嘗屑屑於象哉！王弼之注，雖涉玄
虛，然已一掃易學之榛蕪，而開之大路矣。不有程子，大義何由而
明乎！（《卦爻外無別象》）

筆者認為，顧炎武對於象數的看法是承認它具有比喻模擬的作用，是作
為理解人事變化的工具，本身不是目的，他說：

　　聖人設卦觀象而繫之辭，若文王、周公是已。夫子作傳，傳中
更無別象。其所言卦之本象，若天、地、雷、風、水、火、山、澤
之外，惟『頤中有物』，本之卦名，『有飛鳥之象』，本之卦辭，而夫
子未嘗增設一象也。〔註22〕

這段話反映出顧炎武所反對的是「荀爽、虞翻之徒，穿鑿附會，象外生
象」，失去了「聖人立言取譬」的本意，「聖人之所以學易者，不過庸言庸行
之間，而不在於圖書象數也」，圖書象數是工具不是目的，這些人是本末倒置，
因此，顧炎武所反對的不是象數這個客觀存在的事物。而朱熹的《周易本義》
中有象數，其目的也是在於闡釋《易經》，其做法符合「立言取譬」的目的，
那麼，顧炎武對朱熹「立言取譬」的做法應該是肯定的。因此，二者在對象
數用途看法是一致的。而顧炎武作「朱子周易本義」條，本旨在於說明朱子
所定之本因明朝頒佈《四書五經大全》而遭到了破壞，故沒有必要將「象數」
引進該條目中。而朱熹做《周易本義》是要闡釋《周易》的內涵的，朱熹撰
寫《周易本義》與顧炎武撰寫《朱子晚年定論》條要解決的問題不同。「朱子
晚年定論」條中無象數不能作為顧炎武反對象數的依據。顧炎武與朱熹之間
存在的差異在於二者著書要表達的目的不同，朱熹要論證「形而上」「道」的
存在，而顧炎武是在承認「形而上」「道」的存在基礎上，針對晚明士人不重
視「下學」而求「道」的做法，強調「下學」在求「道」中的作用。故這一
點不能作為顧炎武否定朱熹的依據。

　　觀點 2，「朱熹承張載天命（義理）之性、氣質之性的人性論，並且附會
《書‧大禹謨》人心、道心之說。在其《中庸章句序》中就《大禹謨》『人心

〔註22〕《日知錄集釋》卷1，「卦爻外無別象」條，第10頁。

唯危，道心唯微，唯精惟一，允執厥中』發揮說：上智不能無人心，下愚不能無道心，『必使道心常爲一身之主，而人心每聽命焉』。又把《中庸》與此十六字穿鑿溝通，說『天命率性』就是『道心』，『擇善固執』就是『精』、『一』，『君子時中』就是『執中』。據此，就把十六字當作聖人『傳心』的要典，而其門人蔡沈（九峰）又將此意寫入《書》傳。顧炎武引朱熹三傳弟子黃震的批判，以示朱說之誤。」

> 黃氏《日鈔》解《尚書》「人心惟危，……」一章曰：此章……
> 豈爲言心設哉！近世喜言心學，捨全章本旨而獨論人心、道心，甚
> 者單拾「道心」二字而直謂「即心是道」，蓋陷於禪學而不自知，其
> 去堯舜禹授受天下之本旨遠矣。

筆者認爲，顧炎武在這段話中，用蔡九峰的話作爲依據，批評心學家們「捨全章本旨而獨論道心」，論「道」、「心」只是朱熹、蔡九峰學術體系中的一部份，且顧炎武在「心學」條中肯定了蔡九峰所作書傳「引述朱子之言曰：『古之聖人將以天下與人，未嘗不以治之之法而並傳之。』可謂深得此章之本旨」〔註23〕，業已肯定了朱熹對《尚書·大禹謨》的認識，即顧炎武肯定朱熹也認爲此章不是爲「言心設哉」，此外，顧炎武又說：「九峰雖亦以是明帝王之心，而心者，治國平天下之本，其說固理之正也」〔註24〕，所以這段話不是顧炎武對朱熹的批評，而是對朱熹以及蔡沈學術的肯定。顧炎武以及黃震攻擊的對象是將這部書呈現給朝廷的人，是那些將朱熹對這篇銘文的解釋斷章取義的人，即「進此《書傳》於朝者，乃因以『三聖傳心』爲說。世之學者遂指此書十六字爲傳心之要，而禪學者藉以爲據依矣」〔註25〕。此外，朱熹在《中庸章句序》中針對這十六字作了解釋，但這不代表他對於《尚書·大禹謨》全書本旨的看法。

顧炎武反對心學不是因爲心學家談到了「心」，而是因爲心學家將「心」作爲把捉的對象。顧炎武這段話的主旨在說明明朝文化專制使得人們過份強調《尚書》中的「人心惟危，道心惟微，惟精惟一，允執厥中」一句，而置全書其它話於不顧，造成了人們對這十六字產生錯誤理解，使得這十六字成爲心學的依據，其批判對象不是朱熹和蔡九峰。

觀點3，有的學者認爲顧炎武「不承認『一貫』有什麼『上達』的抽象性，

〔註23〕　《日知錄集釋》卷18，「心學」條，第1049頁。
〔註24〕　《日知錄集釋》卷18，「心學」條，第1050頁。
〔註25〕　《日知錄集釋》卷18，「心學」條，第1049頁。

認爲只不過是『忠恕』。它可以終身行，成爲一生的道德行爲準則，認爲這就是『一以貫之』的眞正含義。顧和朱在『一貫』上的分歧，就在朱爲『上達』，顧爲『下學』。這關乎對孔子乃至全部儒家教義的根本理解，也正是原始儒學與宋代理學的主要分界。」〔註26〕

筆者認爲，這種不同點是由於觀察著觀察角度不同而造成的。首先，顧炎武雖然講求「下學」，但他的「下學」中包括「上達」。他的「下學」是實現「上達」的途徑，「『形而上者謂之道，形而下者謂之器。』非器則道無所寓」〔註27〕。他「致知」要達到的目標，「爲人君止於仁，爲人臣止於敬，爲人子止於孝，爲人父止於慈，與國人交止於信，是之謂『止』，知止然後謂之『知』」。其中的「仁」、「敬」、「孝」、「慈」、「信」都是不可見不可聽，需要用心體會的主觀精神。顧炎武在「艮其限」條中，指出，他並不反對用心去觀察外物，而反對將心作爲觀察的目標，他引《黃氏日鈔》說：「心者，吾身之主宰，所以治事而非治於事，惟隨事謹省則心自存，不待治之而後齊一也」〔註28〕，所以他的學術並不是與抽象精神的對立。顧炎武肯定了抽象的帶有精神層面的「上達」的存在。而朱熹同樣也肯定了「下學」中包括「上達」，朱熹認爲這個「道」就蘊含在萬事萬物的表象之中。朱熹說：

> 聖人之心，渾然一理，……夫子之一理渾然，而泛應曲當，譬則天地之至誠無息，而萬物各得其所也。……曾子有見於此而難言之，故借學者盡己、推己之目以著明之，欲人之易曉也。蓋至誠無息者，道之體也，萬殊之所以一本也；萬物各得其所者，道之用也，一本之所以萬殊也。以此觀之，一以貫之之實可見矣。」〔註29〕「天地之間，有理有氣。理也者，形而上之道也，生物之本也。氣也者，形而下之器也，生物之具也。是以人物之生，必稟此理，然後有性；必稟此氣，然後有形。〔註30〕

朱熹的這兩段話說得很明確，即沒有「形而下」的「器」，那麼「形而上」的「道」便沒有存在的表現形式，因此無所寓。朱熹對「道」、「心」進行了描述，這是因爲朱熹需要證明「道」、「心」的存在，而顧炎武沒有談「道」、

〔註26〕王茂：《清代哲學》，安徽人民出版社1992年版，第244頁。
〔註27〕《日知錄集釋》卷1，「形而下者謂之器」條，第42頁。
〔註28〕《日知錄集釋》卷1，「艮其限」條，第31頁。
〔註29〕朱熹：《論語集注》（卷二《里仁》），《四書章句集注》中華書局1983年版。
〔註30〕朱熹：《答黃道夫書》，《朱文公文集》，卷五十八，《四部叢刊》本。

「體」，這與他著述《日知錄》的目的以及當時的時代環境有關。顧炎武所面臨的形勢不是像朱熹那樣去建構一個完整的哲學體系，需要證明「道」、「體」存在，而是要拯救學術空疏帶來的社會危機。而朱熹業已確立的「道」、「體」存在，也就為顧炎武確立「下學而上達」的命題提供了前提，試想如果「道」、「體」是否存在都是一個未知數，那麼顧炎武也就無從談起「下學而上達」，「下學而上達」就在邏輯上是不成立的。因此由於朱熹肯定了「道」、「心」的存在，才有顧炎武以拯救現實為目的，強調「下學而上達」的可能。顧炎武利用了朱熹思想中對他建立「下學而上達」的治學方法有用的內涵。

　　觀點 4，有的學者認為，在思維方式，顧炎武有「『物來而順應』的特點，這與程朱派『執一』的僵硬態度，全然不同。他曾借批評真德秀的《詩》學發揮此旨。顧認為真氏的《詩》學『病其以理為宗，不得詩人之趣，……必以坊淫正俗之旨，嚴為繩削，雖矯《昭明》之枉，恐失《國風》之義。六代浮華，固當艾落，使徐庾不得為人，陳隋不得為代，無乃太甚！豈非執『理』之過乎！」〔註31〕。

　　筆者認為，朱熹在建構理學的過程中，為了證明「道」這個「形而上」的存在，不得不用演繹推理，以及用執著的辦法去證明它的存在，而顧炎武所謂「物來而順應」中同樣也有「執著」的精神，是對順應客觀形勢條件下的執著。顧炎武對真德秀的批評是批評他執著而不順應客觀形勢，是對其執理過份的批評，而不是批評宋代理學主張執理。因此，以此作為顧炎武與朱熹思維方式「截然有別」的證據，也是值得商榷的。

　　通過以上分析，我們可知，顧炎武判定宋明理學的是非，並不是因為宋明理學談論了心性，而是他們將心作為認識客體，還是認識主體的問題；也不是「下學」與「上達」的對立，因為顧炎武認為「下學」中蘊含著「上達」。顧炎武反對朱熹是源於朱熹過多地談理，並且援禪入儒，在明末業已形成的空疏學風之中會形成推波助瀾的作用。朱熹不是他主攻的矛頭，因為朱熹至少還屬於經學；顧炎武主攻的矛頭是明代的心學。明代心學不是經學，是禪學。從顧炎武所界定的經學與禪學的標準可以看到，他反對理學和反對心學還是有本質區別的。顧炎武說：

　　　　理學之傳，自是君家弓冶。然愚獨以為理學之名，自宋人始有之。古之所謂理學，經學也，非數十年不能通也。故曰：『君子之於

〔註31〕王茂：《清代哲學》，安徽人民出版社 1992 年版，第 242 頁。

《春秋》，沒身而已矣。』今之所謂理學，禪學也，不取之五經而但
資之語錄，校（較）諸帖括之文而尤易也。又曰『《論語》，聖人之
語錄也。』捨聖人之語錄，而從事於後儒，此之謂不知本矣。〔註32〕

　　顧炎武將是否「取之五經」，是否遵從「聖人之語錄」，作爲是否爲經學
的標誌。「理學，經學也」，宋代的理學「取之五經」，資之「《論語》，聖人之
語錄」，至少還是經學，而明代的理學則是禪學，「顧氏意思，是想拿講求經
學的理學，代替不講經學的理學」，他不反對「從『五經』、『四書』中提煉出
來的理學」〔註33〕。

　　朱熹雖然有就「理」的論述，但需要看到他的話是就學生的問題而引出
的，這些部份不足以構成朱熹學術特點的全部，他對「理」的探討是確立「理」
的存在，而更多的內容是在討論如何由「小學入大學」，也正因爲此，顧炎武
才有借朱熹去攻擊和批判明代理學的可能。

　　《朱子語類》全書有 140 卷，其中只有前六卷是關於性理的直接論述，
而主要內容是確定這些抽象概念的存在，爲闡發內容更多的「小學入大學」
提供論證的前提基礎：卷 1「理氣上」是對理與氣何者爲先的討論，並不是對
理的實質的論述，而卷 2「天地下」是在古代已有的知識基礎上對天地構造的
認識；這也談不上虛幻。而卷 3「鬼神」，則是朱熹強調盡人事的重要，而無
需理會鬼神，表達了對孔子所說的「未能事人，焉能事鬼」的贊同；而卷 4
是對「人物之性氣質之性」的認識；尤其說明了性的存在形式，是對萬事萬
物是否有共性的討論，也與明代脫離實際類似禪宗頓悟的方式不同；而卷 5，
「性情心意等名義」是與學生關於如何界定「性情心意」的概念而進行討論
問答。在其中，朱熹強調了「性不是卓然一物可見者。只是窮理、格物，性
自在其中，不須求，故聖人罕言性」〔註34〕，這正是顧炎武批駁心學的依據，
顧炎武說：「夫子之教人『文、行、忠、信』，而性與天道在其中矣，故曰『不
可得而聞』」〔註35〕；卷 6，是確定「仁義禮智」的哲學定義〔註36〕，主要論

〔註32〕顧炎武：《與施愚山書》，《亭林文集》卷 3，《顧亭林詩文集》，中華書局 1983
　　　　年版，第 58 頁。
〔註33〕張舜徽：《顧亭林學記》，《張舜徽集》，華中師範大學出版社 2005 年版，第 292
　　　　頁。
〔註34〕《朱子語類》，卷五，「性理二 性情心意等名義」，中華書局 1986 年版，第 83
　　　　頁。
〔註35〕《日知錄集釋》卷 7，「夫子之言性與天道」條，第 399 頁。
〔註36〕參見《朱子語類》，卷一「理氣」、卷二「天地」、卷三「鬼神」、卷四「人物

證「理」與「仁義禮智」的關係，朱熹說：「道是統言，仁是一事。如『道路』之『道』，千枝百派，皆有一路去。故中庸分道德曰，父子、君臣以下爲天下之達道，智仁勇爲天下之達德。君有君之道，臣有臣之道。德便是個道底。故爲君主於仁，爲臣主於敬。仁敬可喚做德，不可喚做道」〔註37〕。這個道也是有根據的。作爲一個哲學體系而言，這與顧炎武所指出「知止」的目的是一致的。這六卷的討論對於確立「道」的存在是必要的。但不是說這就是要達到的目標，因爲性就蘊含在物中，追求事物的規律才是「理」。這個「理」並不抽象。故才有「小學入大學」的說法。只有從卷 7 開始才是對如何實現「理」的理解。在卷7「小學」中，朱熹對「小學入大學」的概念進行了闡釋，「古者初年入小學，只是教之以事，如禮樂射御書數及孝悌忠信之事。自十六七入大學，然後教之以理，如致知、格物及所以爲忠信孝悌者。」〔註38〕他認爲『『大學與小學，不是截然爲二。小學是學其事，大學是窮其理，以盡其事否？』曰：『只是一個事。小學是學事親，學事長，且直理會那事。大學是就上面委曲詳究那理，其所以事親是如何，所以事長是如何。」〔註39〕這與顧炎武所定義的儒家經學是灑掃應對的實際生活的學問從本質上一致的。

　　而卷 8 至卷 13 是對如何爲「學」的闡釋，包括「總論爲學之方」、「論知行」、「讀書法」、「持守」、「力行」，而自卷 14 至卷 96 都是依據儒家經典對儒家經典的內容進行闡述。這與心學脫離經典的禪宗式的思維方式是不同的。

　　確定「理」的存在對於要做什麼非常重要，如果不能確立「理」的存在，則由「小學入大學」便無從談起。而顧炎武所言「下學而上達」、「由器入道」這個貫穿於顧炎武著述體系的思想，與朱熹的「小學入大學」本旨基本一致。顧炎武提出「由器入道」的方法就意味著他肯定了「道」是存在的，同時顧炎武爲《日知錄》所作之序業已說明顧炎武從事學術活動以「明道救世」爲目的，這也反映出顧炎武肯定了「道」的存在。正是由於朱熹確立了「理」的存在，才使得顧炎武能夠以「理」爲追求的目標，才使得顧炎武可以不必去詳細的論證「理」，便可以確定「理」的存在。而正是由於朱熹確定人有此性，顧炎武才可以不必去詳細論證「性」，便可以確定「性」的存在，去攻擊

之性氣質之性」、卷五「性情心意等名義」、卷六「仁義禮智等名義」。
〔註37〕《朱子語類》卷6，「性理二 仁義禮智等名義」，第101頁。
〔註38〕《朱子語類》卷7，「小學」，第124頁。
〔註39〕《朱子語類》卷7，「小學」，第125頁。

「理學空談」，說服那些以心性爲目標畢生追求心性的人，來以客觀事物爲認識對象，從而實現「下學而上達」。

朱熹對漢儒注釋經典的工作非常推崇。他說：「漢、魏諸儒，正音讀，通訓詁，考制度，辨名物，其功博矣」〔註40〕。而朱熹平生的主要精力都用於對四書的集注中。他三十四歲時編寫《論語要義》和《論語訓蒙口義》，43歲時編寫《語孟精義》，刊於建陽。47歲時，他與黃幹談到已編寫《論語略解》〔註41〕。在這些著作基礎上，48歲時他完成《論孟集注》與《論孟或問》，51歲，他將《論孟精義》改爲《論孟要義》。這些著作的性質已經表明，朱熹是以治經，即依據儒家經典，通過詮釋儒家經典來闡釋他的思想。這是符合顧炎武判定經學的標準的。朱熹雖有關於心性論述和看法，但這不能代表他的主要成就。

張舜徽先生指出，朱熹「對整理文化遺產也有巨大貢獻」，「有些人學習他言心、言性一部份，而參以佛家的理論，便流於空談，有的人學習積極有用的一部份，便發展成爲宋學」〔註42〕。按照顧炎武確定的「理學，經學也」的標準，朱熹的學說主要部份屬於經學，在這一點上，顧炎武是不否認朱熹的。顧炎武運用了朱熹及其弟子對儒家經典的詮釋作爲《日知錄》中駁斥心學的論據，可見顧炎武「接續了一度爲明代特別是晚明學者所拋棄了的宋代理學之傳統」。「顧炎武對於宋學在一定程度上是持讚賞態度的」〔註43〕。他與程朱之間的分歧屬於學派內部的分歧，而他與心學分歧則是學派之間的對立。

相比於宋代理學，顧炎武對明代心學的認識則非常明確。他認爲明代心學是與儒家經學完全不同，「與老莊、禪學無異」，是禪學。宋代理學是對經學的闡釋，屬於經學的範疇，按照這一標準，顧炎武所言古之理學應該包括宋代的理學，而「今之所謂理學」則是指代心學。正如牟潤孫指出的那樣：「夫寧人所反對者爲理學之一部份，質言之陸王之學也。其《與施愚山（潤章）書》云：……既云『理學之名宋人始有之』，又云『古之所謂理學經學也』，『今之所謂理學禪學也』，其意豈非謂宋之理學即經學，而明之理學爲禪學乎？禪學則顧氏所反對者也。……寧人非不講理學，特不講離經之理學

〔註40〕《朱文公文集語孟集義序》。
〔註41〕《朱子語類》卷19。
〔註42〕張舜徽：《顧亭林學記》，《張舜徽集》華中師範大學出版社2005年版，第238頁。
〔註43〕周可眞：《顧炎武哲學思想研究》，當代中國出版社1999年版，第14頁。

耳。」〔註44〕黃啓華先生也認爲：「顧炎武雖然辨析古今理學的差異，卻並不否定理學，顧氏所不滿的只是已被禪學混雜，或流於空洞、不重實事實行的理學，所以他才要辯證理學應以何種學術爲內涵的問題。顧氏沒有全面否定理學的態度，與明代考據學者兼重漢宋二學頗相似，不過他卻正視理學內涵的問題，探討理學與經學的從屬關係，這是要深加注意的。……顧氏辨析古今理學的差異，實有排斥佛學的用意，因此顧氏提倡講論理學時要以經學爲內涵。……今之所謂理學，禪學也的論斷，並未有說明經學與理學的從屬關係，對於理學應附屬於經學，或經學從屬於理學，還是經學等同於理學的問題，從未有正面的交代，然而依照顧氏有關爲學的其它言論，他是傾向於經學等同於理學，甚至取代理學的。」〔註45〕筆者認爲，黃啓華先生的看法基本上解釋了顧炎武對於理學、經學、禪學三者關係的認識。在經學與禪學的對立問題上，顧炎武傾向於宋代的理學，將其納入儒家思想體系範疇的，「將『古之理學』納入經學」，而明代理學則脫離了儒家的思想體系範疇，屬於佛教的範疇，故將「『今之理學』歸入『禪學』」〔註46〕，而在經學內部，他對理學中出現的「援禪入儒」的做法予以了堅決的反對。

所以在學術道統上，一些學者將顧炎武看作是對宋代理學加以改造發展的學者，如章學誠說：「性命之說，易入於虛無，朱子求一貫於多學而識，富約禮於博文，其事繁而密，其功實而難……沿其學者，一傳而爲勉齋、九峰，再傳而爲西山（眞德秀）、鶴山（魏了翁）、東發（黃震）、厚齋（王應麟），三傳而爲仁山（金履祥）、白雲（許謙），四傳而爲潛溪（宋濂）、義烏（王禕），五傳而爲寧人（顧炎武）、百詩（閻若璩），則皆服古通經，學求其是，而非專己守殘，空言性命之流」〔註47〕。清代漢學家的義理之學所討論之問題，如理、氣、性、命等，及其所依據之經典，如《論語》、《孟子》、《大學》、《中庸》等，都未能超出宋明理學的範圍，因此，「漢學家之義理之學，表面上雖爲反道學，而實則係一部份道學之發展也」〔註48〕。顧炎武的學術「乃承宋

〔註44〕牟潤孫：《顧寧人學術之淵源》，《中國哲學思想論集・清代篇》，第46～66頁。

〔註45〕黃啓華：《乾嘉考據學興起的一些線索兼論顧炎武錢大昕學術思想的發展關係》，《故宮學術季刊》（臺灣），第八卷，第三期，第114頁。

〔註46〕周予同、湯志鈞：《從顧炎武到章炳麟》，《學術月刊》1963年12月號，第47頁。

〔註47〕章學誠：《文史通義・朱陸》，中華書局1985年版，第261頁。

〔註48〕馮友蘭：《三松堂全集》，第三卷，河南人民出版社1989年版，第376～377頁。

儒餘緒，仍以修己治人、明道救世爲宗」〔註49〕。錢穆指出，「蓋亭林論學，本懸二的：一曰明道，一曰救世。其爲《日知錄》，又分三部：曰經術，治道，博聞。後儒乃打歸一路，專守其『經學即理學』之議，以經術爲明道，餘力所，則及博聞。至於研治道，講救世，則時異世易，繼響無人，而終於消沉焉。若論亭林本意，則顯然以講治道救世爲主。故後之學亭林者，忘其『行己』之教，而師其『博文』之訓，已爲得半而失半。又於其所以爲博文者，棄其研治道、論救世，而專趨於講經術、務博文，則半中又失其半焉。且所失者胥其所重，所取胥其所輕。取捨之間，亦有運會，非盡人力。而近人率推亭林爲漢學開山，其語要非亭林所樂聞也」〔註50〕。宋學與明代心學雖都是「理學空談」，但在顧炎武那裏二者的性質尚有區別對待。

　　顧炎武雖然承認宋代理學是經學，並肯定了朱熹在訓詁考據學上的貢獻，但相對於朱熹，顧炎武「在唯心論的哲學範圍內，相對的重視了客觀世界」；顧炎武有著「較比朱熹又『青出於藍，而勝於藍』的時代價值」〔註51〕。朱熹的《四書章句集注》對於「格物、致知、正心、誠意」強調的過多，對於「修身、齊家、治國、平天下」的道理論述不足，且將自身修養與社會實踐分開，過份強調了心性，這自然有他建立哲學體系的目的，但是卻因此誤導士人走上談心論性的道路，故顧炎武與朱熹從體系上又有著很大的不同。顧炎武拒絕談「性與天道」，而朱熹是要談「性與天道」的；顧炎武主張「人有私情」，與「存天理、滅人欲」的程朱理學是「背道而馳的」；顧炎武提倡「格物、窮理」不是爲了追求「性與天道」，目的在於找到「國家治亂之源，生民根本之計」，「將視野擴展到廣闊的社會現實中去了」〔註52〕，「『性與天道』，這是理學家往復辯難的中心問題，而顧炎武卻大不以爲然。他說：『命與仁，夫子之所罕言也，性與天道，子貢之所未聞也。』夫子就是孔子，子貢是孔子的著名弟子；既然『性與天道』並不是孔子傳授的內容，那麼理學家們標榜爲儒學而討論的這些東西就從根本上值得懷疑了」〔註53〕。

　　「顧炎武雖然沒有走向朱學復歸的老路，但是，歷史的局限，卻又使他

〔註49〕萬榮晉：《一代儒宗顧亭林》，臺北文津出版社2000年版，第92頁。
〔註50〕錢穆：《中國近三百年學術史》，上冊，商務印書館1997年版，第161頁。
〔註51〕趙儷生：《愛國主義思想家顧炎武的反清鬥爭》《趙儷生文集》第三冊，蘭州
　　　　大學出版社2002年版，第325頁
〔註52〕陳祖武：《清初學術思辨錄》，中國社會科學出版社1992年版，第62頁。
〔註53〕陳祖武：《顧炎武》中華書局1984年版，第33頁。

無法找到比理學更為高級的思維形式。於是他只好回到傳統的儒家學說中去，選擇了復興經學的途徑」。「顧炎武認為，治經學而不通音韻文字，則無以入門，於是他提出了『讀九經自考文始，考文自知音始』的經學方法論。」「經過顧炎武與其它學者的共同倡導，清初學術在為學方法上，逐漸向博稽經史一路走去，形成有別於宋明理學的樸實考經證史的歷史特徵。」〔註54〕

二、以史學代替理學──對原始儒學發展的新創獲

顧炎武對宋明兩代理學作了區別對待，但對理學本身基本上持否定的態度。他創立了與理學崇尚思辨和邏輯推理不同的治學方式，提出了以歸納代替演繹的，從實際材料入手來治經，來尋求治國平天下之道的治學方式。明代空疏學風的盛行正是由於士人無書可讀或不讀書造成的。明朝的史書多是因循抄襲而成，書籍作為文化載體，如果不能夠理解書籍的全貌，則不能掌握知識。正是由於明代學術上的缺陷，為了對抗理學對學術的危害，重拾對傳統儒學的信心，顧炎武提出了「讀九經自考文始，考文自知音始」的治學觀點，主張通過考據學的方式來實現對經世致用規律的把握。

顧炎武的歷史考據學不僅僅停留在就事論事的層面上，他將歷史考據學作為闡釋其思想，揭示客觀事物規律的方法途徑。他的考據可以分為大的層面的考據和小的層面的考據。小的層面考據是獲取大層面考據成果的前提。

顧炎武著有很多關於「小學」層面的書籍，如他的代表著作《音學五書》、《金石文字記》、《左傳杜解補正》都是起到疏通經義文字作用的書籍。這些書籍是通曉歷史、掌握歷史規律的基本條件。文字不通則經義不明，所以文體、音韻這些細小的問題都是通經致用的基本前提。顧炎武明確提出了著述《音學五書》的意義。他說：

> 三百五篇，古人之音書也。……自秦漢之文，其音已見戾於古，至東京益甚。而休文作譜（四聲譜），乃不能上據雅、南，旁拾「騷」「子」，……而僅按班張以下諸人之賦，曹劉以下諸人之詩所用之音，撰為定本，於是今音行而古音亡，為音學之一變。下及唐代，以詩賦取士，其韻一以陸法言「切韻」為準，雖獨有同用之注，而其分部未嘗改也。至宋景祐之際，微有更易。理宗末年，平水劉淵始並一百六韻為一百七。元黃公紹作「韻會」因之，以迄於今，於

〔註54〕陳祖武：《曠世大儒‧顧炎武》，河北人民出版社2000年版，第257～258頁。

是宋韻行而唐韻亡，爲音學之再變。……炎武潛心有年，既得《唐韻》之書，乃始發悟於中，而旁通其說。於是據唐人以正宋人之失，據古經以正沈氏唐人之失，而三代以上之音部份秩如，至賾而不可亂，乃列古今音之變，而究其所以不同。……自是而六經之文乃可讀，其它諸子之書離合有之，而不甚遠也。〔註55〕

三代六經……多後人所不能通，以其不能通而輒以今世之音改之，於是乎有改經之病。始自唐明皇改《尚書》，而後人往往傚之。然猶曰舊爲某今改爲某，……至於近日，……凡先秦以下之書率臆徑改，不復言其舊爲某，則古人之音亡而文亦亡。〔註56〕

顧炎武於此說明他著述《音學五書》對經學文字音韻進行考訂是由於自古以來治經弊病造成經義不明，而不通經又是明朝覆亡的重要原因，因此音韻學研究對於通經、對於現實生活都是具有非常重要的意義。趙儷生稱顧炎武的《音學五書》是純粹的下學書籍。顧炎武的《音學五書》是「一部中國聲韻衍變史」，它揭示了在念字、發聲、調韻方面，「唐宋有所不同於漢晉，漢晉又有所不同於先秦」。其中的中堅部份是《唐韻正》。《音學五書》是「以《唐韻正》爲中堅，以《詩本音》、《易音》作爲古音檢查的現場，然後形成總論式的《音論》，再附以後人可以運用參考的《古音表》」〔註57〕。著述《音學五書》是顧炎武爲通曉經典，恢復原始儒家經學而做出努力。

史書是歷史事件的重要載體，人們可以從中獲取歷史發展的變化，然而由於明代史書編纂粗劣，人們無法掌握歷史當中所中蘊含的治國之道。出於扭轉學術空疏的現實需要，顧炎武很重視對史學的鑽研和史書的考訂。他引述唐人和宋人的史學評論，指出明代史學衰落對治國產生的不良影響。他說：

唐……諫議大夫殷侑言，……比來史學廢絕，至有身處班列，而朝廷舊章莫能知者。……自宋以後，史書煩碎冗長，請但問政理成敗所因，及其人物損益關於當代者，其餘一切不問。……今史學廢絕又甚唐時。……宋……太常博士倪思言，舉人輕視史學，今之

〔註55〕顧炎武：《音學五書序》，《亭林文集》卷2，《顧亭林詩文集》中華書局1983年版，第25頁。
〔註56〕顧炎武：《答李子德書》，《亭林文集》卷4，《顧亭林詩文集》中華書局1983年版，第69頁。
〔註57〕趙儷生：《論顧炎武兩大代表著作中的內部結構》，《趙儷生文集》第三冊，蘭州大學出版社2002年版，第423頁。

論史者獨取漢唐混一之事，三國六朝五代以爲非盛世而恥談之。然
其進取之得失，守禦之當否，籌策之疏密，區處兵民之方，形勢成
敗之跡，俾加討究，有補國家。……薛昂……嘗請罷史學，哲宗斥
爲俗侫。吁，何近世俗侫之多乎！〔註58〕

　　史書對歷史發展對政治社會生活有著極其重要的影響。而通過歷史考訂
掌握確實的歷史資料是史學的生命所在，若不能充分掌握史料則不能眞正地
把握歷史脈絡，並從中尋找到治國之方略，那麼闡發的觀點就必然淪落爲空
談，所以史書的考訂、對資料的搜集掌握不是細枝末節的問題，它是史學實
現「上達」的基礎。《日知錄》對社會歷史問題的深刻認識正是建立在顧炎武
紮實的考據學功底之上。

　　通過考據之學來尋求治國平天下的道理。潘耒指出：

《日知錄》則其稽古有得，隨時劄記，久而類次成書者。凡經
義、史學、官方、吏治、財賦、典禮、輿地、藝文之屬，一一疏通
其源流，考正其謬誤。至於歎禮教之衰遲，傷風俗之頹敗，則古稱
先，規切時弊，尤爲深切著明。學博而識精，理到而辭達。是書也，
意惟宋、元名儒能爲之，明三百年來殆未有也。〔註59〕

　　顧炎武研究古籍，並不僅僅是梳通文字，而是要「疏通其源流，考正其
謬誤」，以認識歷史的來龍去脈。

　　顧炎武提升了史學的地位，將史學與經學並列。他認爲，史書之用「勸
善懲惡，亞於六經」，「因此，只有研析歷史，通曉史事之士，才能諳熟典制，
臧否人物，通達政體，治理國家」，「然其進取之得失，守禦之當不籌策之疏
密，區處兵民之方，形勢成敗之迹，俾加討究，有補國家」〔註60〕史學與經
學的根本目的都是爲了獲得「上達」的「道」，即規律。顧炎武「用歷史的方
法」研究社會現象〔註61〕，通過總結歷史經驗教訓來獲得事物運動發展之理。
既然經書是本於「已成之迹」，而變化「日新而無窮」，那麼就需要通過史書
來把握這些「日新而無窮」的變化。顧炎武認爲史學的本意就在於闡釋儒家
經典的含義，但由於儒家經典言有盡而意無窮，所以他說：「蓋天下之理無窮，

〔註58〕《日知錄集釋》卷 16，「史學」條，第 958 頁。

〔註59〕《潘耒原序》，《日知錄集釋》上海古籍出版社 2006 年，第 1 頁。

〔註60〕葛榮晉：《一代儒宗顧亭林》，臺北文津出版社 2000 年版，第 176 頁。

〔註61〕何貽焜：《亭林學術述評》，臺北，正中書局 1976 年版，第 22 頁。

而君子之志於道也，不成章不達。故昔日之得，不足以爲矜，後日之成，不容以自限」。他主張「立言不爲一時」。「天下之事，有言在一時，而其效用見於數十百年之後者」〔註62〕。這反映了顧炎武對史書深遠價值的看法。在他看來，史學本身就是經學，研究歷史就是在研究經學。儒家經典就是歷史書，孔子就是在「繼之述之」中闡釋著他的思想，那麼史書就傳達著作者所要表達的思想。需要指出的是，顧炎武推崇史學並不是要用史學來取代經學，他認爲經學規劃了做人和治學的基本原則，史書是描述了其具體的細節，經書所講的「道」，要靠史學這樣的「下學」來不斷地去體會。

顧炎武提高了史學的地位，將經學等同於史學，提出了類似於章學誠的「六經皆史」的觀點，但顧炎武的史學即經學的思想與章學誠的「六經皆史」的觀點從含義上講有很大的區別。章學誠提出的「六經皆史」是將「六經」看作先王之政典，是歷史資料，而顧炎武不僅把經書視爲觀察上古的歷史資料，更進一步說明了儒家經典本就是歷史書。經書裡闡釋的道理來源於史學經驗的總結，而章學誠的「六經皆史」則有將經學與史學分離的色彩。

在史學思想方面，顧炎武「繼承了前輩學者王陽明、李贄、錢謙益提出的『六經皆史』的思想並加以發展，在中國史學史上第一次對『六經皆史』的命題做了具體論證，試圖建立起以史學統攝經學、經史合一的歷史科學」。他「通過『讀九經自考文始，考文自知音始』的論述而開創了清代經學研究的語言學轉向，更以對於『六經皆史』的史實論證開創了清代經學研究的歷史學轉向」〔註63〕，「有力地駁斥了宋儒從『道統論』出發對漢唐儒學所作出的非歷史主義的否定」。其次，賦予實事求是原則以價值中立的本質屬性，努力爲近代實證主義史學奠定方法論基礎。第三，「在歷史學的價值論方面，他認爲歷史學具有『鑒往訓今』、『引古籌今』、『稽天成德』三大功能」〔註64〕。

三、對顧炎武「實學」性質界定

顧炎武是一個以考據學著稱的學者。「他的代表作《日知錄》一向被認爲是考據書，因此，還把顧炎武作爲『漢學』的開山祖來看待。這是很不全面

〔註62〕《日知錄集釋》卷19，「立言不爲一時」條，第1086頁。
〔註63〕許蘇民：《顧炎武思想的歷史地位和歷史命運》《雲南大學學報（社會科學版）》2006年第1期。
〔註64〕許蘇民：《顧炎武思想的歷史地位和歷史命運》《雲南大學學報（社會科學版）》2006年第1期。

的」〔註65〕，如果將顧炎武的實學看成一般性質的歷史考據學，那麼就違背了顧炎武的思想實質，低估了顧炎武「實學」價值。顧炎武的歷史考據學對細小問題的考據極為細緻，但並沒有僅僅局限於細小問題的考據之中，而是將細小問題的考據看作是進一步認識較大範疇歷史問題的前提步驟。顧炎武所謂用「實學」來取代哲學治經，並不是沒有對「上達」思想的追求。

有的學者肯定了顧炎武的「實學」價值，但將顧炎武的實學僅理解為可見、可聽的直觀感受之學，而認為顧炎武的思想中沒有不可直觀感受的理性認識的內涵，即顧炎武有「用」而無「體」。筆者認為，這樣的認識並不完全符合顧炎武的本意。顧炎武說：「下學而上達」，意思是「上達」的思想需要通過「下學」來體現。而其思想就貫穿於有目的地總結材料之中。皖派學者程瑤田肯定了「亭林先生之學，有體有用」〔註66〕。清代著名學者黃汝成也肯定了顧炎武的「下學」是有理論為指導的，稱顧炎武「坐而言可起而行，修諸身心，達於政事」。顧炎武的實學並不僅僅在於展現事物表象，而且還在於揭示客觀事物內在的因果聯繫，將其融會貫通，「其言經史之微言大義，良法善政，務推禮樂德刑之本，以達質文否泰之遷嬗，錯綜其理，會通其旨」〔註67〕。顧炎武將古代聖賢的精神原則加以把握體會，並將之運用到對現實生活的觀察中，達到「體用」一致的境界。

筆者認為，顧炎武的「實學」中的「實」固然有可見可觀的成分，更主要的意義在於是在人們的社會實踐生活中實現「經世致用」。

顧炎武的「實學」包含著「聖人寡過反身之學」，即「修己治人」的「經世致用」之學，他所言的「聖人寡過反身之學」是相對於理學家空談心性而言的，他說：

　　　　自二子之學興，而空疏之人，迂怪之士舉竄跡於其中以為《易》，

　　而其《易》為方術之書，於聖人寡過反身之學去之遠矣。〔註68〕

他主張考「百王之典」，綜「當代之務」，具備博古通今、能夠改造社會、促進社會發展的學問才是名副其實的「實學」。

他的「實學」注重歷史考證，但其考證的目的在於揭示歷史興衰成敗之

〔註65〕白壽彝主編：《中國史學史》第一卷（白壽彝著），上海人民出版社2006年版，第52頁。

〔註66〕《肇域志》卷首，《續修四庫全書》。

〔註67〕《日知錄・黃汝成序》。

〔註68〕《日知錄集釋》卷1，「孔子論易」條，第51頁。

理。歷史是由具體的細節所組成的，同時歷史又是不斷運動變化發展的，因此，既要重視細節，又要把握歷史發展大勢，才能揭示出眞實的歷史，才能探究歷史上的興衰成敗，也只有這樣才能從中預測人類社會發展走向。所以顧炎武重視對歷史細節的考證和深入分析，通過對每一個相關的歷史細節的考證總結上升到把握歷史規則。他指出：「『造化人事之迹有常而可驗，變化云爲之動日新而無窮』。他把這一辯證發展觀運用於社會歷史領域，提出了『天下勢而已矣』、『勢有相因而天心繫焉』的歷史演化觀，主張認識『相因之勢』，探詢『勢』之所以形成的因果關係和其中的辯證轉化的環節。」〔註69〕他的實學不是「只重瑣碎經驗而不能觀其會通的『章句之學』」〔註70〕，而是主張要有明於「天下之理殊途而同歸」的「一貫」精神。

顧炎武的實學有很強的現實性以及實用性。他一生心血結晶《日知錄》中展現了精愼、虛心、嚴謹的治學態度和深厚的學術功力，以及扭轉明末清初的歷史巨變這一強烈現實目的。顧炎武的實學揭示了明朝封建專制的危害，以及理學空談盛行在社會中所形成的人們急功近利、漠視社會責任的不良風氣，使後人對這個重大歷史問題能夠有清醒的認識，從而重新回到重視履行社會責任的軌道上來。人們要樹立廉恥的觀念。廉恥觀念不僅是主觀的，而且是客觀的，它是人們應該履行的社會責任。學者有改良社會的責任，要爲自己和社會樹立起人格的藩籬，即「行己有恥」。顧炎武所作的經世致用學問的關鍵就是要建立起人們的道德廉恥。他稱述自己的生平說：「某雖學問淺陋，而胸中磊磊，絕無闒然媚世之習」。他教育自己的學生說道：「自今以往，當思『以中材而涉末流』之戒」。他是教人豎起極堅強的意志抵抗惡社會，用嚴格的規則約束自己，「最低限度，要個人不至與流俗同化；進一步，還要用個人心力改造社會」。改造社會風氣以實現「天下興亡，匹夫有責」的政治理想，是顧炎武「實學」最重要的特徵之一。

重視實證也是顧炎武實學中重要內涵。爲了扭轉宋明理學家「遊談無根」的弊病，顧炎武特別強調了治學應從第一手資料出發，使用考辨史事眞僞的多重證據法：主要有：將正史的紀傳表志互相對勘的方法；以野史與正史相互參訂以尋求歷史眞實的方法；借助金石銘文等文物資料及對歷史遺跡的田

〔註69〕許蘇民：《顧炎武思想的歷史地位和歷史命運》，《雲南大學學報（社會科學版）》2006年第1期。
〔註70〕周可眞：《論顧炎武的思維方法》，《哲學研究》1999年第8期。

野調查來為史書訂訛補缺的方法。顧炎武不僅從古人原著中搜集資料，而且從實際的調查中，獲取資料與書本資料相對照。

四、與同時期思想家黃宗羲、王夫之思想之異同

重視史學，通過史學尋求治國之理是明末清初學術界普遍的特點。與顧炎武齊名的另兩位思想家黃宗羲和王夫之都重視從史書中闡釋他們的思想。他們也都像顧炎武一樣重視實踐。在基本的學術方法上，顧、黃、王三先生是一致的，他們都堅持了與理學不同的實學方式。

黃宗羲自幼就受到家學的影響，他的父親被逮入獄時，對他說「學者最要緊是通知史事，可讀《獻徵錄》」。黃宗羲自少時，就廣泛地閱讀史書。他家中藏書甚多，還到處借書抄閱，並且記誦極博，各門學問都有所探索。黃宗羲對明代學術弊病作了非常深入地分析。他的學術特點也是要扭轉明朝空疏的學術特點。全祖望論黃宗羲的學術特點：

> 公謂：「明人講學，襲語錄之糟粕，不以六經為根柢，束書而從事於遊談。」故受業者必先窮經。經術所以經世，方不為迂儒之學，故兼令讀書史。又謂「讀書不多，無以證斯理之變化，多而不求於心，則為俗學。」故凡受公之教者，不墮講學之流弊。公以濂洛之統，綜會諸家，橫渠之禮教，康節之數學，東萊之文獻，艮齋、止齋之經濟，水心之文章，莫不旁推交通，連珠合璧，自來儒林所未有也。〔註71〕

但黃宗羲對王陽明的批判顯然不如顧炎武徹底，陳汝咸說：

> 梨洲黃子之教人，頗泛濫諸家，然其意在乎博學詳說以集其成。而其歸窮於蕺山慎獨之旨，乍聽之似駁，而實未嘗不醇。〔註72〕

全祖望也持相同的看法，他說：

> 先生之不免餘議者則有二：其一，則黨人之習氣未盡，蓋少年即入社會，門戶之見，深入而不可猝去。其二，則文人之習氣未盡，不免以正誼明道之餘技，猶留連於枝葉。〔註73〕

〔註71〕 全祖望：《梨洲先生神道碑文》，《鮚埼亭集》卷十一，《全祖望集彙校集注》上海古籍出版社 2000 年版，第 214 頁。

〔註72〕 全祖望：《大理悔廬陳公神道碑銘》，《鮚埼亭集》卷十六，《全祖望集彙校集注》上海古籍出版社 2000 年版，第 296 頁。

〔註73〕 全祖望：《鮚埼亭集·答問（南雷）學術帖子》，《全祖望集彙校集注》，上海古籍出版社 2000 年版。

黃宗羲仍然保留了陽明的枝葉，黃宗羲對王陽明的「致良知」作了與心
學家不同的解釋，他說：

> 陽明説「致良知於事事物物」。致字即是行字，以救空空窮理，
> 只在「知」上討個分曉之非。乃後之學者，測度想像，求見本體，
> 只在知識上立家當，以爲良知。則陽明何不仍窮理格物之訓，而必
> 欲自爲一説耶？〔註74〕

黃宗羲與顧炎武在對待王陽明的態度上不同的，但是在治學方式上則殊
途同歸，黃宗羲是以肯定王陽明的立場上，卻不對本體的問題過份糾纏，而
不斷的做事情，不斷地讀書，他認爲明代心學家關門冥想的做法是枉費工夫。
如果說顧炎武是王學的革命家，那麼黃宗羲就是王學的修正者。

顧炎武開創了與明代心學完全不同的學術道路，他將王陽明及其心學歸
類爲禪宗，是與儒學完全不同的思想模式。心學的思維方式在儒家思想體系
中找不到半點蹤影。這是與明朝學術的徹底決裂，是與明代學術完全不同的
學術道路。顧炎武對問題的認識全部通過實證，並通過實際的材料、通過準
確地考訂材料、通過描述歷史來闡釋作者的思想，這是與明代心學完全不同
的。顧炎武對於明代的學術已經沒有任何眷戀，這顯然相比於黃宗羲對明代
學術更向前邁進了一步。黃宗羲是明代學術向清代學術過渡式的人物，而顧
炎武是一個新時代學術傳統的奠基者。

在批判封建專制問題上，顧炎武與黃宗羲之間也有很多相似性，他們都
將社會動蕩的根源歸結爲明朝的封建專制統治，黃宗羲所著《明夷待訪錄》
把明朝的封建君主看作是社會動蕩的根源，並且刻畫了君主封建專制的殘
暴，他說：

> ……後之爲人君者不然。以爲天下利害之權，皆出於我，我以天
> 下之利盡歸於己，天下之害盡歸於人，亦無不可。使天下人，不敢自
> 私，不敢自利，以我之大私爲天下之大公，始而慚焉，久而安焉，視
> 天下之莫大之產業，傳諸子孫，受享無窮。……此無他，古者以天下
> 爲主，君爲客，凡君之所畢世而經營者，爲天下也。今也以君爲主，
> 天下爲客，凡天下之無地而得安寧者，爲君也，是以其未得之也，屠
> 毒天下之肝腦，離散天下之子女，以博我一人之業，曾不慘然，曰：
> 我固爲子孫創業也。其既得之也，敲剝天下之骨髓，離散天下之子女，

〔註74〕《明儒學案》卷10，《姚江學案》。

> 以奉我一人之淫樂，視爲當然，曰：此我產業之花息也。然則爲天下
> 之大害者，君而已矣。……而小儒規規焉以君臣之義無所逃於天地之
> 間，至桀、紂之暴，猶以爲湯、武不當誅之。……豈天下之大，於兆
> 民萬姓之中，獨私其一人一姓乎？……〔註75〕

　　黃宗羲對君主專制的實質描述的非常深刻和形象，而在當時的歷史條件
下達到如此高的境界，確實表現出黃宗羲高超的見識。顧炎武在《日知錄》
中也揭示了同樣的道理，只是顧炎武描述的非常含蓄，他用具體的事例抨擊
了明朝君主與民爭利的本質，因此，兩部著作確是交相輝映的。

　　顧炎武與黃宗羲在反思明朝何以會迅速滅亡的問題上是基本一致的，他
們都揭示了明朝滅亡的根本原因在於明朝封建專制統治，但在對待君主專制
的問題上，顧炎武的認識顯然更爲符合歷史實際。在當時的歷史條件下，封
建專制是歷史的必然，是由當時的生產力狀況所決定的。無論是顧炎武還是
黃宗羲都沒有可能去改變封建專制制度。顧炎武的主張顯然要比黃宗羲更實
際一些，他更多地關注於如何保持好君臣之間的關係，用歷史事實去說明君
主過份佔有天下之利，其後果便是君主獨自承擔由此而產生後果。他更希望
在保持封建專制同時，進行必要的改良。這說明顧炎武的思想更爲務實。

　　王夫之是與黃宗羲、顧炎武齊名的另一位明末清初著名的思想家。他與
顧炎武都是明代學術的破壞者，也是新學術的建設者，但二人又各有側重，
顧炎武建設的方向是「科學的」，而王夫之的建設方向則是「哲學的」〔註76〕。
王夫之的史論有著豐富歷史哲學思想，他與顧炎武一樣重視歷史學在實現經
世學風中的作用。他在評論《資治通鑒》這個書名時說：

> 旨深哉！司馬氏之名是編也。曰「資治」者，非知治亂而已
> 也，所以爲力行求治之資也。覽往代之治而快然，覽往代之亂而
> 愀然，知其有以致治而治，則稱說其美；知其有以召亂而亂，則
> 詬厲其惡。

> 設身於古之時勢，爲己之所躬逢；研慮於古之謀爲，爲己之所
> 身任。取古人宗社之安危，代爲之憂患，而己之去危以即安者在矣；
> 取古昔民情之利病，代爲之斟酌，而今之興利以除害者在矣。得可

〔註75〕《明夷待訪錄·原君》。
〔註76〕參見梁啓超《中國近三百年學術史》，天津古籍出版社 2003 年版，第 86
　　　　頁。

資，失亦可資也；同可資，異亦可資也。故治之所資，惟在一心，

而史特其鑒也。〔註77〕

王夫之在這裡表明了史學應該對社會發展起到推動作用。為了能夠發揮史學的經世致用的作用，王夫之指出了要全面而深入地認識歷史，要瞭解歷史人物的主觀動機，看到歷史的客觀效果，並探明歷史發展的內在原因。

推其所以然之由，辨其不盡然之實，均於善而醇疵分，均於惡

而輕重別，因其時，度其勢，察其心，窮其放，所由與胡致堂諸子

之有以異也。〔註78〕

與顧炎武一樣，王夫之主張通過敘述歷史來表達他的思想，借史發揮，探索歷史，廣博論證，綜合比較，發人深思；理論應該以史實為根據，能夠起到實際作用。他說：

引而伸之，是以有論；濬而求之，是以有論；博而證之，是以

有論；協而一之，是以有論；心得而可以資人之通，是以有論。道

無方，以位物於有方；道無體，以成事之有體。鑒之者明，通之也

廣，資之也深，人自取之，而治身治世、肆應而無窮。抑豈曰此論

者立一成之刑，而終古不易也哉。〔註79〕

王夫之明確地論述了歷史演進理論，對「正統論」以及「五德終始說」提出了自己的看法，顧炎武雖然沒有明確提出這些理論，但是在《日知錄》等著作中，顧炎武也表達了他對於歷史變化趨勢的理論認識。

在關於郡縣與封建的問題上，顧炎武與王夫之認為封建制為郡縣制所取代是歷史的必然。王夫之認為郡縣制是客觀存在的歷史趨勢所造成的，他說：「郡縣之制，垂二千年而弗能改矣，合古今上下皆安之，勢之所趨，豈非理而能然哉」〔註80〕，而顧炎武也同樣認為郡縣製取代封建制為歷史的必然。

在對待皇朝何以滅亡的問題上，顧炎武與王夫之也有很多相似之處。王夫之指出皇朝盛衰主要受社會風俗變化的影響。王夫之指出，東晉、南朝的門閥世族享有特權，他們往往置國家和民族的利益於不顧，影響到了整個國家的社會秩序。他說：

〔註77〕王夫之：《讀通鑒論》卷末「敘論一」，中華書局 1975 年版。

〔註78〕《讀通鑒論》卷末「敘論二」。

〔註79〕《讀通鑒論》卷末「敘論四」。

〔註80〕《讀通鑒論》卷 1「秦始皇」條。

> 天下有道，則上司之；天下無道，則下存之。下亟去之而不存，
> 而後風教永亡於天下。大臣者，風教之去留所託也。晉宋以教，爲
> 大臣者，怙其世族之榮，以瓦全爲善術，而視天位之去來，如浮雲
> 之過目。故晉之王諡，宋之褚淵，齊之王晏、徐孝嗣，皆世臣而託
> 國者也，乃取人之天下以與人，恬不知恥，而希佐命之功。風教所
> 移，遞相師效，以爲固然，而矜其通識。〔註81〕

與顧炎武一樣，王夫之把清談看作是導致魏晉以後不良社會風俗形成的主要原因。他說：「晉之敗，敗於上下縱弛，名黃老而實惟貪冒淫逸之是崇。王衍、謝鯤，固無辭其責矣。」〔註82〕顧、王二先生對當時盛行的空疏學風的問題上都有著非常深刻的體會。

但是關於歷史發展的動力問題認識上，顧炎武的認識要更爲符合歷史實際。王夫之將歷史發展的動力歸結到「理」，認爲歷史變化受到「理」的支配。他認爲，「天者，理也。其命，理之流行者也」，「天之命，有理而無心者也。」天沒有意識，理是客觀運行的法則，他把歷史解釋爲「理當然而然，則成乎勢矣」。作用於歷史發展過程與趨勢背後的法則或規律是「理」，「順必然之勢者，理也。理之自然者，天也。君子順乎理而善因乎天，人固不可與天爭久矣。……天者，理而已矣。理者，勢之順而已矣」。「理與勢結合起來應該是歷史發展的趨勢和內在動因，這既不是神的意志的體現，也不是人的主觀意志所能決定的。」〔註83〕比如，在郡縣制的論述中，王夫之雖然認同郡縣制，但他沒有從郡縣制內在的機制出發來論述其合理性，而是把郡縣制的出現歸結爲人無法控制的法則。他說，實行這種體制「豈非理而能然哉。……封建毀而選舉行，守令席諸侯之權，刺史牧督司方伯之任，雖有元德顯功，而無所庇其不令之子孫，勢相激而理隨以易，意者其天乎」〔註84〕。這種「勢理合一」是王夫之歷史理論的核心所在。顧炎武雖然也沒有認識到馬克思主義所指出物質的、現實中的人及其所從事的社會實踐是歷史發展的動力，但是相比於王夫之將歷史動力歸結爲客觀法則，顧炎武將眞理認識向前推進了。顧炎武將歷史發展動力歸結到具有道德屬性的「人」上。他認爲，歷史是由人來改寫的，治亂興衰無不是人的活

〔註81〕《讀通鑒論》卷17「梁武帝」條。

〔註82〕《讀通鑒論》卷13「晉成帝」條。

〔註83〕白壽彝主編：《中國史學史》第五卷（向燕南、張越、羅炳良著），上海人民出版社2006年版，第205頁。

〔註84〕《讀通鑒論》卷1「秦始皇」條。

動造成的，人是否履行自己的社會責任決定了歷史的走向，而這個標準就是儒家指導思想所總結的、并爲歷史經驗總結證明的道德規範。如顧炎武對「郡縣制」與「封建制」的認識超越了郡縣和封建本身固有的概念範疇，而是從如何增強官員管理社會公共事業的積極性的角度來思考郡縣制與封建制的利弊。他與王夫之遵循所謂的客觀法則「理」不同，而是從實際生活的效果來判斷是與非。顧炎武所追求的「理」是現實生活中得出的經驗規律，而非不可臆測的客觀法則。相比於王夫之，顧炎武對具體問題的認識更貼近於實際，更具科學性，是基於對歷史經驗的總結而得出的。

在與同時期的重要的思想家黃宗羲、王夫之的比較中，顧炎武在學術體系更爲完備，因此他在清代學術中的地位影響極大，是影響有清一代甚至近代學術的非常重要的人物。

綜上所述，顧炎武的「經學即理學」的思想是主張恢復原始經學的正統地位，是對宋明理學的批判，並且將宋代理學與明代理學區別對待，在對宋代理學援禪入儒做法進行批判的同時，又將它與明代理學區別對待，將宋代理學納入了儒家經學的範疇。而對待明代的理學則指責其爲與經學完全不同的禪宗。雖然如此，宋代理學的錯誤做法必須予以糾正。正是在批判宋明理學的基礎上，顧炎武提出了新的思想體系和治學體系，即重視實學，強調了實際效果的重要，突出了歷史經驗和現實經驗的重要作用，他主張「由器入道」、「下學而上達」通過嚴謹的實證，對材料的細緻深入地分析，通過總結歷史經驗的總結來達到對「道」的即經驗規律的認識。這種思想體系和治學方法開創了清代學術的新局面。顧炎武宣導以史學研究代替宋明理學的空泛的哲學思辨，將引導學術活動從空泛和玄妙的哲學思辨轉變爲對客觀的社會經驗教訓的總結，從中展現客觀現實規律，使學術更符合現實生活的實際需要。顧炎武開創了清代重視樸學的歷史考據學的道路和嘉道時期「經世致用」的學風，在中國學術史上有著舉足輕重的歷史地位。

第二節　顧炎武的學術思想對乾嘉考據學的影響

「清初顧炎武等大學者倡導務實黜虛的學風，認爲經世──通經──考訂三者應相結合，直接開創了清代考證學風。」〔註85〕清代考據學相比於明

───────────────

〔註85〕陳其泰：《史學與中國文化傳統》，學苑出版社1999年版，第261頁。

代的心學是一個新生事物。雖然心學的危害有目共睹，但是需要有人對之作系統的批判，而顧炎武正是這樣的關鍵人物，他不僅對明代的空疏之學做了鞭闢入裏的批判，而且還系統地創建了新的學術體系，將歷史考證學從方法之學變成揭示歷史發展規律的學問，成爲闡釋歷史發展規律的載體。但清代的乾嘉考據學只是繼承了顧炎武歷史考證學，丟棄了顧炎武考證學表象背後所蘊含的「經世致用」的實質。

一、顧炎武爲清人提供了治學方法

清代是樸學興盛的朝代。清代學者一改明朝注重性理空談的弊端，重視訓詁考據。這與以顧炎武爲代表的明末清初經世致用思想家對性理空談的批判有著密切的關係。顧炎武無疑爲樸學的興盛奠定了理論基礎，如果僅僅否定性理空談，而不能從理論上論證樸學的可行，不能把樸學上升到理論的高度，那麼否定性理空談，也不意味著樸學的興盛。因此，一方面需要肯定顧炎武對性理空談的否定，另一方面也需要肯定顧炎武爲樸學建立提供的理論貢獻。

顧炎武是「清代乾嘉考據學派的奠基者」〔註86〕，他開創了漢代學術在清朝的復興、他反對「宋明以來那種斷章取義、心印證悟的語錄之學，傾向於以漢儒爲師」，「明顯地反映了崇尚漢學、鄙薄空談性道的學術傾向」〔註87〕，奠定了清代考據學的研究範圍，如經學研究、文字音韻的研究、金石文字的研究等等。乾嘉學者所具有的「實事求是，無徵不信，廣參互證，追根溯源」〔註88〕的考史特點，正是從顧炎武開始確立的。

顧炎武爲清代乾嘉學派樹立了「漢學」的模式。所謂漢學是相對於宋學重視「義理」之學而言的，清代學者將考據訓詁作爲通經的途徑。這是清代學者基於對前代學術經驗教訓的反思而得出的研究學問的方式。阮元說：

> 兩漢經學所以當尊行者，爲其去聖賢最近，而二氏之說尚未起也。老莊之說盛於兩晉，然道德、莊、列本書具在，其義止於此而已，後人不能以己之文字飾而攻之，是以晉以後鮮樂言之者。浮屠之書，語言文字非譯不明，北朝淵博高明之學士，宋、齊聰穎特達

〔註86〕王俊義：《清代學術探研錄》，中國社會科學出版社 2002 年版，第 102 頁。
〔註87〕王俊義：《清代學術探研錄》，中國社會科學出版社 2002 年版，第 103 頁。
〔註88〕陳其泰：《史學與中國文化傳統》，學苑出版社 1999 年版，第 262 頁。

之文人，以己之說附會其意，以致後之學者繹之彌悅，改而必從，
非釋之亂儒，乃儒之亂釋。魏收作釋老志後，蹤跡可見矣。吾固曰：
兩漢之學純粹以精者，在二氏未起之前也。我朝儒學篤實，務爲其
難，務求其是，是以通儒碩學有柬發研經，白首而不能究者，豈如
朝立一旨，暮即成宗者哉！〔註89〕

清代學術從「宋明人的流弊中解脫出來」成爲一種重視事實、重視考訂
的學術，這與清代學術「啓蒙運動之代表人物」顧炎武「摧故鋒而張新軍」
〔註90〕分不開的。他是對晚明學風「首施猛烈之攻擊」〔註91〕的人。清人以
研究史學作爲研究經學的途徑，將史學等同於經學，這與顧炎武的開創密不
可分。

在清代，康熙皇帝仍然以程朱理學作爲正統思想，但是正如顧炎武在《日
知錄》中所論述的那樣，儒家經學由於明朝官方的文化專制的摧殘，其對文
化典籍的破壞與秦始皇焚書坑儒並無二致。到了清朝，程朱理學的本來面目，
已無從知曉。因而，作爲正統思想的儒家經學需要考據學爲其展現本來的面
目。阮元、趙翼、錢大昕、王鳴盛對樸學興起做出了肯定，他們指出，宋明
以來人們空談性理，致使經義不明，獲取經義的方法也被混淆了，因此，考
據學有它傳承經義文明的作用。而考據三大家能夠有如此見識，這也與顧炎
武創立「由器入道」的治學之法的影響密不可分。

顧炎武將史學當作闡釋經學的途徑，史學中描述的規律正是儒家「六經」
所闡釋思想的具體說明。經書的目的是獲取其中的規律，它闡述了基本的原
則，而具體的認識則要依據記述具體人活動的史學，所以「史學」本身也就
是「經學」。史學是「下學」，但其中蘊含著「上達」的思想，而只有通過「史
學」這個記述人的活動的「下學」才能眞正獲得「上達」的思想。出於實現
「上達」的目的，就必須重視史學。而顧炎武重視史學的理念在乾嘉考據學
者中有所反映。

錢大昕認爲史學本身就是經學，要想明白經學的含義和變化的思想，那
麼就需要通過史學。他說：

〔註89〕阮元：《國朝漢學師承記·阮序》，見江藩：《國朝漢學師承記》，中華書局 2008
　　　　年版，第 1 頁。
〔註90〕梁啓超：《清代學術概論》，天津古籍出版社 2003 年版，第 16 頁。
〔註91〕梁啓超：《清代學術概論》，天津古籍出版社 2003 年版，第 15 頁。

　　經與史豈有二學哉？昔宣尼贊修《六經》，而《尚書》、《春秋》實爲史家之權輿。漢世劉向父子校裏秘文爲《六略》，而《世本》、《楚漢春秋》、《太史公書》、《漢著紀》列於《春秋》家；《高祖傳》、《孝文傳》列於儒家，初無經史之別。厥後蘭臺、東觀作者益繁，李充、荀勖等創立四部，而經史始分，然不聞陋史而榮經也。自王安石以猖狂詭誕之學，要君竊位，自造《三經新義》，驅海內而誦習之，甚至詆《春秋》爲斷爛朝報。章、蔡用事，祖述荊舒，摒棄《通鑒》爲元祐學術，而十七史皆束之高閣矣。嗣是道學諸儒，講求心性，懼門弟子之汎濫無所歸也，則有呵讀史爲玩物喪志者，又有謂讀史令人心粗者。此特有爲言之，而空疏淺薄者託以藉口。由是說經者日多，治史者日少。彼之言曰：經精而史粗也，經正而史雜也。予謂經以明倫，虛靈元（玄）妙之論，似精實非精也；經以致用，迂闊刻深之談，似正實非正也。太史公尊孔子爲世家，謂載籍極博，必考信於六藝；班氏《古今人表》，尊孔孟而降老莊，皆卓然有功於聖學，故其文與《六經》並傳而不愧。若元明言經者，非抄襲草販，則師心妄作，即幸而側名甲部，亦徒供後人覆瓿而已，奚足尚哉！〔註92〕

　　錢大昕在這段話中認爲史學才是認識經學的途徑。自古以來，眞正瞭解的經學的人都是通過史學，而不讀史書的人則不可能認識經學。崔述也認爲「經史不分，經即其史，史即今所謂經者也。後世學者不知聖人之道體用同源，窮達一致，由是經史始分」〔註93〕。洪亮吉指出：「古之大文曰經曰史，經道乎理之常，史則極乎事之變，史學固與經學並重也」〔註94〕，這種將史學當作明經途徑的看法正是自顧炎武開創的。

　　正是由於顧炎武的存在，史學才有可能上升到與經學同樣的高度。治史在顧炎武看來就是治經。顧炎武這種卓識無疑是具有開創性的，他標誌著一種新的研究儒家經典方法的誕生。梁啟超對顧炎武在清代樸學開創上的貢獻非常推崇，他認爲，顧炎武使歷史研究系統化並且趨向於科學化〔註95〕。

〔註92〕錢大昕：《廿二史箚記·序》，《廿二史箚記校注》附錄二，中華書局 1984 年版，第 885～886 頁。

〔註93〕崔述：《考信錄提要》卷下《總目》，中華書局 1985 年版。

〔註94〕洪亮吉：《歷朝史案·序》，《洪亮吉集》，中華書局 2001 年版。

〔註95〕參見梁啟超《清代學術概論》，天津古籍出版社 2004 年版。

二、顧炎武與乾嘉考證學風

顧炎武對於史學的作用、及其方法的認識對清代的乾嘉考據學認識史學都產生了一定的影響。

顧炎武為清代學術發展建立了一整套完備的學術規範：「一是治學當從第一手資料出發，而不是從第二手、三手的資料出發；二是凡著書，要著前人所沒有著過、且為後世所不可缺少的書，著自成一家之言的書；三是凡立論必有充分的證據，在證據不充分時，應當闕疑，不可據於孤證而立論；四是不可改竄前人之書或竊他人之書為己作；五是凡引述前人的言論，應當引述其原文，注明前人姓名及引文出處，即使是得之於同時代學者的言談，也當予以說明」〔註96〕，體現出「貴創」、「博證」、「致用」〔註97〕的特點。

在具體的考據問題上，顧炎武在一定程度上起到了開拓者的作用。乾嘉考據學對《新唐書》進行了考訂，而顧炎武在《日知錄》中業已對《新唐書》的弱點進行了揭露和批判。顧炎武「以《春秋》的精髓在於『辭達而已矣』為依據批評《新唐書》機械摹仿《春秋》文詞，『好簡略其辭，故其事多寥而不明』」，稱《新唐書》這麼做是「遺其神理而得其皮毛」〔註98〕。而閻若璩證實了《古文尚書》為偽作，而這個結論在《日知錄》中也有論及。顧炎武在《日知錄》卷2《古文尚書》條中，便具體論及出於梅賾之手的《古文尚書》屬偽作，並明確指出：「孟子曰盡信書則不如無書，於今日而益驗之矣」。「這對於後來關於《尚書》的研究，及偽《古文尚書》的論定，無疑有開啟作用」〔註99〕。

顧炎武關於音韻學的研究及其成就，對乾嘉時期的學者亦有重大影響。乾嘉時代考據學者的治經方法，都是沿著顧炎武治經的路數，即從古文字入手，通過對聲音的訓詁，來揭示經書的原義。在顧炎武的影響下，清代「小學」非常繁盛。乾嘉時期的考據學家在文字音韻方面多有專門研究，並留有著述，如《方言疏證》（戴震）、《爾雅正義》（邵晉涵）、《爾雅義疏》（赫懿行）、《廣雅疏證》（王念孫）、《說文解字注》（段玉裁）、《古韻標準》（江永）、《切韻考》（陳澧）等等。無論是乾嘉考據學派中的吳派抑或是皖派，非常推崇顧炎武在文字音韻方面，如江永就曾說顧炎武是「近世音學數家」中「特出」

〔註96〕許蘇民：《大家精要‧顧炎武》，雲南教育出版社2009年版，第138頁。
〔註97〕梁啟超：《清代學術概論》，天津古籍出版社2003年版，第17頁。
〔註98〕《日知錄集釋》卷19，「文人摹仿之病」條。
〔註99〕王俊義：《顧炎武與清代考據學》，《貴州社會科學》1997年第2期。

者，所以「最服其言」〔註100〕，並吸收顧炎武分古韻爲 10 部的研究成果，定古韻爲 13 部，又如，王鳴盛對顧炎武的古韻研究雖有所辨正，但仍很推崇地說顧炎武「作《音學五書》分古韻爲十部，條理精密，秩然不紊，欲明三代之音，捨顧氏其誰與歸」〔註101〕。

顧炎武在《日知錄》中對歷史問題的認識也對乾嘉史學產生了一定的影響。顧炎武是明末清初以來中國學術界重視實際學問的開端，他重視了人的活動與社會發展之間的關係，比如在氣節問題上，顧炎武首先開始了對人的氣節與社會發展的關係的探討，他在《日知錄》卷 13 中論述了漢朝重視氣節對社會發展的重要意義，同時論述了儒家思想在中國古代保持士人氣節上所起的作用。而這一內容在清代乾嘉考據的著名學者趙翼那裏也作了論述。趙翼認爲在「任何一個社會，如果沒有氣節，那麼它衰敗得更加迅速。他舉漢以後歷史爲證：『自漢魏易姓以來，勝國之臣即爲興朝佐命，久已習爲固然。其視國家禪代，一若無與於己，且轉藉爲遷官受賞之資。故偶有一二耆舊不忍遽背故君者，即已嘖嘖人口，不必其以身殉也。……直至有宋，士大夫始以節義爲重，實有儒學倡明，人皆相維於禮義，而不忍背。則《詩》、《書》之有功於世教，匪淺鮮矣。』證明氣節的存亡與社會的盛衰具有相當密切的關係，歸納出中國古代歷史發展的一個普遍法則，在歷史理論上達到了較高的水平」〔註102〕。重視士人氣節對社會發展具有非常重要的意義。趙翼也像顧炎武一樣論述了朝廷是否重視對士人氣節的培養，士人是否具有社會責任感對社會發展有著巨大影響。他說：

> 東漢末，宦官之惡遍天下，然臣僚中尚有能秉正嫉邪，力與之爲難者。……蓋其時宦官之爲民害最烈，天下無不欲食其肉。而東漢士大夫以氣節相尚，故各奮死與之拄，雖湛宗滅族，有不顧焉。至唐則僅有一劉蕡，對策懇切言之。明則劉瑾時僅有韓文、蔣欽等數人；魏忠賢時僅有楊漣、左光斗、魏大中、繆昌期、李應升、周順昌等數人。其餘乾兒義子，建生祠，頌九千歲者，且遍於縉紳。此亦可以觀世變也〔註103〕。

〔註100〕江永：《古韻標準例言》。
〔註101〕王鳴盛：《音學五書與韻補正論古音》，《蛾術編》卷 33。
〔註102〕白壽彝主編：《中國史學史》第五卷（向燕南、張越、羅炳良著），上海人民出版社 2006 年版，第 314 頁。
〔註103〕趙翼：《廿二史箚記》，卷 5《漢末諸臣劾治宦官》。

　　趙翼在這段話中說明，重視士人氣節的培養才是皇朝鞏固統治的根本途徑，培養士人的氣節才能保持皇朝政權的長治久安，當出現黑惡勢力的時候，如果皇朝重視了對士人氣節的培養，那麼士人即使遭受打擊，也會努力的匡扶政權，而如果沒有對士人氣節的培養，那麼士人們便會明哲保身，眼看著皇朝的衰亡，「說明了吏治好壞與政治的關係，抓住了歷代封建皇朝統治能否穩固的主線」〔註104〕，即皇朝治亂興衰的根本在於朝廷是否重視對士人正統思想的培養。趙翼的這種認識正是顧炎武在《日知錄》卷13對社會風俗問題的繼承和發展。趙翼對這一問題的認識正是以顧炎武為開端，是在顧炎武所做的大量研究工作基礎上所得出的成果。

　　乾嘉時期考據三大家中另一位大家王鳴盛著有《十七史商榷》一書，書中以考據的方法對古代重大的歷史問題進行了考證，並闡述了自己對歷代重大歷史問題的看法，尤其是關注於對歷代官制為主要內容的古代政治制度的研究。在書中，王鳴盛關注的很多問題也正是顧炎武所關注的，如王鳴盛「考證東漢末年曹操頒佈『唯才是舉』之令，因過於注重才能而忽視了人品，逐漸產生了流弊」〔註105〕。他論述了漢唐政治、經濟制度的得失，在其中，論述了行政中樞的演變與皇權的強化、兵制的優劣與王朝的盛衰、刺史、節度使與漢唐地方制度的變遷、唐宋官制的發展及經濟制度的內涵、

　　由此可見，江藩在《漢學師承記》中將顧炎武列為清代考證之學的鼻祖是正確的。而清代考據三大家都繼承了顧炎武重視實際問題的認識，重視考據的方法，從考據的方法來揭示對歷史的認識。顧炎武對乾嘉史學的影響在於：乾嘉史學的治學的方式是顧炎武時期奠定的。顧炎武是明清學術轉型承前啟後的關鍵人物。顧炎武為乾嘉學術的方法論開闢了道路。

　　顧炎武的學術與乾嘉考據學有聯繫有區別。就聯繫而言，顧炎武開創了清代樸學的先河。顧炎武完整的思想體系印證了史學本身就是經學，史學是有思想的。顧炎武整理了歷史文獻，這是空疏學風盛行對傳統文化摧殘的情況下，對傳統文化的保護。顧炎武為清代乾嘉考據學指明了道路，建立了系統的樸學學說。

〔註104〕白壽彝主編：《中國史學史》第五卷（向燕南、張越、羅炳良著），上海人民
　　　　出版社2006年版，第316頁。
〔註105〕白壽彝主編：《中國史學史》第五卷（向燕南、張越、羅炳良著），上海人民
　　　　出版社2006年版，第317頁。

就區別而言，乾嘉考據對顧炎武的繼承並不是生搬硬套，照單全收。而是有時代的特點的。乾嘉考據學在文化專制的影響下，有著與顧炎武缺少時代限制和文化專制不同的特點的。

馬克思主義認為社會存在決定社會意識。顧炎武所處的歷史時代正是專制舊的皇朝覆滅，新的皇朝尚未建立的時期，在這一時期，皇朝的思想控制比較鬆弛，顧炎武有可能自由地表達自己的思想。而「舊學派權威既墜，新學派系統未成，無『定於一尊』之弊，故自由之研究精神特盛」，所以顧炎武能夠自由的表達其對封建專制的不滿；其次，顧炎武經歷了明末的歷史巨變，這個歷史巨變促使著顧炎武迫切需要反思明朝何以會滅亡的歷史。顧炎武治史學和治經學帶有強烈的現實目的。而乾嘉考據學所處的時期，既受到專制統治的高壓控制，又沒有顧炎武所處的時代契機。乾嘉考據學者處於一種矛盾之中。當時清朝已經建立了比較穩定的統治，而同時清朝滿洲貴族對漢人並不完全信任。漢人對清朝也缺乏一定的歸屬感。清朝大興文字獄，加強對士人的控制，也使得士人消磨了履行社會責任的要求，因此清代乾嘉考據學者多有「窮則獨善其身」的目的。清代考據三大家雖然關注比較重大的歷史問題，但是與顧炎武的考據學不同，它缺乏顧炎武那種強烈的現實針對性。顧炎武對歷代風俗的考據已經將矛頭直接對準了君主專制，形成了具有因果鏈條的規律性認識。而在乾嘉時期，以考據三大家為代表的考據學著作雖然關注了重大歷史問題，並能給予人們一定的啟示，但是他們的著作都缺乏明確的現實目的，也缺乏對歷史問題規律性的認識。由於歷史原因導致其著作在價值上要遜於顧炎武的學術成果。乾嘉時期的考據學著作帶有為了說歷史而說歷史的目的。

因此，在肯定乾嘉考據學有經世致用的作用的同時，要認識到乾嘉考據學與顧炎武的「經世致用」學術特點之間的區別。很顯然，由於受到清朝文化高壓政策的影響，乾嘉學術走向了脫離社會實際的道路。其空疏學風的實質與明朝的空疏學風並沒有本質的區別。而乾嘉考據學對歷史的評論都是片斷式的，是對於斷代史的認識。顧炎武有「實學」作為指導思想，以反思明朝何以會迅速滅亡為主題，來進行史料的整理分析，而乾嘉考據學則側重於對歷史資料的考訂，與顧炎武治學境界顯然不在一個層面上，正如趙儷生所指出的那樣，「亭林之學雖然和乾、嘉之學一脈相聯，但二者之間也有歧義，前者博大，後者精細；前者不脫離政治，與國計民生息息相關，後者埋頭於

蠅頭字句之間，脫離了時代的脈搏」〔註106〕。

　　顧炎武在清初的學術界有著非常廣泛的影響力。他的實學提高歷史學的作用，使史學成爲一種闡釋思想的方式。他是中國的學術由空疏學風走向實學的開端。但是清朝的文化高壓將實學在揭示社會發展規律上打了折，降低了學術價值，導致了清朝乾嘉時期煩瑣考據盛行。清代的乾嘉考據學者既沒有揭示社會發展規律的訴求，也不敢表達與現實有關的思想，因此，顧炎武借考據學以總結歷史規律並沒有在乾嘉考據學者中形成共鳴。但是隨著清朝社會矛盾的逐步加劇、社會問題日益凸現，到了清代中葉嘉道時期，一些有識之士需要針對當時的社會問題進行回應，而顧炎武注重從現實生活中總結歷史規律的精神在嘉道時期又發揮了作用。

第三節　顧炎武學術思想對嘉道時期經世學風的影響

　　顧炎武開創了明末清初「經世致用」的實學思想。「經世致用」成爲顧炎武實學思想的核心內容。顧炎武實學思想最主要的含義便是學術能夠起到推動社會發展的作用。清代興起的樸學學風雖然一方面摒棄了明代理學空談的治學方式和特點，繼承了顧炎武嚴謹的治學風範，但是另一方面他們所作的學問仍然脫離了顧炎武「經世致用」的實學實質也屬於空疏之學。到了嘉道時期，隨著社會危機的逐漸加劇，以龔自珍、魏源爲代表的有識之士認識到煩瑣考據與理學空談同樣會對社會生活造成危害，他們繼承了顧炎武「經世致用」的實學思想，從現實政治經濟社會生活的實際出發去尋求解決社會危機之道。顧炎武經世致用的實學在嘉道時期得到了充分地發揚。

一、顧炎武在嘉道時期的廣泛影響力

　　顧炎武是明末清初時期經世致用思想家中的傑出代表。他從當時的歷史實際出發對儒家經典和歷史問題都作了深入細緻地考證研究，批判了封建專制統治和理學空談，起到了思想啓蒙的作用。嘉道時期，內憂外患，社會矛盾加劇，清皇朝面臨著內憂外患的局面，當時官場盛行的是貪贓枉法，投機鑽營、結黨營私、阿諛逢迎，士林居於統治地位的是粉飾太平，脫離實際，無視民眾疾苦的麻木狀態和迂腐僵化的習氣，由於清初以來封建統治者長期

〔註106〕趙儷生：《顧炎武新傳》，《趙儷生文集》第三冊，蘭州大學出版社2002年版，第10頁。

利用「文字獄」等高壓政策和八股取士等籠絡手腕禁錮思想，因此，空談義理性命、恥言經濟事功的理學，埋頭故紙堆中、閉口不談現實問題的考據學，仍在思想界居於統治地位。而科舉制度又引誘讀書人汲汲於功名利祿，使之對迫在眉睫的社會危機視而不見。當時大官僚、大地主占田多達幾千頃以至幾萬頃，土地兼併問題十分嚴重，失去土地的農民淪為佃戶，卻仍要承擔苛捐雜稅，被迫流亡，造成了嘉、道年間極為嚴重的流民問題。規模巨大、持續時間長久的白蓮教起義和天理教起義的先後爆發，對於清朝統治更是直接的沉重打擊。而當時鴉片肆虐，遍於全國，白銀外流，清政府財源日益枯竭。清朝統治者的腐敗更加助長了英國殖民者的侵略野心，它已準備用武力打開中國的大門。中國半殖民地化的歷史前途已經注定了。這樣歷史環境促使嘉道時期一些思想家去倡導經世致用的思想。而他們都自覺或不自覺地繼承了顧炎武思想的精華，他們都不約而同地批評了阻礙社會進步的障礙封建專制統治，以及空疏無用之學。

　　龔自珍是這一時期經世致用思想的開創者，他對於造成社會矛盾加劇的封建專制統治予以了嚴厲的批判，對煩瑣考據以及理學空談空疏的實質，也都作了深刻的揭露，起到了引導社會風氣的作用。他自二十三歲時，「就寫了譏切時政的《明良論》，這篇檄文與《乙丙之際著議》《尊隱》均屬於對社會和政治弊病大膽揭露的『狂言』」，以至於今文學家莊綬甲擔心龔自珍因此受到封建頑固勢力的打擊迫害。龔自珍揭露了封建皇帝為了鞏固自己的地位長期對士人摧殘迫害：「去人之廉，以快號令；去人之恥，以嵩高其身；一人為剛，萬夫為柔，以大便其有力強武」。顧炎武在《日知錄》以及《生員論》中對明代科舉制度的批判，認為明代皇帝為了維護封建專制統治而採用科舉制度造成了明代士人空疏學風。龔自珍與顧炎武對封建專制的批判同樣深刻。顧炎武對空疏學風的批判和倡導經世致用的學風，在嘉道時期內憂外患的情況下，從龔自珍那裏又重新得到了張揚，「起了開一代風氣的作用」。「當時就有人正確地評論說：『近數十年，士大夫誦史鑒，考掌故，慷慨論天下事，其風氣實定公（龔自珍）開之。當然學術風氣演變的根本原因是時代劇變的推動，是鴉片戰爭這場歷史大轉折所產生的巨大影響」，而顧炎武業已開創的經世學風和龔自珍的親身實踐「恰恰符合了這一歷史要求，因而產生了重要的作用」〔註107〕。

〔註107〕白壽彝主編：《中國史學史》第六卷（陳其泰著），上海人民出版社 2006 年版，第 46～47 頁。

　　龔自珍自覺或不自覺地繼承了顧炎武「經世致用」的思想，表現出了啓迪人們思想的作用。

　　而這一時期另一位重要的思想家魏源倡導顧炎武「經世致用」的實學思想。他編寫的《皇朝經世文編》將顧炎武列爲第一位，其中編纂了大量的顧炎武的文章，明確地表示了要以顧炎武的「經世致用」的思想爲指導思想。魏源眞正繼承了顧炎武思想的實質，他一方面繼承了顧炎武重視實證的嚴謹學風，注重對材料的搜集整理，所作的工作與顧炎武的工作如出一轍；另一方面他將材料的搜集整理作爲獲取治國方略的途徑。顧炎武提出了「下學而上達」的思想，強調了「下學」是實現「上達」的途徑，他所追求的「道」不是理學家所講的心性，他講求的是促進社會發展的大勢。而魏源繼承了顧炎武「下學而上達」的思想實質，他所探求的治國之道都來源於對材料的系統收集和整理，來源於對歷史事件的嚴密考證。魏源對封建專制統治和理學空談都作了深刻的批判和揭示，與龔自珍挾學理以爲政論的「狂言」相呼應，魏源在「中國無人留心海外事者」，而「舉世諱言之」的情況下，不怕「犯諸公之忌」，嘔心瀝血，著《海國圖志》，「詳求其說」，發出了「師夷長技以制夷」的時代呼喚。這種敢於「犯忌」的行動與龔自珍的激烈言辭相輔相成，異曲同工，體現了思想家不隨波逐流、自樹一幟、獨立思考的傲岸品格。

　　魏源對當時的空疏學風作了激烈的批判，魏源將空談心性的宋學稱爲「空虛之學」，對宋學的空虛無用給予了充分的揭示，他說：

　　　　工騷墨之士，以農桑爲俗務，而不知俗學之病人更甚於俗吏；託玄虛之理，以政事爲粗才，而不知腐儒之無用亦同於異端。彼錢穀簿書不可言學問矣，浮藻豆丁可爲聖學乎？釋老不可治天下國家矣，心性迂談可治天下乎？〔註108〕

這與顧炎武對宋學的看法是一脈相承的。

　　魏源對八股制度的猛烈批判與顧炎武對科舉制度的揭露是一致的。魏源痛陳其弊：「其造之試之也，專以無益之畫餅，無用之雕蟲，不識兵農禮樂工虞士師爲何事」〔註109〕。死背八股程序，又如何能培養出有用的眞材？

　　魏源直言不諱地指出了清中葉以來漢學與宋學嚴重脫離社會現實的弊病：「守朱者曰戶庭之儒，考經者曰塗輒之儒，皆將以撟虛就實，而叩其自得

〔註108〕魏源：《默觚下・治篇一》，《魏源集》，中華書局1983年版，第36～37頁。
〔註109〕魏源：《默觚下・治篇一》，《魏源集》，第37頁。

則瞠然，以所見諸用則瞠然，戶庭塗輒之儒充天下」〔註110〕。他說：

> 王道至纖至悉，井牧、徭役、兵賦，皆性命之精微流行其間。
> 使其口心性，躬禮義，動言萬物一體，而民瘼之不求，吏治之不習，
> 國計邊防之不問；一旦與人家國，上不足制國用，外不足靖疆圉，
> 下不足蘇民困，舉平日胞與民物之空談，至此無一事可效諸民物，
> 天下亦安用此無用之王道哉？〔註111〕

魏源對學問的界定與顧炎武所認為的學問是一致的，無論是追逐考據末流煩瑣主義之風，或者沉溺於性理空談，或者埋頭於八股制義都是空疏無用之學。魏源主張有利於社會發展的學問，這與顧炎武對學問的理解，和顧炎武的實學思想是一脈相承的。

顧炎武所倡導的「經世致用」的實學思想在嘉道時期不僅僅體現在兩個旗幟性的人物龔自珍和魏源身上，當時名臣包世臣對顧炎武的經世致用的思想也非常推崇。包世臣常「以亭林經世之志自許」，認為顧炎武的《日知錄》堪稱「經國碩猷，足以起江河日下之人心風俗」，主張像顧炎武一樣的治學方式，即「窮經將以致用，陳古所以知今」，痛斥八股取士使「詩書供裨販，廉恥恣蹂躪。處為妻妾羞，出播生民病。」他與魏源「有著相同的經世志向和學術旨趣」，即都深刻地揭示了封建專制的危害，以及由此造成的空疏學風的形成。在顧炎武樹立的經世學風的影響下，嘉道時期的思想家都不約而同的將批判的鋒芒針對封建專制統治。

這些事例可以說明，顧炎武對於嘉道時期經世學風所產生的廣泛影響力，批判封建專制和理學空談是這一時期思想家的主題。

二、嘉道時期經世派對顧炎武思想的發揮

考據學是顧炎武從事歷史研究的主要方法，也是顧炎武實學的特點所在。乾嘉考據學者繼承了顧炎武的考據學方法，但是卻忽視了顧炎武考據學中所蘊含的「經世致用」的思想實質。而嘉道時期的思想家重視經世致用，他們對經世致用的追求是建立在充分掌握資料，嚴謹考證的基礎之上的。嘉道時期的學者繼承和發揚了顧炎武以有利於社會發展為標準的實學，真正把握了顧炎武實學的實質。龔自珍雖然沒有按照他的外祖父段玉

〔註110〕魏源：《張鐵甫墓誌銘》，《魏源集》，第 342 頁。
〔註111〕魏源：《默觚下·治篇一》，《魏源集》，第 36 頁。

裁的意願成爲一名古文字學家，但是他「於經史、諸子、文字、音韻、金石等等都有著述，但他一生所矚目的中心，始終是『東西南北之學』即社會現實政治問題」。

顧炎武主張「由器入道」、「下學而上達」，而嘉道時期的學者自覺地繼承了顧炎武的治學方式。魏源指出儒家的「道」並非像當時的俗儒所認爲的那樣「高不可及、深奧莫測」，「強調『道』、『用』結合，『道』必須體現於治國經世、民生日用的實事之中」：

> 王道至纖至悉，井牧、徭役、兵賦，皆性命之精微流行其間。
>
> 使其口心性，躬禮義，動言萬物一體，而民瘼之不求，吏治之不習，國計邊防之不問；一旦與人家國，上不足制國用，外不足靖疆圉，下不足蘇民困，舉平日胞與民物之空談，至此無一事可效諸民物，天下亦安用此無用之王道哉？〔註112〕

顧炎武提高了史學的地位，將史學與經學並重，主張史學要探究歷史潮流的發展變化，主張從歷史蹟象中去尋找經學所闡述的道理。而龔自珍繼承了顧炎武和章學誠「六經皆史」的主張，提出「六經，周史之大宗」，「諸子，周史之小宗」的論點，提出史學作用在於「探世變」。他說：「智者受三千年史氏之書，則能以良史之憂憂天下……探世變也，聖之至也。」〔註113〕「史之材，識其大掌故，主其記載……以教訓其王公大人。」「入則道，出則史，欲知大道，必先知史」。眞正的史學著作必須要能展現出歷史發展的大勢，這種認識與顧炎武在《日知錄》中所表現出的特點是不謀而合的。

顧炎武重視廣泛地搜集和掌握材料的治學方法在龔自珍那裏得到了充分的體現。龔自珍認爲史學家應該是通才，要深入瞭解社會的各個領域。龔自珍說：

> 天下山川形勢，人心風氣，土所宜，姓所貴，皆知之；國之祖宗之令，下逮吏胥之所守，皆有聯事焉，皆非所專官。其於言禮、言兵、言政、言獄、言掌故、言文體、言人賢否，如優人在堂下，號咷舞歌，哀樂萬千，堂上觀者，肅然踞坐，而指點焉，可謂出矣。〔註114〕

〔註112〕魏源：《默觚下·治篇一》，《魏源集》，第 36 頁。

〔註113〕《龔自珍全集》第一輯《乙丙之際著議第九》，上海人民出版社 1975 年版，第 7 頁。

〔註114〕《龔自珍全集》第一輯《尊史》，第 80～81 頁。

　　顧炎武重視實際的社會生活，對周邊少數民族及國家的情況也都作了深入分析，對於如何管理少數民族地區的情況都有深刻地認識。這都是出於當時社會主要矛盾的需要。而龔自珍對於邊疆少數民族的情況也有非常深刻的認識。他對於邊疆史地研究都有深刻的發掘，其觀點都是從當時時政出發的，爲管理邊疆地區提供以資借鑒的管理辦法。龔自珍提出「遷內地無業遊民入疆」，「大募京師遊食非土著之民，及直隸、山東、河南之民，陝西、甘肅之民，令西徙」，「與其爲內地無產之民，孰若爲西邊有產之民」。龔自珍與顧炎武一樣都是通過敘述歷史來闡述自己對政治軍事問題的看法。有人主張清政府出兵支持蒙古族攻打藏族。龔自珍引用歷史教訓有力地駁斥這種錯誤主張，他說：「古未有外夷（這裡指邊疆地區少數民族）自相爭掠，而中朝代爲用兵者」，況且派軍隊介入，「克則殺機動，不克則何以收事之局」，不論哪種可能性，都沒有好結果。他認爲，蒙古族和藏族都信奉佛教，可讓青海大喇嘛「以佛法兩勸而兩罷之，不調一兵，不費一粟，以外夷和外夷，智之魁也」〔註115〕。

　　顧炎武作爲一名學者通過著書以尋找到經世致用的道理。總結歷史經驗教訓和規律是尋求解決當時社會危機的基本途徑。這一學術範式爲嘉道時期的學者所繼承。魏源通過著書來闡釋治國之理。魏源撰有《海國圖志》一書，其書繼承了顧炎武撰述《天下郡國利病書》和《肇域志》的特點。《海國圖志》是開「論東南西南海史地者」之先河的傑作。它雖然名爲「志」，但卻不是一部單純的地理著作，實則爲「一部首創的綜合性著作」〔註116〕。全書採用「圖」、「志」配合的編撰方法。「縱三千年，圜九萬里，經之緯之，左圖右史。」魏源的《海國圖志》與顧炎武的《天下郡國利病書》、《肇域志》一樣都不是單純的地理著作，實是一部總結歷史經驗教訓、探尋經世致用之道的「綜合性著作」。魏源在經世致用的道路上取得巨大的成就，自然離不開當時時代環境的影響，以及自身刻苦努力以及廣博的見識，這與顧炎武在明末清初業已創立的經世學風有著密切的關係。《皇朝經世文遍》是魏源經世思想成熟的標誌。該書以「實用」和時務爲選編標準，提倡士人應把研究當今不斷變化的事物、現實社會的各種問題和提出變革的辦法，作爲關注的重點，故說：「善言心者，必有驗於事矣」；「善言人者，必有資於法矣」；「善言古者，必有驗

〔註115〕《龔自珍全集》第一輯《西域置行省議》，第105～111頁。
〔註116〕白壽彝主編：《中國史學史》第六卷（陳其泰著），上海人民出版社2006年版，第81頁。

於今」〔註117〕，主張將「有關實用和財務的文章方予選入，空洞玄虛之論、陳腐過時之議，均予摒棄；凡是涉及國計民生各項主張的言論，有不同見解者，則採取尊重的態度，廣泛採錄，防止以主觀定棄取」。與顧炎武撰寫《日知錄》、《天下郡國利病書》、《肇域志》一樣，魏源編寫《皇朝經世文編》所選編的文章，「大部份是有關經國養民和政治生活中的問題，如銓選、賦役、鹽務、漕運、河工、水利、兵政等。其中戶政即經濟方面所佔比例最大，又細分為理財、養民、賦役、屯墾、農政、倉儲、荒政、漕運、鹽課、錢幣等項，涉及國計民生各個部門。這說明編者所要討論的主要是典章制度和政策法規，探究如何通過制度、政策和法令達到救治清朝社會危機的目的」〔註118〕。同樣是抄寫和搜集資料，魏源繼承了顧炎武用抄寫和搜集的材料來闡述自己觀點的治學方式，同時又保持了嚴謹的治學態度，使得自己對現實問題的認識更為充分。

　　與顧炎武一樣，顧炎武非常重視就與人民生活密切相關的論題進行論述，他在《皇朝經世文編》中重視知識儲備，這與顧炎武在《天下郡國利病書》和《肇域志》中的做法是一致的。水利問題是《文編》的重要內容之一。《魏源集》中收錄的有關方面的文章就有《籌河篇》等十八篇，涉及黃河、畿輔、淮河、運河、江南、湖北、湖廣、黑龍江、九江等水域，尤其是對黃河和直隸、江蘇、湖廣的水利問題有深刻的研究。這些內容也同樣是顧炎武《天下郡國利病書》中的主要內容。這說明水利問題是歷代皇朝中影響社會生活的重要問題，作為以經世致用著稱的思想家，顧炎武和魏源都必然對這個重要問題予以關注。

　　在經學研究和認識上，魏源也是自覺地繼承了顧炎武的治學方式，顧炎武主張回歸原始儒家經典，從對儒家經典的考證中，去理解儒家經典的本意，他重視漢學家實事求是的治學方法和科學態度，在音韻學和金石文字學有很高的成就，著有《音學五書》和《金石文字記》等通經所必備的基礎研究以及《石經考》和《左傳杜解補正》等對經書的嚴密考證的書籍，但他做這些研究有著很強的實用目的，即科學態度，通過嚴謹科學的方法來獲取治國平天下的道理。顧炎武注重通過現實生活實踐獲取真正的學問，他廣泛地遊歷，貼近民眾的生活，瞭解當地的疾苦。他的《天下郡國利病書》和《肇域志》

〔註117〕魏源：《皇明經世文編五例》，《魏源集》，第158頁。
〔註118〕陳其泰、劉蘭肖：《魏源評傳》，南京大學出版社2005年版，第169頁。

以及《日知錄》都是親身地調查研究而獲得的。而魏源很好地繼承了顧炎武的這一優秀的治學方法，他指出：

> 今日復古之要，由訓詁、聲音以進於東京典章制度，此齊一變
> 至魯也；由典章、制度以進於西漢微言大義，貫經術、故事、文章
> 於一，此魯一變至道也。〔註119〕

即使經學、政事、文章統一起來，以「救神當世」，爲國計民生服務，同時投入現實生活，進行調查研究，他說：

> 及之而後知，履之而後艱」，烏有不行而能知者乎？翻十四經之
> 編，無所觸發，聞師友一言而終身服膺者，今人益於古人也；耳義
> 方之灌，若罔聞知，睹一行之善而中心惕然者，身教親於言教也。
> 披五嶽之圖，以爲知山，不如樵夫之一足；談滄溟之廣，以爲知海，
> 不如估客之一瞥；疏八珍之譜，以爲知味，不如庖丁之一哆。〔註120〕

只有從客觀實踐中才能獲得真正的學問，從客觀實際出發、實事求是的治學方法才是正確的。從而擺正了學術與政治、與社會現實的辯證統一的關係。

嘉道時期的名臣陶澍非常重視從顧炎武、王夫之、黃宗羲等經世思想家那裏吸取思想營養，形成了自己的經世主張，指出「學術之得失所繫重焉」，反對「高談性命，逃之於空虛」的學風，主張學有實用：「有實學，斯有實行，斯有實用」。他提倡「宗經」，將經學作爲一切學問和政治的根底：「經者，恒久之至道，不刊之鴻教也。經術明則人才蔚起，……則通經致用，亦經正而庶民興」〔註121〕。像顧炎武一樣，陶澍在尊經的同時，還重視社會實踐，強調學術研究與實地調查結合的重要性：「傳聞異詞，每不逮所見之確，必履其地，始可以指諸掌而折其衷」〔註122〕。

通過總結歷史經驗來尋求解決社會危機的辦法是嘉道時期學術界共同的特點，如當時的學者湯鵬提出學術要服務於社會現實，「其指務在剖析天人王霸，發抒體用本末，原於經訓，證於史策，切於家國、天下，施於無窮。其心務在琢磨主術臣道，護持國勢民風」〔註123〕。他在明史資料受到清朝嚴密

〔註119〕魏源：《兩漢經師今古文家法考敘》，《魏源集》，第152頁。
〔註120〕魏源：《默觚上・學篇三》，《魏源集》，第7頁。
〔註121〕陶澍：《庚午科四川鄉試錄序》，《陶文毅公全集・文集》卷三五，第12頁。
〔註122〕龔鏜：《蜀輶日記》序，《蜀輶日記》卷首，光緒七年（1881）江州官舍刻本。
〔註123〕湯鵬：《浮邱子・樹文》，第403頁。

封鎖的情況下，著成《明林》十六卷，指陳明代得失，以爲現實資鑒，體現出過人的學術膽識。

　　由上可見，顧炎武作爲一名通儒，他所建立的治學體系在嘉道時期經世思想家那裏得到了眞正的體現。顧炎武實是一位兼採漢宋兩家之長的學者，他對歷史事件的嚴密考證以及對材料的廣泛搜集目的在於揭示宋學所崇尚的「義理」。通過這些可見可聽的感性認識來實現對「道」的理性認識，即「下學而上達」、「由器入道」。顧炎武既反對理學空談，又反對尋章摘句，因爲二者都對社會發展沒有實際的意義，都屬於空疏之學。他推崇儒家經學，也是因爲在他看來，儒家經學是有利於社會發展的學說。魏源眞正繼承了顧炎武的「實學」思想，即關注於有利於促進社會發展之學。魏源認爲一切學問應以促進社會發展爲目的，他認爲長久以來學術界「儒墨甫息爭，儒復歧漢宋。漢學今古文，宋學朱陸哄。出入各主奴，鴻溝虞芮訟」，學術派別之間的紛爭，「全是毫無意義的內耗，於國於民沒有任何益處」。他認爲宋學和漢學各有所長應融會貫通，他指出，李兆洛於漢學、宋學有持平之論，認爲「爲考據之學者，援文比類，據物索象，迨其說不能自還，則務繁徵博引以蘄必伸，其蔽也鑿，然而考訂精勤之功不可沒也。爲義理之學者，窮理必從其朔，其蔽也或至於窮高極遠而無所薄，然而剖析理欲、教人踐履之功不可誣也。歸之大要，皆有功於聖人」〔註124〕。

　　顧炎武在具體內容以及學術範式上對清代嘉道時期的經世致用的學風都起到了巨大的影響。他的實學精神在嘉道時期的思想家那裏才得到了充分地發揚和體現。清代嘉道時期學者對於顧炎武實學的推崇對於我們把握顧炎武實學的本質也能起到借鑒作用。考據學只是顧炎武實學的特點之一，把顧炎武的實學僅僅理解爲歷史考據學，這是遠遠不夠的，那也違背了顧炎武實學思想的本質。顧炎武之所以反對理學即在於理學追逐心性會導致人們脫離社會生活的實際，對社會發展沒有貢獻。他反對理學的思維方式是因爲理學家沒有充分掌握客觀情況，隨意地演繹勢必會造成對事物的想當然，也同樣會脫離社會生活的實際。考據學不是顧炎武治學的目的。顧炎武以及清代嘉道時期思想家從事考據學的目的在於通過考據而獲得治國的方略。這才是顧炎武實學的價值所在。

〔註124〕陳其泰、劉蘭肖：《魏源評傳》，第 180 頁。

結　語

　　顧炎武是與黃宗羲、王夫之齊名的思想家。但就其著作而言，他的著作《日知錄》被很多學者認爲是一部考據學著作或者讀書札記式的著作，這似乎與顧炎武思想家的地位並不相稱。黃宗羲、王夫之他們的主要著作都具有明顯的史論特徵。黃宗羲的《明夷待訪錄》有著非常明確地批判封建專制的含義，其中的《原君》篇對封建專制的具體表現和實質作了非常深入的分析。他的著作內容有很強的邏輯性，具有比較完整的體系。王夫之的《讀通鑒論》也是明確地闡述王夫之本人對歷史事件和歷史人物的評價，著述體系也非常完整。著作是學者學術成就和思想的主要表現媒介，如果顧炎武最主要的代表著作《日知錄》只是一部考據學著作或者札記性的著作，那麼我們也很難將顧炎武與思想家聯繫起來。這就會動搖顧炎武思想家的地位。因此，認識顧炎武著作的性質、揭示顧炎武的著述體系對於評價顧炎武具有很重要的意義。

　　思想家的思想往往是通過他完整的表述來表現的。如果不能對思想家的著作有明確而清晰的認識，那麼我們所理解的思想家的思想也不是完整的。因而，爲了全面、準確地把握顧炎武的思想，也需要對顧炎武著作的著述體系有比較深入的認識。這是我們把握顧炎武思想、論證顧炎武思想的依據。

　　顧炎武的思想主要是通過《日知錄》來表現的。就著作的性質而談，《日知錄》表現了比較完整的著述體系和比較深刻的內涵，只是這部著作所表現出的著述方法與一般思想家表述的方法不同。顧炎武用整理和引述材料來表現他對於歷史問題、歷史人物的看法。《日知錄》各個條目之間、各卷之間、各部份之間存在著一定的聯繫，構成比較完整的著述體系。《日知錄》所闡述

的中心思想就是對封建專制和理學空談的批判，揭示明朝何以會以「天崩地解」的形式滅亡的原因。顧炎武所要表達的思想就蘊含在他引述的材料、安排條目、卷目前後順序當中。顧炎武之所以采用這樣的著述方式，一方面是由於他對明朝空疏學風的危害有著非常深刻的認識，空疏學風下的思想認識毫無現實依據，不能起到「經世致用」的作用，爲了扭轉這種不良的風氣，需要採用這樣的著述方式；另一方面是由於他自幼樹立了良好的治學態度，掌握了嚴謹的治學方法，對儒家原始經典有著非常深刻和獨到的認識。他認識到儒家思想的基本治學方法和原則是「下學而上達」，即抽象的理性認識應通過可直觀感受的感性認識來表達，理性認識蘊含在感性認識當中。出於扭轉當時學風的考慮、以及踐行儒家「下學而上達」治學方法的需要，顧炎武通過引述材料的方式，以感性材料來揭示「上達」的理性認識。所以，顧炎武的《日知錄》貌似一部考據學的著作，而實際是借考據學著作的外殼來闡釋他對於古代歷史問題以及明末清初歷史劇變的看法，闡釋他的反封建、反理學思想。

《日知錄》採用「下學而上達」方式雖然容易被人誤解爲考據學的著作，但是這樣的著述形式又具有很多的優點。它表明了歷史是由人的具體活動來表現。思想家敘述歷史、描述歷史、揭示歷史的來龍去脈本身就是在表達了思想家對這些歷史問題的看法。人們評價歷史總是會帶有主觀性。而顧炎武採用引述材料、敘述歷史的方式，就是要力求接近客觀、眞實，避免帶有感情色彩來闡釋歷史。歷史是由具體的細節所組成的。每一個具體的細節都是客觀眞實歷史的一部份，因此認識具體細節是揭示眞實歷史必須要進行的工作。所以顧炎武分條目的著述方式就是在展現具體的歷史細節。而僅僅揭示具體的細節，還不能說已經揭示了客觀的歷史，因爲歷史又是運動變化發展的，社會是各種因素共同作用的結果，顧炎武分卷來組織條目，就是要將一類問題歸總，形成對一類問題的整體認識。而諸多因素共同作用的歷史其中終歸會有一個主導的因素。顧炎武對此也進行了揭示。「治道」部份分卷、分層次論述了諸多具體問題，而造成這些具體問題的根本原因則是明朝的封建專制統治。這樣的表述方式使得顧炎武思想認識全面和深刻。就思想性而言，顧炎武毫不遜色於黃宗羲和王夫之，而就對問題認識的嚴謹性和全面性而言，顧炎武或許高於黃宗羲與王夫之。

基於對《日知錄》著述體系的整體把握，我們再來認識顧炎武具體的思

想主張。顧炎武提出了「寓封建於郡縣」的主張，確有提高地方官管理地方
權限的意義。但他不認爲皇帝權力與地方官權限之間是此消彼長的關係。後
來清朝的歷史也證明了這一點。清朝的封疆大吏總督、巡撫的權限明顯高於
明朝的布政使，但清朝卻被歷史學家看作是中國封建社會中央集權的頂峰，
並沒有出現所謂的「地方自治」、甚至是民主的趨勢。「寓封建於郡縣」是顧
炎武有感於明朝地方官缺乏管理地方積極性，以致社會矛盾逐漸激化，影響
到明朝滅亡而發的。他希望借提高地方官的權限，協調好中央與地方之間的
權力關係，來起到穩定社會秩序、促進社會發展的作用。因此，這是顧炎武
對明朝行政體制的看法。顧炎武對明朝貨幣、賦稅等財政方面政策的論述即
在於揭示明朝廷履行社會公共職能的狀況，說明了明朝朝廷與民爭利的實
質。顧炎武對明朝其它重要的歷史問題，如宦官專權的問題、民族矛盾問題、
科舉教育制度等等問題，都作了深入的闡釋和分析。通過對這些具體問題歷
史的揭示，顧炎武指出了明朝封建專制對明朝歷史問題所造成的影響。通過
顧炎武分析的明朝重大歷史問題，我們看到了明朝封建專制是如何導致明朝
滅亡。明朝的重要社會問題也是顧炎武論述的主要內容。明朝社會問題體現
了明朝實施政策的效果。顧炎武認爲，「人心風俗」是治亂之關，而決定社會
風俗的源頭仍然是封建君主。明朝社會風氣敗壞正是由於明朝君主不重視引
導社會風氣的結果。其中流毒無窮的理學空談的盛行，就是在明朝君主的引
導下形成的。

　　顧炎武論述了重大的歷史問題和重要的社會問題，具體表現了明朝封建
專制統治對明朝歷史和社會所產生的影響。這是符合歷史實際的，正如馬克
思所言，支配物質生產和精神生產的統治階級，原有其存在的合理性，在一
定條件下是社會上「有用的甚至必要的」階級〔註1〕，而且還「決定著某一歷
史時代的整個面貌」〔註2〕。在明朝那樣一個封建時代裏，明朝君主對於社會
發展是具有重大影響力的。這是符合明朝的歷史實際的。顧炎武對這些問題
認識深刻，又不脫離實際，因此，具有一定的實際意義，這對後代也產生了
一定的影響。

　　清朝出現的樸學風潮以及嘉道時期盛行的「經世致用」的思潮無不表現

<hr />

〔註1〕《馬克思恩格斯全集》，第19卷，人民出版社1963年版，第315頁。
〔註2〕《馬克思恩格斯選集》，第1卷，第98～99頁；並參見《馬克思恩格斯選集》
　　　　第3卷，第336頁。

著顧炎武對後世的影響。兩大學術派別無不尊崇顧炎武。乾嘉考據學家吸取了顧炎武嚴謹治學的風格，重視嚴密的考證、重視對歷史問題的探討。顧炎武重訓詁、音韻、重視整理和搜集材料的治學方法在乾嘉考據學家那裏得到了繼承。而嘉道時期，隨著內憂外患的加劇，這一時期的很多學者也都從顧炎武那裏吸取營養。他們繼承了顧炎武嚴謹治學的態度，重視搜集整理與經世致用相關的資料，以尋找實現救世的出路。他們不僅得顧炎武實學思想之「用」，而且得其實學思想之「體」。顧炎武的實學思想繼明清之際，在嘉道時期又一次閃現光芒。

顧炎武的很多政治主張有他那個時代的局限，這是應該爲後人所注意的。我們應該注意到他思想的局限，不能過份地對思想加以拔高，這樣才能符合歷史的眞實性。但他的思想對後人的啓示意義卻是巨大的。我們生活在現實生活當中，每個人對於現實生活都負有自己的責任。「經世致用」、注重對現實生活的關注是現代公民都應具備的基本素質。顧炎武的某些思想雖然針對的對象未必是普通的民眾，但他強調士大夫階層應該具有履行社會責任的義務，這對於維持社會穩定和發展都具有十分重要的意義。顧炎武是一位具有歷史影響力的思想家，他的思想值得後人不斷發掘，並適應當代社會生活的需要，爲促進當代社會的政治、經濟、文化的發展做出貢獻。

參考文獻

一、基本文獻

1. 〔清〕顧炎武：《日知錄集釋》，上海古籍出版社，2006。
2. 〔清〕顧炎武：《天下郡國利病書》，上海科學技術文獻出版社，2001。
3. 〔清〕顧炎武：《肇域志》，上海古籍出版社，2004。
4. 〔清〕顧炎武：《顧亭林詩文集》，中華書局，1983。
5. 〔清〕顧炎武：《明季實錄》，臺灣華文書局，1969。
6. 〔清〕顧炎武：《歷代宅京記》，中華書局，1984。
7. 〔清〕顧炎武：《山東考古錄》，江蘇廣陵古籍刻印社，1988。
8. 〔清〕顧炎武：《音學五書》，中華書局，1982。
9. 〔清〕顧炎武：《左傳杜解補正》，中華書局，1991。
10. 〔清〕顧炎武：《金石文字記》，中華書局，1991。
11. 〔西漢〕司馬遷：《史記》，中華書局，1959。
12. 〔東漢〕班固：《漢書》，中華書局，1962。
13. 〔西晉〕酈道元：《水經注校正》，中華書局，2007。
14. 〔唐〕杜佑：《通典》，中華書局，1988。
15. 〔宋〕鄭樵：《通志》，浙江古籍出版社，2000。
16. 〔南宋〕朱熹：《四書章句集注》，中華書局，1983。
17. 〔南宋〕朱熹：《朱子語類》，中華書局，1986。
18. 〔明〕王守仁：《陽明先生集要》，中華書局，2008。
19. 〔明〕李贄：《焚書·續焚書》，中華書局，1974。
20. 〔明〕計六奇：《明季南略》，中華書局，1984。

21. 〔清〕黃宗羲：《明儒學案》，中華書局，2008。

22. 〔清〕黃宗羲：《明夷待訪錄》，中華書局，1985。

23. 〔清〕談遷：《國榷》，中華書局，1958。

24. 〔清〕王夫之：《讀通鑒論》，中華書局，1975。

25. 〔清〕張爾岐：《蒿庵文集》，山東書局，1889。

26. 〔清〕張爾岐：《蒿庵閒話》，中華書局，1985。

27. 〔清〕徐乾學：《憺園文集》冠山堂，清康熙丁丑〔36 年，1697〕。

28. 〔清〕張廷玉：《明史》，中華書局，1974。

29. 〔清〕全祖望：《鮚埼亭集》，上海商務印書館，1936。

30. 〔清〕全祖望：《全祖望集彙校集注》，上海古籍出版社，2000。

31. 〔清〕李慈銘著，由雲龍輯：《越縵堂讀書記》，上海書店出版社，2000。

32. 〔清〕李慈銘：《越縵堂讀史箚記全編》，北京圖書館出版社，2003。

33. 〔清〕永瑢、紀昀等編：《四庫全書總目》，中華書局，1965。

34. 〔清〕趙翼：《廿二史箚記》，中華書局，1984。

35. 〔清〕王鳴盛：《十七史商榷》，中華書局，1985。

36. 〔清〕王鳴盛：《蛾術編》，中華書局，1958。

37. 〔清〕錢大昕：《廿二史考異》，上海古籍出版社，2004。

38. 〔清〕錢大昕：《潛研堂集》，上海古籍出版社，1989。

39. 〔清〕洪亮吉：《洪亮吉集》，中華書局，2001。

40. 〔清〕崔述：《考信錄提要》，中華書局，1985。

41. 〔清〕凌廷堪：《校禮堂文集》，中華書局，1998。

42. 〔清〕江藩：《國朝漢學師承記》，中華書局，2005。

43. 〔清〕章學誠：《文史通義校注》，中華書局，1985。

44. 〔清〕章學誠：《章氏遺書》卷九，吳興劉氏嘉業堂刊本。

45. 〔清〕龔自珍：《龔自珍全集》，上海人民出版社，1975。

46. 〔清〕魏源：《魏源集》，中華書局，1983。

47. 〔清〕孫奇逢：《理學宗傳》，山東友誼書社，1989。

48. 〔清〕譚嗣同：《報貝元徵書》，《譚嗣同全集》，1981。

49. 〔清〕皮錫瑞：《經學歷史》，中華書局，1981。

50. 〔清〕張穆：《清顧亭林先生炎武年譜》，臺灣商務印書館，1980。

51. 〔清〕夏燮：《明通鑒》，中華書局，1980。

二、近人今人著作

1. 白壽彝主編:《中國史學史》第一卷（白壽彝著），上海人民出版社，2006。

2. 白壽彝主編:《中國史學史》第五卷（向燕南、張越、羅炳良著），上海人民出版社，2006。

3. 白壽彝主編:《中國史學史》第六卷（陳其泰著），上海人民出版社，2006。

4. 白壽彝:《史學概論》，寧夏人民出版社，1983。

5. 陳其泰:《史學與中國文化傳統》，學苑出版社，1999。

6. 陳其泰:《史學與民族精神》，學苑出版社，1999。

7. 陳其泰、李廷勇:《中國學術通史・清代卷》，人民出版社，2004。

8. 陳其泰、劉蘭肖:《魏源評傳》，南京大學出版社，2005。

9. 陳祖武:《顧炎武》，中華書局，1984。

10. 陳祖武:《曠世大儒・顧炎武》，河北人民出版社，2000。

11. 陳祖武:《明清浙東學術文化研究》，中國社會科學出版社，2004。

12. 陳祖武:《清初學術思辨錄》，中國社會科學出版社，1992。

13. 陳祖武:《清儒學術拾零》，湖南人民出版社，2002。

14. 馮友蘭:《中國哲學史》，中華書局，1984。

15. 葛榮晉、魏長寶:《一代儒宗顧亭林》，臺北，文津出版社，2000。

16. 葛兆光:《中國思想史》，復旦大學出版社，2001。

17. 龔鵬程:《晚明思潮》，商務印書館，2005。

18. 何貽焜:《亭林學術述評》，臺北，正中書局，1976。

19. 侯外廬:《中國思想通史》，人民出版社，1957。

20. 侯外廬:《中國早期啟蒙思想史》，人民出版社，1956。

21. 侯外廬、邱漢生、張豈之:《宋明理學史》，人民出版社，1997。

22. 黃光國:《儒家思想與東亞現代化》，臺北，巨流圖書公司，1998。

23. 黃秀政:《顧炎武與清初經世學風》，臺灣商務印書館，1978。

24. 李書增:《中國明代哲學》，河南人民出版社，2002，

25. 梁啟超:《飲冰室合集》，中華書局，1989。

26. 梁啟超:《中國近三百年學術史》，天津古籍出版社，2003。

27. 梁啟超:《清代學術概論》，天津古籍出版社，2004。

28. 林啟屏:《儒家思想中的具體思維》，臺灣學生書局有限公司，2004。

29. 劉家和:《史學經學與思想:在世界史背景下對於中國古代歷史文化的思考》，北京師範大學出版社，2005。

30. 劉建臻:《清代揚州學派經學研究》，江蘇人民出版社，2004。

31. 盧興基：《顧炎武》，上海古籍出版社，1985。

32. 羅炳良：《清代乾嘉歷史考證學研究》，北京圖書館出版社，2007。

33. 南炳文、湯綱：《明史》，上海人民出版社，1985。

34. 錢穆：《中國近三百年學術史》，商務印書館，1997。

35. 瞿林東：《中國史學史綱》，北京出版社，2005。

36. 瞿林東：《中國史學的理論遺產》，北京師範大學出版社，2005。

37. 瞿林東：《中國史學通論》，武漢出版社，2006。

38. 龐卓恒：《唯物史觀與歷史科學》，高等教育出版社，1999。

39. 任繼愈：《中國哲學史》，人民出版社，1979。

40. 商傳：《明代文化史》，東方出版社，2007。

41. 沈嘉榮：《顧炎武論考》，江蘇人民出版社，1994。

42. 沈嘉榮：《顧炎武》，江蘇人民出版社，1992。

43. 孫劍秋：《顧炎武經學之研究》，臺北：私立東吳大學中國學術著作獎助委員會，1992。

44. 孫叔平：《中國哲學史稿》，上海人民出版社，1981。

45. 王俊義：《清代學術探研錄》，中國社會科學出版社，2002。

46. 王茂：《清代哲學》，安徽人民出版社，1992。

47. 汪奠基：《中國邏輯思想史》，上海人民出版社，1979。

48. 謝國楨：《顧寧人學譜》，商務印書館，1933。

49. 謝國楨：《顧亭林學譜》，商務印書館，1957。

50. 謝國楨：《明末清初的學風》，人民出版社，1982。

51. 謝國楨：《明清之際黨社運動考》，上海書店出版社，2006。

52. 謝和耐（法）：《中國社會史》，江蘇人民出版社，1995。

53. 許蘇民：《顧炎武評傳》，南京大學出版社，2006。

54. 許蘇民：《大家精要·顧炎武》，雲南出版集團，雲南教育出版社，2009。

55. 嚴復：《嚴復集》，中華書局，1986。

56. 楊晉龍：《清代揚州學術》，臺北中央研究院中國文哲研究所，2005。

57. 楊向奎主編：《清儒學案新編》，齊魯書社，1985。

58. 《中國哲學思想論集·清代篇》，臺灣水牛出版社，1992。

59. 張岱年：《張岱年全集》，河北人民出版社，1996。

60. 張岱年：《中國倫理思想研究》，江蘇教育出版社，2005。

61. 張岱年：《中國文化概論》，北京師範大學出版社，2004。

62. 張岱年：《中國哲學史方法論發凡》，中華書局，2003。

63. 張德文：《先秦儒家思想三論》，五南圖書出版公司，1996。

64. 張豈之：《顧炎武》，中華書局，1982。

65. 張豈之：《儒學・理學・實學・新學》，陝西人民出版社，1991。

66. 張舜徽：《顧亭林學記》，華中師範大學出版社，2005。

67. 張舜徽：《顧亭林學記》，湖北人民出版社，1957。

68. 張舜徽：《清儒學記》，齊魯書社，1991。

69. 張舜徽：《清代揚州學記》，廣陵書社，2004。

70. 章太炎：《太炎文錄初編》，上海書店據古書流通處，1924。

71. 趙儷生：《趙儷生文集》，第三冊，蘭州大學出版社，2002。

72. 趙永紀：《顧炎武・黃宗羲・王夫之》，春風文藝出版社，1999。

73. 周可真：《明清之際新仁學》，中國大百科全書出版社，2006。

74. 周可真：《顧炎武哲學思想研究》，當代中國出版社，1999。

75. 周可真：《顧炎武年譜》，蘇州大學出版社，1998。

76. 周予同：《中國歷史文選》，上海古籍出版社，2002。

三、主要論文

1. 何貽焜：《顧亭林先生的社會觀》，《師大月刊》第 22 期，1935 年 10 月。

2. 繆鎮藩：《顧亭林的經世思想》，《經世》第 1 卷第 9 期，1937 年 5 月。

3. 李源澄：《亭林學術論》，《論學》第 5 期，1937 年 5 月。

4. 趙儷生：《亭林學派述》，《讀書通訊》第 151 期，1948 年 2 月。

5. 邱椿：《顧炎武論學習》，《北京師範大學學報》，1962 年第 3 期，第 102 頁。

6. 華山：《論顧炎武思想（下）》，《文史哲》（濟南），1963 年第 3 期。

7. 傅衣凌：《顧炎武與十七世紀中國社會》，《江海學刊》1963 年 12 月。

8. 周予同、湯志鈞：《從顧炎武到章炳麟》，《學術月刊》1963 年 12 月號，第 47 頁。

9. 冉昭德：《堅持反清鬥爭的愛國學者顧炎武》，《歷史教學》，1964 年 2 月號。

10. 陳祖武：《顧炎武研究中的幾個問題》，《中國社會科學院研究生院學報》，1981 年第 6 期。

11. 葛兆光：《明清之間中國史學思潮的變遷》，《北京大學學報（哲學社會科學版）》，1985 年第 2 期。

12. 盧興基：《論顧炎武的學術思想》，《社會科學研究》，1989 年第 6 期。

13. 丁冠之：《論明清實學的早期啟蒙思想》，《山東大學學報（哲學社會科學

版）》，1991 年第 3 期。

14. 施丁：《顧炎武的史學成就》，《史學史研究》，1991 年 02 期。

15. 楊釗：《顧炎武與〈日知錄〉》，《史學集刊》，1992 年第 3 期。

16. 田澤濱：《顧炎武經濟思想簡論》，《蘇州大學學報（哲學社會科學版）》，1992 年第 3 期。

17. 周文玖：《顧炎武的歷史變革思想》，《山西師大學報（社會科學版）》，1994 年第 3 期。

18. 吳遠：《顧炎武的倫理哲學思想》，《南京理工大學學報（社會科學版）》，1994 年第 3 期。

19. 周文玖：《顧炎武的經學批評》，《齊魯學刊》，1995 年 01 期。

20. 周文玖：《顧炎武論治亂興衰》，《史學史研究》，1996 年 01 期。

21. 趙儷生：《明清之際黃、顧、王三先生之比較》，《煙臺大學學報（哲學社會科學版）》，1996 年第 4 期。

22. 周文玖：《顧炎武的歷史盛衰思想》，《孔子研究》，1996 年 03 期。

23. 王俊義：《顧炎武與清代考據學》，《貴州社會科學》，1997 年第 2 期。

24. 周文玖：《顧炎武的史評及治學》，《安徽史學》，1997 年 01 期。

25. 馬濤：《論明清實學中的自由經濟思想》，《開封大學學報》，1998 年第 4 期。

26. 周可真：《論顧炎武哲學的個性特點》，《人文雜誌》，1999 年第 4 期。

27. 張春莉：《顧炎武、王夫之政治思想之異同》，《東南大學學報（哲學社會科學版）》，1999 年第 4 期。

28. 魏長寶：《論顧炎武的歷史哲學》，《南昌大學學報（社會科學版）》，1999 年 04 期。

29. 周可真：《論顧炎武的「教化」思想》，《中國社會科學院研究生院學報》，2000 年第 6 期。

30. 周文玖：《顧炎武論史書編纂》，《史學史研究》，2000 年 02 期。

31. 魏長寶：《論顧炎武的經學思想》，《孔子研究》，2000 年 04 期。

32. 魏長寶：《顧炎武與乾嘉學派》，《江漢論壇》，2000 年 03 期。

33. 葛玉紅，闞紅柳：《清初的實學與史學》，《遼寧大學學報（哲學社會科學版）》，2001 年第 3 期。

34. 周可真：《略論顧炎武哲學的歷史地位》，《社會科學戰線》，2001 年第 5 期。

35. 王世光：《「經學即理學」芻議》，《貴州社會科學》，2002 年第 3 期。

36. 張敏、李海生：《顧炎武：開啓清代樸學思潮第一人》，《上海師範大學（哲

學社會科學版)》，2002 年 01 期。

37. 周文玖：《黃宗羲顧炎武之比較》，《孔子研究》，2003 年第 3 期。

38. 許蘇民：《顧炎武史學思想新探》，《學習與探索》，2003 年第 6 期。

39. 張學智：《中國實學的義涵及其現代架構》，《北京大學學報（哲學社會科學版)》，2003 年第 6 期。

40. 周可真：《顧炎武與中國學術傳統》，《中國哲學史》，2003 年 02 期。

41. 許蘇民：《顧炎武與浙西史學》，《東南學術》，2004 年第 1 期。

42. 許蘇民：《論顧炎武經濟思想中的近代性因素》，《湖北大學學報（哲學社會科學版)》，2004 年第 6 期。

43. 吳海蘭：《重禮與顧炎武的歷史治亂思想》，《史學史研究》，2005 年 04 期。

44. 許蘇民：《明清之際政治哲學的突破——以顧炎武、黃宗羲、王夫之為例》，《江漢論壇》，2005 年 10 期。

45. 孔定芳：《「博學鴻儒科」與晚年顧炎武》，《學海》，2006 年 03 期。

46. 陳國慶：《顧炎武與中國傳統學術的轉型》，《河南社會科學》，2006 年 02 期。

47. 許蘇民：《論顧炎武政治思想的三大理論特色》，《湖北社會科學》，2006 年 08 期。

48. 許蘇民：《顧炎武思想的歷史地位和歷史命運》，《雲南大學學報（社會科學版)》，2006 年第 1 期。

49. 吳長庚：《試論顧炎武的「經學即理學」思想》，《江西社會科學》，2007 年 10 期。

50. 龍飛：《顧炎武學術思想傾向之定位》，《江西社會科學》，2007 年第 10 期。

51. 張晉藩：《清初經世致用的思想與實學的學風》，《安徽師範大學學報（人文社會科學版)》，2007 年第 3 期。

52. 孫良明：《顧炎武〈日知錄〉的詞彙、詞義研究及其現實意義》，《魯東大學學報（哲學社會科學版)》，2007 年第 1 期。

53. 張永忠：《同代異夢——簡論顧炎武、黃宗羲、王夫之的國家理論》，《船山學刊》，2007 年第 1 期。

54. 吳長庚：《清代經典考據學之祖》，《湖南大學學報（社會科學版)》，2007 年第 2 期。